U0087927

錢穆

中國學術思想史論叢(八)

東大圖書公司

序

此為余彙編《中國學術思想史論叢》之最後一冊。初，余在民國二十年秋始赴北京大學任教，

即開設「近三百年學術史」一課，講論有清一代之學術。越二年，全部講義成稿，付上海商務印

書館承印出版；距今已四十餘年。稿既成，又獲戴東原《孟子私淑錄》一種，乃戴氏未刊之稿，

又章實齋未刊稿二十餘篇。時日軍已占北平，余藏其稿於衣箱之底，輾轉自天津抵香港，攜赴衡

山南嶽，又轉自昆明攜赴成都；始刊布於四川省立圖書館之《圖書集刊》。有關章氏各稿，嗣經大

陸再版，又分散入章氏之《文史通義》中；而戴氏一稿，則抗戰勝利後，迄未為人注意，今以附

刊此集中。

又余在成都，受政府之命撰《清儒學案》一書。時政府擬編宋、元、明、清四朝《學案》，其

前三朝分囑他人刪約黃、全兩《學案》為之；清代以諉余，定時限，定字數。余在成都郊外賴家

園齊魯大學國學研究所，窮日夜之力依約草成。時適有友成都新識彭雲生教授亦治理學家言，赴

西安，余懇其代搜有關清代「關學」各家成書。雲生覓得近二十種左右攜返，有清一代關學材料幾備，其中極多外面未流傳者。余撰《學案》此一部分，最自愜意。又余為李二曲撰新年譜，凡二曲一生思想著作，分年編入，所化精力為尤多。又余從四川省立圖書館及賴家園某氏藏書中得遍讀「寧都七子」之各書，自謂此一編亦甚得意。其次則為蘇州汪大紳以下，彭尺木、羅臺山各家集，亦提要鉤玄，頗費苦心。竊意《學案》一書，此三編或稍有價值。惟其時生活，備極窮窘，中午喫麵湯，晚餐進稀粥，終未得白米飯入口。稿成不及另鈔副本，即郵寄重慶國立編譯館。不意其他宋、元、明三朝《學案》之節本皆遲未交稿；而編譯館擬俟全稿交齊始付印。而日軍忽投降，勝利還都。余之《學案》一稿，乃由編譯館雇船載返南京；有數箱書中途沉沒長江中，余稿亦在內。僅有〈序目〉一篇，余寄稿前錄存，曾刊於四川省立圖書館之《圖書集刊》內，一鱗片爪，姑供想像者惟此已。

及余既撰《朱子新學案》，又草寫《研朱餘瀋》一書。其前諸家均已散入本編之第六、第七兩冊。此編所收，如顧亭林、呂晚村諸人，於《學術史》為重見，但寫法微有不同；如陸桴亭、王白田諸人以下，則於《學術史》後又重寫；又有舊稿如顧景范、崔東壁諸篇，乃在北平舊作；本編最後章太炎一篇，則應中央研究院五十週年紀念所寫。彙收於此，先後亦逾四十年矣。回念前塵，不勝惘然。

余患雙目不能見字，及今已近兩年。此編各稿皆由及門何君澤恆代為搜集，又代校字；積年陳稿，已不能親讀一過，一仍其舊，未能續有所改定，幸讀者諒之。

中華民國六十八年九月孔子誕辰前兩週錢穆自識於臺北士林外雙溪之素書樓，

時年八十有五

中國學術思想史論叢（八）

前期清儒思想之新天地

有清二百六十餘年的學術思想，可分兩個階段：自世祖順治入關起至乾、嘉時代止為前期，自道、咸起至清室覆亡止為後期。前期一百七十餘年中，正值滿清政權鼎盛之際，清儒在異族政權嚴厲統治下，於刀繩牢獄交相威脅之艱難環境中，雖有追懷故國之思，而懼於淫威，絕不敢有明目張膽之表示。途窮路絕之餘，不得不沉下心情，切實作反省研尋功夫。而多數學者被迫走上考據訓詁的消極路線，終生於叢碎故紙堆中，追求安身立命之所。其中少數較為積極的學者，於研究經史義理之餘，直覺的或非直覺的披露了他們潛在的民族意識；或迫於良知，以一吐在喉之鯁為快，為被壓迫奴役之平民階層一抒正義之聲，對當道之統治政權，隱約晦昧的提出了批評的主張。此輩思想家乃在清代早期，開拓了一片新天地，其精神直可上追晚明諸遺老，間接承襲了

宋、明儒思想的積極治學傳統。道、咸以後的八十餘年，則屬後一階段，一方面滿清政府的統治勢力，隨著對外戰爭之連續失敗而日趨衰微，一方面西方近代政治思潮，隨著外國勢力之東來而源源侵入，由於上兩項因素的影響，乃使晚清儒家思想，為之不然大變。首倡變法之議的康、梁以及領導革命的孫中山先生，可為本期之代表。本文僅就前期清儒為思想界所拓之新天地，作一概括之解釋，至於晚期思想，則不在討論之列。

清儒學術，直承晚明而來，但未依晚明的路向發展。在晚明諸老心中，藏有兩大問題：一是宋、明儒的心學，愈走愈向裡，愈逼愈渺茫，結果不得不轉身向外來重找新天地，這是學術上的窮途；另一則是身世上的窮途。晚明不比北宋初❶，正當宋代無事將及百年，社會文物隆盛，他們不甘再沒溺於道、佛方外消沉的圈子裡，一時翻身來講人文大群政治教育一切積極事業。他們心中只知道回復三代、孔、孟，這是全部樂觀的。晚明諸遺老則不然，他們是亡國之餘，子遺的黎民，他們對中國傳統文化政治教育各方面都想從頭有一番仔細的認識，到底哪些是有真正價值確可保存或發揚的？哪些是要不得的？當前大禍，究竟由何招致？均須加以思索研尋。因此北宋初期的心情是高揚的、喜劇式的，晚明諸遺老則是低沉的、悲劇式的。北宋初期常見其昂首好古，只要把三代、孔、孟來代替魏、晉、隋、唐與釋迦、達摩，他們的心情常見是情感的、宗教的與經學的；晚明諸遺老則在途窮路絕之際，重回頭來仔細審量與考察，他們的心情常常是理智的、社

會的與史學的。但是晚明諸遺老的學術路向卻並未能順遂發展。第一是滿清的部族政權，很快安定下來，社會有秩序了，民生轉入順境；又朝廷刻意牢籠，威怵利誘，把一輩讀書人盡要拉入政治界，雖不斷有極度慘酷的文字獄興起，但晚明諸遺老的悲劇心情到底是逐步消散了。而且拉人了政治界，又不許你認真作政治活動，只要你消極順命，不貪汙，孤立安本分，教育更講不到，只須你應舉守法，如此則自不許你認真用理智頭腦來講史學。晚明諸遺老的史學，其實是一種變相的理學，亦可說是一種新理學，他們要用史學來救世教人，現在則世已太平，人已安業，大家上奉朝廷法令，應科舉，守官職，一切有滿洲皇帝作主，不用操心，操心反而惹禍殃，晚明諸遺老一片史學心情到此無可寄託。心情變了，學術如何能不變？但此下沒有大氣魄人來領導此學術之變，而且他們內心深處並不是要變，只是外面環境逼得你走委曲路。這有些像魏、晉王弼、何晏講儒學，阮籍、嵇康講老、莊，全是沒氣力，由外面誘導擺布，並非內部激發推動，晚明諸遺老的史學，於是到清儒手裡便變成一種專尚考據的經學了。

經學本來帶宗教氣味，中寓極濃重的人生理想，但清儒經學則不然。清儒經學，其實仍還是一種史學，只是變了質的史學，是在發展路上受了病的史學。經學在外面是準則的，在內面是信仰的，因此治經學者必帶幾許宗教心情與道德情味，但清儒經學則是批評的，他們所研究的幾部

經籍，只是他們批評的對象。他們並不敢批評經籍本身，卻批評那些經籍的一切版本形式與文字義訓。所謂文字義訓，亦只是文字的訓詁注釋，尤其是在與人生道義與教訓無關的方面。換言之，是那些隔離人生較遠的方面。他們治《尚書》，並不是為的政治楷模；治《詩經》，並不是為的文學陶冶；治《春秋》，並不是為的人事褒貶；治《易經》，並不是為的天道幽玄。他們只如史學家一般為幾部古書作校勘與注釋的整理工作。再換言之，他們只是經學，而非儒學。東漢經學還有儒生氣，清儒經學則只有學究氣，更無儒生氣──總之是不沾著人生。他們看重《論語》，但似並不看重孔子；他們只看重書本，但似不著重書本裡所討論的人生。這如何算得是經學呢？

清儒研經之外，亦治史學，但他們的治史，也像他們的研經，他們只研究古代史，不研究現代史。他們只敢研究到明代為止，當身現實則存而不論。他們的治史，亦只為史書做校勘整理工作，卻不注意史書裡面所記載的真實而嚴重的人事問題。清代學風，總之是逃避人生。魏、晉、南北朝時代之逃避人生是研讀老子、釋迦，清代的逃避人生是研窮古經籍。

但清儒到底也有耐不住的時候，或者是他們的不自覺而對人生問題有所論列，則他們亦有一共同態度與共同意見。他們大抵反對抬出一個說法來衡量一切或裁制一切。換言之，他們反對思想上的專斷，或說人生理論上之獨斷。他們大抵主張解放，同情被壓迫者。他們的氣味，寧是反經學的，至少是非經學的，所以說經學不是清儒自己要走的路。

清儒思想之常主解放、同情被壓迫者，可舉戴東原與錢竹汀兩人為例，此兩人乃乾、嘉盛時最標準的學者。戴氏偏尚經學，錢氏偏尚史學，而兩人都抱有一種平民的同情，解放被壓迫者的情調。錢竹汀經、史、小學無不精擅，其學卓絕一時，其集中似乎很少涉及思想史方面的問題。此處特舉錢竹汀，正好做一個不自覺而流露其思想態度者之代表。至戴東原則高言放論，可謂是一位耐不住而披露其思想態度之代表人。錢竹汀有《春秋論》，謂《春秋》誠是一部褒善貶惡的書，但其褒善貶惡，只在直書其事，使人之善惡無所隱，用不著另有筆法來做褒貶。他說：「人之善惡，固未易知，論人亦復不易。」如此則豈非史書褒貶正好在不褒貶，只直書其事以待後人之自下評判！這是何等平恕的見解！（王鳴盛《十七史商榷‧自序》，並與錢氏同此見地。）竹汀又有《大學論》，謂：

《大學》書與《論語》「忠恕一以貫之」之旨，若合符節。古之治天下者，未有不先治其身。身之不治而求治於民，非忠恕之道。天子以至庶人，其分不同，而各有其身，即各致其修身之功。故不曰「治天下」，而曰「明明德於天下」。德者，人之所同有，以一人治天下，不若使天下各自治其身。故曰「與國人交」。天子之視庶人，猶友朋也，忠恕之至也。天子修其身於上，庶人修其身於下，不敢尊己而卑人，不敢責人而寬己，不以己之所難者

這又是何等平恕的政治理論！其實照此理論，根本即不認有自上治下的政治。竹汀又論《尚書‧洪範》「思曰睿」、「睿作聖」，伏生作「容」，鄭玄作「睿」，竹汀謂未必鄭是而伏非：

伏生《五行傳》云：「思心之不容，是謂不聖。」說者曰：「思心者，心思慮也。容，寬也。孔子曰：『居上不寬，吾何以觀之哉？』言上不寬大包容臣下，則不能居聖位也。」許叔重《說文解字》云：「思，容也。」亦用伏生義。古之言心者，貴其能容，不貴其能察。〈秦誓〉云：「其心休休焉，其如有容。」《論語》云：「君子尊賢而容眾。我之大賢與，於人何所不容？」《老子》曰：「容乃公，公乃王，王乃天，天乃道，道乃久。」《荀子》曰：「君子賢而能容罷，知而能容愚，博而能容淺，粹而能容雜。」孟子以仁為人心，仁者必能容物，故視主明，聽主聰，而思獨主容。若「睿哲」之義，已於「明」、「聰」中該之矣。聖人與天地參，以天下為一家，中國為一人，由其心之無不容也，故曰：「有容德乃大。」（《潛研堂文集》卷五〈答問二〉）

今按：此條殊可注意。據段玉裁說，「思曰容」乃《今文尚書》，「思曰睿」乃《古文尚書》，此屬

古書版本異同。惟人之思想究貴深通，抑貴寬容，此則非關訓詁，實乃一極重大之人生問題，即所謂義理問題也。以常識言，既曰「思想」，自當主通，不當主寬。「寬」是屬情感態度方面的字，不是屬思想理智方面的字，故段氏《說文解字注》逕為許叔重改字，不用「思」之原文，這是有理由的。竹汀亦小學訓詁大師，此處卻不免違背了他們當時「訓詁明而後義理明」的主張，要據義理來決定訓詁。他告段玉裁說：「若曰思主於睿，則恐失之刻深。」（語見段氏《古文尚書撰異》）此已明明透露了竹汀自己對人生問題的見解。清儒常笑宋儒主觀，此等便是清儒亦不免於主觀處。「聖人與天地參，以天下為一家，中國為一人」等語，宋、明儒最所樂道，故宋、明儒所唱，乃人生之高調，清儒則對人生好唱低調，乃說：「與天地參，以天下為一家，只在此心能寬容。」這樣的大口氣、大理論，到清儒手裡，只是平民化了，做了他們同情弱者的呼聲。但在竹汀書裡，如此等處，不過偶一吐露，不易多得。他們常常逃避此等問題，不肯傾吐直說。惟戴東原則不然，他竟大聲疾呼，公開地表示他的意見，遂有他的晚年名著——《孟子字義疏證》。《疏證》中最大理論在其分辨「理」、「欲」，他說：

古之言理也，就人之情欲求之，使之無疵之謂理。今之言理也，離人之情欲求之，使之忍而不顧之謂理。

又曰：

聖人治天下，體民之情，遂民之欲，而王道備。人知老、莊、釋氏異於聖人，聞其無欲之說，猶未之信也。於宋儒則信以為同於聖人。理、欲之分，人人能言之。故今之治人者，視古賢聖體民之情、遂民之欲，多出於鄙細隱曲，不措諸意，不足為怪。而及其責以理也，不難舉曠世之高節，著於義而罪之。尊者以理責卑，長者以理責幼，貴者以理責賤，雖失謂之順。卑者、幼者、賤者以理爭之，雖得謂之逆。於是下之人不能以天下之同情、天下所同欲，達之於上。上以理責其下，而在下之罪人，不勝指數。人死於罪，猶有憐之者；死於理，其誰憐之！嗚呼！雜乎老、釋之言以為言，其禍甚於申、韓如是也。

宋儒程子、朱子，易老、莊、釋氏之所私者而貴理，易彼之外形骸者而咎氣質。其所謂理，依然如有物焉宅於心，於是辨乎理、欲之分，謂不出於理則出於欲，不出於欲則出於理。雖視人之飢寒號呼、男女哀怨，以至垂死冀生，無非人欲，空指一絕情欲之感者為天理之本然，存之於心。及其應事，幸而偶中，非曲體事情求如此以安之也。不幸而事情未明，執其意見，方自信天理非人欲，而小之一人受其禍，大之天下國家受其禍。徒以不出於欲，遂莫之或寤也。凡以為理宅於心，不出於欲則出於理者，未有不以意見為理而禍天下者也。

這些都是東原極憤激的話。其實他的立場，還是同情弱者，為被壓迫階層求解放，還是一種平民化的呼聲。換言之，現在講經學，是社會的，不是宗教的；是學者的，不是教主的了。若我們再深一層求之，則清儒此種對於傳統權威之反抗精神，其實還似有一些痕跡可見其為沿襲晚明諸遺老而來。但他們的敵意，他們對上層統治者不能正面發洩，遂使他們的攻擊目標，轉移到宋儒身上。在晚明遺老只埋怨晚明儒學術誤國，現在則責備宋儒理論為上層統治者張目、作護符。他們只是卑之毋甚高論，求平恕，求解放，此乃乾、嘉諸儒之一般意見，而非東原個人的哲學理論也。如上引，東原明指「今之治人者」云云，則情見乎辭，此亦是一種不自覺之流露也。

清儒反對宋學，一面固因他們新得了許多考據、訓詁、校勘的法門，確然在古經籍的整理上可以越過宋儒。再則宋、明儒是承接著魏、晉、南北朝、隋、唐以來長期的道、佛思想瀰漫之後，而刻意要為中國政治、教育各方面建立一正面積極的標準或基礎；而現在則宋、明思想已成了學術界之新傳統，為上層統治階層所利用，故乾、嘉諸儒對當時統治權之敵意，亦以攻擊宋、明儒為發洩。所以晚明諸遺老對宋、明儒的態度尚屬批評的，而乾、嘉則幾乎近似反動。晚明諸遺老多半尚是批評陸、王，乾、嘉則排斥程、朱。乾、嘉的態度愈偏激，愈見他們內心波動之不自然。

總之，乾、嘉經學考據極盛時期，卻是他們內心極沉悶的時期。他們攻擊程、朱，便證他們

心裡之耐不得，重新要從故紙叢碎中回到人生社會之現實來。這一趨向，遂又從經學轉向史學。

戴東原同時便有章實齋，樹起史學旗幟來和經學對抗，這依然是一種時代精神的委曲之流露。據

章實齋自己說，當時經學考據乃承襲亭林一派上接程、朱，而他的史學則是承襲梨洲一派上接陸、

王。此種意見，在近代學術思想史有稍深刻研究者，未必都能同意。但若求解放，則史學應比經

學更解放；若求平恕，史學亦應較經學更平恕。經學未免偏向古代，史學則自應偏向近世；經學

未免要立一標準，史學則自屬平鋪，事實即是標準，不須另外有標準。故在戴東原之後有章實齋，

亦是清儒學風自身應有之趨勢。實齋云：

天人性命之學，不可以空言講。……故善言天人性命，未有不切於人事者。三代學術，知

有史而不知有經，切人事也。後人貴經術，以其即三代之史耳。近儒談經，似於人事之外，

別有所謂義理矣。浙東之學，言性命者必究於史，此其所以卓也。

又曰：

史學所以經世，固非空言著述也。且如六經出於孔子，先儒以為其功莫大於《春秋》，正以

切合當時人事耳。後之言著述者，舍今而求古，舍人事而言性天，則吾不得而知矣。學者

不知斯義，不足言史學。

故實齋史學要旨在切人事，尤在切合當世之人事。所謂經世之學，即須切合當世之人事。但所謂史學切人事者，尤貴能為複雜變化之人事籀出幾條公例，庶於當前可以應用，故史學雖求切當前之人事，而卻必還溯往古，乃始成其為史學。史學必能為人事籀出公例，此即史學之義理。必於史學中見義理，此種史學乃可經世。「孟子道性善，言必稱堯、舜。」必稱堯、舜，即史學也；而主性善，則由歷史籀出公例，即義理。發明性善之義理，豈非經世一大法乎？陸、王心學，病在過重當前，忽略了往古。實齋自謂浙東史學原於陸、王，但實齋在當時，亦僅注意教人由博古轉入通今，由空言義理轉到切近人事，只可當作提出史學宗旨的一番導言，卻並未深入史學裡層。實齋說：「六經皆史，皆三代先王之政典。」此固不誤，但彼謂：

學者崇奉六經，以為聖人立言以垂教，不知三代盛時，各守專官之掌故，而非聖人有意作為文章也。

如此言之，豈不變成教人同樣地遵守當代專官掌故即為史學切人事乎？故依實齋之言，勢必轉成以時王制度為貴，而譏同時學者以「但誦先聖遺言，不達時王制度，未必足備國家之用」。其實清

儒學風，其內裡精神，正在只誦先聖遺言，不管時王制度。此一層，實乃清代學術之主要精神所在，所謂汲源於晚明者正在此。故戴東原、錢竹汀，雖若消極逃避人事，其真源則確近晚明諸儒，還是認真人事，還有一種崛強反抗的意味。若實齋教人切人事，而歸於推尊時王，此在清儒學風中轉成反動，決非正流。亦可說是倒退，非前進。故實齋雖有心矯挽當時經學家逃避人生之不當，而彼所提倡，實未足與之代興。必須明得此理，乃可認識此下即道、咸以後之新經學，所謂《公羊》學派」與「今文學派」之真意義。

道、咸以下，清代部族政權之淫威，已漸崩潰，學者開始從逃避人事轉回到預聞人事。但他們自然不甘於貴時王之制度。那時新史學並未建立，而經學積業則依然尚盛，因此道、咸時代的清儒，遂不免仍要借助於經學權威用來指導當前之人事。此一趨向，恰與乾、嘉相反。乾、嘉只求解放，現在則求樹立。他們想借經學權威來裁制一切，此乃乾、嘉諸儒內心所不取，抑且深所反對者。但道、咸諸儒終於走上了這路。總之清儒學術，曲折紆回，始終未獲一條正當的直路，亦由此可見。

道、咸諸儒要憑經學權威來指導當前，換言之，即是要把先聖遺言來壓抑時王制度也。這一要求，逼得清儒對經學的興趣集中到《春秋》，尤其是《公羊》家。因為他們有「非常奇異可怪之論」，有微言大義，可資借題發揮，有改制、變法等明白主張，有對人事褒貶之大條例。本來此等

都應向史學中耐心覓取，晚明遺老曾有此意向，惜乎中途折入乾、嘉經學，退避到古典研討中去，未克盡其能事。現在則即以古典為堡壘，對時王制度開門出擊。因此晚清《公羊》今文學派外貌極為守舊，內心極激進，此非從學術思想之淵源處深細追尋，不易明也。

但此是一條夾縫中之死路，既非乾、嘉學派所理想，亦非浙東史學派之意見。考據、義理，兩俱無當；心性、身世，內外落空。既不能說是實事求是，亦不能說是經世致用。清儒到道、咸以下，學術走入歧道，早無前程，又經太平天國一番摧殘，學術種子刮地淨盡，正待後人全部的更生。而同時西學東漸，挾其萬丈狂濤，席捲囊括，使人無可阻遏，乃亦無可吸取，一時措手不及，內部的虛空加上了外部的衝蕩，於是乃有晚清之維新運動。這在中國思想史上，實在是一幕徬徨、迷惑、淺薄、錯亂的悲喜劇。

讀《朱舜水集》

朱舜水乃明亡後一大儒，梁任公曾按其生平，為作年譜，一加誦覽，有典型不遠、精神如在之感。惟恨甲申崇禎殉國，舜水年四十五歲，雖學已有成，而國事鼎沸，曾未有所表現之機會。此後四十六歲，即亡命日本。五十八歲在安南，強毅方正，鎮靜不屈，幾罹殞身之禍。六十一歲之冬，始獲在日本定居。此亡國後十七年之生命，長在波濤崎嶇中，未獲一日之安，亦未有寸尺之展布。及其定居日本，至八十三歲而卒。隻身寄居異域，窮困譏讒，出乎尋常。而獲得當時日本上下之師事禮養，至其開啟此下日本文化之新生，乃在日本學人自治其本國史者為之研考論定。

惟舜水定居在日前後二十三年，雖其心存祖國，要之乃若完全是一日本歷史上人物，於吾中華故土，可謂關涉至少。然其品格之卓越，德行之淳至，則固純粹是一中華大賢之傳統，讀者一覽梁

氏年譜，當可依稀得之。惟梁譜詳其行事經歷，略其學思傳承，今欲稍加補述，而所可窺見者，亦只贍其居日後之幾許篇章文字，可資尋索。除其針對日方而發者以外，其專對祖國歷史文化學術演變有所闡申，殆實無幾。蓋其時尚在日方江戶初期，佛學風靡全社會，尊朱乃受韓國李退溪影響。其創始第一人，即由釋轉儒，由僧回俗，彼邦其時學術界情況，即據此一端可推。及舜水在日定居時，日人已知有陽明，已有朱、王異同，亦知有儒、釋之辨。舜水原籍餘姚，乃陽明同鄉，惟舜水頗不喜陽明之講學，既懲創於晚明之世風國事，其所追尋，乃儒學之大統，而志在經世，於當時理學家講堂錮習、門戶積見，實深排斥。今就其集中，專關此一態度者，稍加綴輯，庶以補梁譜之缺。而舜水一人，失於我而得之彼，其有關於此下中、日兩邦治教之大，亦於此可為治兩國史者揭示一消息，固不限於舜水一人之生平已也。

《舜水文集》有〈答佐野回翁書〉有云：

來問朱、王之異，朱子道問學，格物致知，於聖人未有所戾，王文成何得輕詆之？不過沿陸象山之習氣耳。王文成固染於佛氏，欲排朱子而無可排，故舉其格物窮理以為訾議爾。王文成為僕里人，然燈相熠，鳴雞相聞。其擒宸濠，平峒蠻，功烈誠有可嘉。厄於張璁、桂萼、方獻夫，牢騷不平之氣，託之於講學。不立異，不足以表見於世，故專主良知，不

得不與朱子相水火，孰知其反以偽學為累耶？愚故曰，文成多此講學一事耳。今貴國紛紛於其末流，而急於標榜，愚誠未見其是也，又何論朱與王哉？

是舜水於陽明講學，菲薄之意溢於言外，縱所譏彈不得謂正，要之其是朱非王之意則昭然矣。

又《文集》卷七〈答安東守約〉第三書有云：

嘉、隆、萬曆年間，聚徒講學，各創書院，名為道學，分門別戶，各是其師。聖賢精一之旨未聞，而玄黃水火之戰日煩。中國問學真種子，幾乎絕息。賢契慨然有志，真千古一人，此孔、孟、程、朱之靈之所鍾，幸唯萬勿為時俗異端所撓。至若以不佞為程、朱，不佞學問荒陋，文字龐疏，豈易當此？賢契求師之專，故以未似之有若為似也。媿極！媿極！

舜水概論明季門戶講學之無當。東邦學人，尊舜水為程、朱，而舜水自媿為未似。此固舜水之尊程、朱，亦不願以所尊為標榜而啟門戶也。

《文集》卷二十二〈雜著三〉，加藤明友問：「四書、六經用何人注？」舜水答曰：

朱子之注不可廢。《禮》以陳澔，《易》以鄭庠（調寧波府學校所用），《尚書》用蔡沈。此其大略也。然看書未必單單靠得注腳。經國理民，為學當見其大，實實有裨於君民，恐不當

如經生尋章摘句也。

惜舜水終老異邦，若此寥寥數語，能在祖國暢發其旨，對此下乾、嘉學風能稍有糾挽，此於國瑞民福，將裨益何深乎？

問：「僕素宗宋儒，至若陽明之學，陸氏之裔，我黨之所不雅言。」答：

宋儒之學，可為也。宋儒之習氣，不可師也。陽明之事，偶舉其說，非僕宗陽明也。幸勿深疑。

洛、蜀之爭，亦宋儒之習氣。舜水深惡講學有門戶，故曰：「亦如宋朝程氏、蘇氏互相詆譏，朝廷之上舌戰不已，遂使國家被其害。」（亦見〈雜著三〉）。

林春信問：「崇禎年中，巨儒鴻士為世所推者幾人？」答：

明朝中葉，以時文取士，此物既為塵飯土羹，而講道學者又迂腐不近人情。如鄒元標、高攀龍、劉念臺等，講正心誠意，大資非笑。於是分門標榜，遂成水火，而國家被其禍。未聞所謂巨儒鴻士也。巨儒鴻士者，經邦宏化，康濟艱難者也。

嗟乎！舜水用心亦苦矣。如高、劉輩皆不得以巨儒鴻士目之，更何情為之辨朱、王門戶乎？

問：「先生所習之《詩》用何傳？舊說所言，與朱晦菴所傳大異。」答：

晦翁之註，自當遵依，〈詩序〉等但可參考，不敢以古而戾今也。然看書貴得其大意。大意既得，傳註皆為芻狗筌蹄，豈得泥定某人作何解、某人作何議也？

是舜水之尊朱可知。若曰「不敢以古戾今」，則舜水又何為是朱非王乎？「傳註為芻狗筌蹄」，此與陸象山「六經皆我註腳」之說大不同，亦與乾、嘉之必尊漢儒註腳大不同。

問：「昨聞吉水太守問格物之義。」答：

前答吉水太守問格物致知，粗及朱、王異同耳。太守以臨民為業，以平治為功，若欲窮盡事事物物之理，而後致知以及治國平天下，則人壽幾何，河清難俟。故不若隨時格物致知，猶為近之。僕謂治民之官，與經生大異。有一分好處，則民受一分之惠，而朝廷享其功，不專在理學研窮也。晦翁先生以陳同甫為異端，恐不免過當。

「隨時格物致知」之說，羅整菴曾竭言之，不知舜水曾見其說，抑與之暗合耶？要之舜水論學，亦自明己意而止，不樂拘拘效經生。故亦不樂晦翁目龍川為異端，然亦非是龍川而非晦翁也。

安東守約問曰：「朱、陸同異，不待辨說，明矣。近世程篁墩《道一編》、席元山《鳴冤錄》，其誣甚矣。然尊德性、道問學，陸說亦似親切，奈何？」答：

生知學知，安行利行，到究竟總是一般。是朱者非陸，是陸者非朱，所以玄黃水火，其戰不息。譬如人在長崎往京，或從陸，或從水。從陸者須一步一步走去，由水程者一得順風，迅速可到。從陸者計程可達，從舟非得風，累日坐守。只以到京為期，豈得曰從水非、從陸非乎？然陸自不能及朱，非在德性、問學上異也。

舜水不喜辨門戶，然明謂陸不能及朱，則意有偏尊顯矣。細讀《舜水全集》，可謂舜水乃一提倡儒學之人，非提倡理學之人。若以理學論，朱、陸顯分門戶，陽明亦承此門戶者。但以儒學論，則象山成就顯不如晦菴。故舜水於理學上之朱、陸異同，亦不再加深辨也。

問：「陽明之學近異端，近世多為宗主，如何？」答：

王文成亦有病處，然好處極多。講良知，創書院，天下翕然有道學之名，高視闊步，優孟衣冠，是其病也。其徒王龍谿有《語錄》，與今和尚一般，其書時雜佛書語，所以當時斥為異端。

舜水言陽明「好處極多」，乃指其功業言。陽明亦得為一儒者，其講學乃其病處，即據龍谿為證，亦可不煩多指摘也。

又舜水告守約曰：

明道先生甚渾厚寬恕。伊川先生及晦菴先生但欲自明己志，未免有吹毛求疵之病。

此亦舜水不喜後儒爭門戶，故有此語。

又《文集》卷二十三小宅生順問：「皇明人物高出漢、唐者？」答：

國朝人物，如薛文清、李夢陽，氣骨錚錚，足為國家砥柱。所謂烈風勁草，板蕩忠臣也。若王陽明，惜其多坐講學一節，使天下多無限饒舌。王龍谿雖其高第門人，何足復道？袁了凡恬靜清和，亦其好處，全然是一老僧，何足稱為人物？其他或以理學名家，或以詩辭擅聲，未足可以著稱貴國者。其中如王弇州，猶少長於數子耳。

觀此，知舜水論學術、人物，並不拘拘當時之所謂理學家言。故以李夢陽、王弇州與薛敬軒並舉，如陽明，先擊劉瑾，後擒宸濠，亦明代一人物，惜其多了講學一節，無限饒舌，於經濟民生，有何實補，此則舜水之意也。

問：「我國當今志學者，《易》用朱《義》，《春秋》用胡《傳》，《書》用蔡《傳》，《詩》用朱《傳》，間亦有好異者，捨宋儒之學，其所辨論，如長流之不可障，如之何而可？」答：

為學當有實功，有實用。不獨詩歌辭曲，無益於學也。即於字句之間標新領異者，未知果足為大儒否？果有關國家政治否？果能變化於民風土俗否？果能以為學、修身合而為一，則蔡《傳》、朱《註》、胡《傳》，儘足追蹤古聖前賢。若必欲求新，則禹、稷、契、皋陶、伯益所讀何書也？

舜水論學大旨，重實功實用，又奉程、朱為準繩，則以為學與修身必合而為一也。如其以李夢陽、薛敬軒並舉，李夢陽固非一理學家。又謂王龍谿「何足復道」，而王弇州「猶少長於數子」。王弇州亦絕不預於理學之流，然李夢陽、王世貞名列文苑，要不失為一儒者，故舜水稱引及之。舜水亦不樂於北宋洛、蜀之辨。可見舜水論學，不拘拘於當時所目理學之樊籠也。後世奉程、朱為理學創始，然程、朱在當時，特從孔、孟經義求重昌儒學耳。其所辨對象，在專意文章詩賦與老、釋異端之二者，不如後起反程、朱者，更在古經字句間標新立異，重起門戶也。大抵舜水尊程、朱，亦以其為儒學而尊之，非以其為儒學中理學一門戶而尊之。陸象山有言：「堯、舜以前曾讀何書來？」此乃在理學中爭門戶；舜水亦言：「禹、稷、契、皋陶、伯益所讀何書？」此乃於儒

學中重實功實用，其意自不同。若以舜水擬之當時之明遺民，則其論學之意，當近顧亭林。亭林

謂：「經學即理學也，捨經學安所得理學哉？」其意實亦不滿於陸、王在理學中更創門戶耳。黃

梨洲雖亦同時走上經史實學之途，然仍不忘理學中之門戶，此則與亭林、舜水不同。惟舜水終老

異邦，其學與亭林亦有異，乃頗多似於陸桴亭，在社會民生之實功實用上用心。亭林矢志不仕清

廷，然身在北方，接近政治界，故其論著，多著意治平之大經大法，以待後起之新王。舜水在異

國，桴亭在閭里，措意乃多在社會民間，更近程、朱所提倡之格物。要之三人皆能言制度，亭林

所重在政治制度上，桴亭、舜水所重在社會民間制度上。日本之得益於舜水者亦在此。所謂制度，

皆即古代儒家之所謂「禮」也。若專就此一點論，則桴亭對當時之影響，似遠遜於舜水。因舜水

居異國，故其效特顯也。又如桴亭頗有取於明初之劉誠意，而舜水則不許方正學為通才（亦見《文

集》卷二十二〈雜著三〉，亦兩人意趣相似處。朱子於古人尊陶潛，於時人尊岳飛，舜水於明末高、

劉亦不許其為巨儒鴻士，又豈得專就理學一標準裁量古今人物乎？至於乾、嘉諸儒，乃標榜漢學

以與宋學爭門戶，更無實用可言。陸、王在理學中爭門戶，乾、嘉在經學中爭門戶，惟亭林、

桴亭、舜水，較更著眼孔、孟儒學之傳統，故此三人，乃同尊程、朱，而三人之為學，亦各自不

同，然此乃流派之不同，非是門戶之各別也。

陸桴亭學述

朱子學之流衍，余所最心折者有四人：在元曰黃震東發，明則羅欽順整菴；明、清之際，有顧炎武亭林及陸世儀桴亭。朱子之學，性理經史，俱臻於極。黃、顧尤長於經史，羅、陸更邃於性理。故亭林《日知錄》屢稱東發，而桴亭《思辨錄》則時推整菴。亦見其學脈所自之有辨也。

然若言理學經濟，明體達用，內聖外王，兼而有之，則桴亭轉若與亭林為近。此亦晚明學風所趨，而兩人者足為其表率。亭林《日知錄》分經術、治道、博聞三類，主「經學即理學」，於性理闡申，似視黃、羅、陸三家較遜；言治道，則猶未泯詁經考史之跡。桴亭《思辨錄》，博聞差堪比肩亭林，殆已超出黃、羅兩家之上。其闡明性理，則粹然考亭矩矱，所得似較整菴益勝。而其言治道，亦復原本經史，博究古今之變，而尤能泯化史學襲積，使讀者見其為論治，不覺其為論史。

亦猶其言性理，使讀者惟見其言人生日常，而不見有窟之勃窣。比擬《思辨錄》於東發之《日鈔》，整菴之《困知記》，亭林之《日知錄》，所詣固是在伯仲之間，而《思辨錄》一書，益見有清新特出之妙。陳辭措意，脫落恆蹊。稱心而道，擺盡纏縛，別開生面，洵不可多得之書也。

桴亭值易代之際，畢生未涉仕途，與亭林相類似，而聲光闇淡尤過之。全祖望始為之作傳，謂國初儒者，曰孫夏峰、黃梨洲、李二曲最有名，而桴亭先生少知者。及讀其書，而嘆其學之邃。下迄清季，群稱晚明三大儒曰亭林、梨洲、船山，於桴亭亦少稱述。惟其太倉同邑唐受祺彙刊其遺書二十一種。唐文治蔚芝主辦無錫國學專修館，《思辨錄》亦重加印行。余前在大陸所讀即唐氏本。抗戰時在成都，草為《清儒學案》，桴亭一案即據唐本。惜此稿勝利回都時沉沒江中。今重寫此文，所據乃張伯行刊正誼堂本，及故宮博物院所藏文淵閣《四庫》本，唐本則不可見，並其梗概亦無可追憶矣。

考《思辨錄》乃桴亭隨筆記述，始於二十七歲時。《文集》有《再答張芑山書》，謂：「辛丑之冬，遭大祲，依友人安義令毛如石，如石索弟書錄刻，遂竟授梓。」又謂：「弟承尊諭，『宜嚴訂定，毋輕授梓』八字，銘之心腑。冒昧一刻，未及論定之憾，知他年不能免矣。」辛丑桴亭年五十一，則其書乃桴亭生時親手交刻者。又其書付刻，即名《輯要》，每卷前題其同學友江士韶藥園、盛敬聖傳同輯，以小學、大學、立志、居敬、格致、誠正、修齊、治平八目為前集，共二十

二卷。天道、人道、諸儒、異學、經子、史籍六目為後集，共十三卷。前後集共三十五卷。葉調生《吹網錄》云：「卷首有張能鱗序，作於順治戊戌，言原書四十餘卷，選輯僅十之三四。」戊戌桴亭年四十八，是此書早有刪訂，必是桴亭自為之。江、盛之名，殆是付刻時加入。其〈答莒山書〉，特表其謙沖之抱之未以自滿耳。惟今《思辨錄》後集，有出辛丑後者，如「丙午論性毘陵」諸條，最為顯著，是則辛丑後又續有增入。丙午下距桴亭卒尚五年，《思辨錄》是否丙午後猶有增入，則不可知。其子允正所為《行實》，稱《思辨錄》前集二十二卷已刻，後集二十二卷未刻。則殆是謄稿，桴亭所未欲刊行也。又有桴亭門人毛師柱增輯書文、詩歌、雜說三類，則是從未刊稿中增輯之也。

又考《思辨錄輯要》之刊行，在清順治十八年辛丑，張伯行正誼堂本則刻在康熙四十八年己丑，前後相距已五十年。至乾隆三十八年癸巳開四庫館，又後五十餘年。其所采乃正誼堂本，《提要》謂其「非世儀之完本」，不知完本實未行世。當時四庫館臣似於辛丑始刊本未獲寓目也。

此後道光十七年丁酉，安徽督學使者沈維鐈又覓得太倉王寶仁藏安義舊刻，為之重刊。光緒三年丁丑，江蘇書局又據張本、沈本校刻。應寶時為之跋，謂張本舛誤不一，據沈木校正，其重出者悉刪去。余今仍將此兩本逐卷校對，乃知張本實全據安義《輯要》本。序謂「得桴亭《思辨錄》一編，為之重訂行世」，其所得實即是《思辨錄輯要》。其曰「重訂」，亦頗未見有重訂之工。

以張本校安義本，偶有遺漏，不似刪削。而第六卷下半，兩書相異，更不知是何故。要之此卷張本遺脫為多，並有兩條合為一條，未加分辨者。此篇僅事選錄；將來儻有人能將江南書局本與無錫國學專修館本重事校勘，勒成一完善之定本，則甚幸矣。

桴亭之學，一本朱子，觀其《思辨錄輯要》，分門別類，廣博浩瀚，乃儼如朱子之《語類》。雖論其質量，若有未逮，要之為朱子以下所未有。其為學規模，實可謂是朱子之具體而微也。

桴亭之論學有曰：

為學之弊有五端，而好異學攻時文者不與焉。談經書則流於傳註，鄭玄、王弼之類是也。尚經濟則趨於權謀，管、韓、申、商之類是也。看史學則入於泛濫，明道譏上蔡為喪志，朱子以伯恭為眼矓是也。務古學則好為奇博，揚子雲玄而無當，張茂先華而不實是也。攻文辭則溺於辭藻，盧、駱、王、楊皆名士，畢竟稱為小才；韓、柳、歐、蘇為大家，亦不免於夾雜是也。要之只不知大道。不知大道，故胸無主宰，到處差錯。

桴亭之學，於此五者，皆所涉獵，然皆能袪其弊而見其大，可謂卓然不失為道學之正統矣。然桴亭之論道學則曰：

原於天者謂之道，修於人者謂之學，貫天人而一之，方可謂之「道學」。此兩字正未易當。

乃今人動以相戲，何也？

又曰：

要實見得道為天地間不可無之道，學為天地間不可無之學，我為天地間不可少之人，然後能擔當自任。

又曰：

天地間只有此箇道理，人人在內，人人要做，本無可分別。自宋以來，橫為蔡京、章惇、韓侂冑輩分出箇門戶，目為道學。甚至著史者亦因而另立〈道學傳〉。日用不知，吾未如之何也已矣。

此說道學當統攝一切學問，非可外於一切學問而自立一道學之門戶。在前惟朱子有此見解，在後惟桴亭具此識趣也。

故又曰：

道之外無學，道學之外無人。

不必說道學，只是做人。

欲為君，盡君道。欲為臣，盡臣道。欲為人，盡人道。

梓亭抱此意見，乃於晚明之講學家甚表不滿。故曰：

近世講學，多似晉人清談。清談甚害事。孔門無一語不教人就實處做。

又曰：

天下無講學之人，此世道之衰。天下皆講學之人，亦世道之衰。俗儒不知內聖外王之學，徒高談性命，無補於世，所以來迂拙之誚。

又曰：

六藝古法雖不傳，然今人所當學者，正不止六藝。如天文、地理、河渠、兵法之類，皆切於用世，不可不講。

既曰道學即是為人之學，而此等皆不為人之務之外，自亦不得謂其當在道學外。可見桴亭論學觀點，致廣大而盡精微，會性理、經濟而一之，實與向來一輩道學家不同，洵不失為朱子學之正統嫡系也。

桴亭講學，又有一端最可取者，在其不立宗旨。嘗曰：

世有大儒，決不別立宗旨。譬之大醫國手，無科不精，無方不備，無藥不用。豈有執一海上方，而沾沾語人曰：「舍此更無科無方無醫也。」近之談宗旨者，皆海上方也。

理學家皆不免喜立宗旨，而晚明尤甚。桴亭則力非之。《思辨錄》又曰：

昔朱子，人問以宗旨，朱子曰：「某無宗旨，但只教人隨分讀書。」愚亦曰：「儀無宗旨，但只教人真心做聖賢。」

此即桴亭在道學傳統中直承朱子之證。

或問「居敬窮理」四字，是吾子宗旨否？曰：「儀亦不敢以此四字為宗旨。但做來做去，覺得此四字為貫串周匝，有根腳，有進步。千聖千賢道理，總不出此。然亦是下手做工夫

得力後始覺得，非著意以此四字為入門也。入門之法，只真心學聖賢耳。」

又曰：

「居敬窮理」四字，畢竟是起手工夫上多。若論其全，則曰：「尚志居敬以立其本，致知力行以勉其功，天德王道以會其全，盡性至命以要其極。能盡此四者，方是古今一大儒。」

梓亭又曰：

朱子之學，即梓亭為學之根腳主宰處。有此根腳主宰，乃可求進步。故其學之於朱子，乃有申無關，如上所引皆可見。

梓亭又嘗戒人，於朱子之說，但當申，不當關。論為學，貴能有根腳、有主宰，而又求有進步。

梓亭又曰：

「窮理」二字，該得致良知；「致良知」三字，該不得窮理。

此條見《遺書·淮雲問答輯存》。梓亭論學，於陽明、龍谿、心齋頗不滿。然亦特重在「無善無惡」之一義，其他亦多有申無關也。

梓亭又曰：

用至則體立，人盡則天見。決無用未至而可與言體，人未盡而可與言天者。故每自人生界上窮至於宇宙界。朱子以上，桴亭又推尊濂溪，奉此兩人為其治學之最高標的。

桴亭論學，主於兼體用，合天人，而尤貴於盡人以合天，達用以明體。

桴亭極推濂溪之《太極圖》，謂：

「太極」二字，原本〈繫辭〉。「人極」二字，則自周子開闢出來。

尤於朱子「理先於氣」之說有深契。乃曰：

太極在陰陽之先，在陰陽之中，只不在陰陽之外。

太極在陰陽之先者，只是即陰陽而推其所以然。不是另有一箇太極在前，生出陰陽來。

未有火鑪之時，但無此鑪之形，所以為鑪之理固在。

又曰：

整菴之言理、氣亦固矣。「即氣是理」者，以為氣之中即有理，非氣即是理。

「理先於氣」一語，明儒中惟崑山魏莊渠見到。

整菴恪守朱子，亦多發明，明儒中當推為朱學巨擘。惟失之辨理、氣，此下諸儒承其失者不少。

梨洲以王學立場，主張「心即理」，乃深取整菴此辨。船山一本橫渠，在此問題上，實亦與整菴同調。桴亭雖極譽整菴，然亦時糾其誤。蓋不立宗旨，亦不立門戶，惟求其是，誠所謂卓爾不群。

而在桴亭當時，能剖辨及此者，殆已無人。亦可謂朱子之學，實亦至是而絕響也。

桴亭又曰：

理在天地之先，範圍天地之化。數在天地之後，曲通天地之情。明數之人，所見在天地之先。以天地隨理，不以理隨天地。明理之人，所見在天地之先。以數合天地，非以天地合數。

知者，以數合天地，非以天地合數。

二程為北宋理學開山，然初不稱述及於濂溪之《太極圖》，尤於邵康節言數，閉拒不加講求。厥後理學家多知尊周，明儒如曹月川、薛敬軒於尊周外兼尊邵。桴亭亦同時兼知尊邵。嘗謂《易》自康節發明，而《易》與數始顯。此條分別理、數，一屬先天，一屬後天，自朱子後，剖析到此，精闢得未曾有。《思辨錄》中陳義，往往舉重若輕，語極平淡，不見有苦心力索之勞，亦復無博引曲證之勢，只是直抒己見，而真從深思明辨中來。具此規模，乃可當得「述朱」二字。此非精熟宋、明兩代理學諸家

始推尊濂溪，以為乃二程之學所自出。又同推康節，稱之為「振古人豪」。

源流派別離合向背之所在，亦不知其經千洗百鍊而獲此融會取捨調和鼎鼐之功也。

桴亭論宇宙界，終自推奉周、朱，於康節、橫渠各有評騭。如曰：

張子知「虛空即氣」，又曰「太虛不能無氣」，下語雖極精微，終不如周子、朱子之劃然。

又曰：

張子只就聚散上起見，認理、氣原不分明。

又曰：

康節以四為數，言水火土石而遺金木，終欠自然。

又其論鬼神則曰：

以鬼神為陰陽則可，以陰陽為鬼神則不可。即以四書、五經中所稱鬼神證之，何嘗與陰陽相混！

此條不僅可以澄清張、程所言，並亦可以剖辨朱子所申。朱子論鬼神，本之張、程，多越出古人

舊見，而桴亭亦不苟同。余嘗謂儒家應分先秦儒與宋、明諸儒，雖曰語必本之先秦，

然亦有違離遠出者。即如張、程、朱子論鬼神，與孔、孟所言，意實大殊。桴亭承兩宋道學大統，

而一一必挽歸之於孔、孟。其論濂溪《太極圖》，則謂其一本《易・繫辭》。其辨鬼神，則謂以鬼

神為陰陽則可，而不可以陰陽為鬼神。此亦於張、程、朱子所說有所申，無所關，而已卓然自見

己意，不事蹈襲，亦不務爭駁，乃彌見其書之粹而醇。

桴亭論理、氣，可謂善述周、朱。其論性，則尤能特標己見，不苟同於張、程分言天地之性、

氣質之性一節。然玩其所言，仍是有所申，無所關。語若平淡，而剖析精到。此一論點，尤為桴

亭反覆研尋後所得，而亦極為自信。因曰：

言氣質，原未嘗離天命，是就人言天。若離人言天，不但易入虛無，即極高明，與人何涉？

又曰：

未生以前，此理在天。既生以後，此理在人。萬物皆備，飽滿具足。不從此中識取性善，

而仍講未生以前，縱極至善，已被禽獸草木分取一半。

又曰：

性者，氣質之理。人，氣質之理善；物，氣質之理雜。

性為萬物所同，善惟人性所獨。性善不必離氣質而觀。

孟子當時，只就氣質中說善。孔子、子思之言，無不同條共貫。孟子以後，周則無不脗合。

程、朱間有一二未合，而合常八九。

桴亭絕不主張離人言天，因亦不主張離氣質而言性。理只在氣中，性亦只在氣質中。惟同時又必主理先氣後，又主人性之善。此皆其特見精深處。桴亭又謂性善乃指恆性，指性之常。故曰：

孟子言性善，於氣質之中道其常。荀卿言性惡，於氣質之中道其變。

此條頗近亭林《日知錄》。

又曰：

此中間靈處謂之心。心中所秉而一定者謂之性。性中之妙而合理者謂之善。分義理、氣質而言性，猶是意圓語滯。

因此桴亭不言性中無惡，而極讚明道「善惡皆是性」一語。因曰：

孟子原止說性中有善，不曾說無惡。

人皆可以為堯、舜，論其理。惟至誠能盡性，語其實。

不必說到渾然至善，未嘗有惡，然後謂之性善。

「渾然至善，未嘗有惡。」語極精微，然著意精微，便有弊病。此處已隱隱逗出「無善無惡」。「無善無惡」語更精微，卻已隱隱走入釋氏「離一切心即汝真性」一邊去。

梨亭學本朱子，固不以朱子之學為支離，然常以「精微」戒人，此亦梨亭之獨見。其以精微為戒，正是其特見精微處，惜乎欲索解人不易得也。梨亭極反陽明四句教「無善無惡」一語，而又曰：

善惡皆天理，即是說善惡皆性。梨亭於此特標出《中庸》「中和」二字。其言曰：

喜怒哀樂，好惡生殺，無非天理。故曰善惡皆天理。

論性精微，莫若《中庸》，然只說喜怒哀樂。喜怒哀樂未發是性，已發是情。中與和是善。未發未能無不中，是聖人之性善。未發無不中，已發無不和，是聖人之性善。未發未能無不中；已發未能無不和，而未嘗無中；已發未能無不和，而未嘗無和，是常人之性善。性善二字只如此看。

於是桴亭乃提出其自己之「性無善惡」說。其言曰：

　　人性中無所謂善惡。只有中與過不及。故聖人盡性，只是致中和。

此處極見桴亭論學常有由宋、明回返先秦之傾向。宋、明理學家言似嫌多涉精微，先秦孔、孟儒則語多平實。桴亭乃以宋、明儒之精微回闡孔、孟之平實。既歸平實，斯可免精微之流弊。故桴亭並不闢宋、明之精微，乃以孔、孟平實來作闡申，則一切精微自歸平實也。於此見桴亭之自下語，雖若一一平實，而於平實中實有愈見精微之處。

惟專就論性一節言，朱子已竭論非氣質無以見性，而又主性即理，理不離氣，亦不雜於氣。桴亭所論，似偏重「不離」一面，可以糾張、程分別天地性與氣質之性之流弊。而於性之「不雜於氣」一面，則發揮似嫌薄弱，仍不如朱子所論之較更深密。

　　桴亭又曰：

　　同是萬有不齊，於物則謂之雜，於人則謂之純。人可以學問，而物不可以學問也。

此條見《性善圖說》。即宋儒所謂「變化氣質」，而推擴言之，則氣質雖萬殊，而可以純於一善也。由論性轉到論心，桴亭亦獨有其精湛之見解。今姑舉《遺書·論學酬答》中〈答王周臣〉一

書為例。其言曰：

張子曰：「心統性情。」邵子曰：「心者性之郭郭。」二說皆得之，而皆未全。張子偏於內，邵子偏於外。蓋心者，合神與形而為名。其所統，亦非特性情。有是性，感物而動，喜怒生焉，謂之情。情生思維圖度，謂之意。意念專決，謂之志。志定而浩然盛大充於中，不撓不屈見於外，謂之氣。有是數者，擴而充之之謂才。莫非心之所全，則莫非性之所具，亦莫非天之所賦。

此處融合天人體用而會歸於一心，非深契朱子論學淵旨者不能及。後儒徒以陸、王為心學，不知朱子乃造心學之極詣，似惟梓亭能窺見到此。

《思辨錄》中又論人心、道心，其言曰：

曰：「此是說工夫。」

又曰：

道心只就人心中合於道者言之，非有二心。曰：「然則如何言道心常為之主而人心聽命？」

整菴看人心、道心大誤。道心是不離陰陽之太極，人心是不離陰陽之太極。

「合道」即猶謂「合理」。理在氣中而非即是氣，道心亦只在人心中，非有二心。道心、人心不雜不離之妙，亦猶理之於氣之不離而又不雜也。整菴未能深瞭朱子理、氣之辨，故亦不深瞭朱子人心、道心之辨。桴亭以朱子之辨理、氣者移之以辨人心、道心，語極簡淨、平實。然不精讀朱子書，則不知《思辨錄》此條之精微而平實處。桴亭此處又用「太極」字，太極即理。桴亭極讚「一物一太極，統體一太極」之語，又極讚「理一分殊」之說。天人合，故人心可即又謂之道心，又謂之太極也。朱子辨理氣心性，後儒得其淵旨者，當端推桴亭。東發、整菴、亭林，於此或遠或近，或得或失，要皆非桴亭之比矣。

桴亭又辨此心之已發、未發，其言曰：

> 所謂未發，不過念慮轉接闊窄處毫髮之間。

此問題，朱子辨論已極詳密，故到桴亭手上，乃可片言解紛。凡如此類，非得前人之著意精微，不得有後人之落歸平實。然求能於前人精微處落歸平實，此正大非易事。故非細讀朱子書，將不易見桴亭《思辨錄》之精采。桴亭《思辨錄》正多為朱子論學作畫龍之點睛。縱是細讀朱子書，

不讀《思辨錄》，亦每使人有不見壁上飛去之憾。

桴亭又曰：

工夫存乎我，境界因乎外。除卻戒慎恐懼，別尋未發，不是槁木死灰，便是虛無寂滅。

前念方滅，後念方起，此處有桴亭所謂「轉接鬪筍處毫髮之間」者。桴亭從此境界點出《中庸》「戒慎恐懼」四字工夫，實是平實之至，又極精微之至。然若誤認此時境界，以為把柄入手，則非槁木死灰，即是虛無寂滅。桴亭早年，曾學靜坐養生工夫，故能識得此一境界。然非後來正學功深，則不易得此見解。

桴亭又曰：

朱子以思慮未萌、知覺不昧釋未發，整菴以為恐學者認從知覺上去，亦是一見。不如說「思慮未萌、本體不昧」。

朱子常言心體本即是一知覺。是則「本體不昧」，即是「知覺不昧」也。若恐人誤認從知覺上去，改說本體不昧，豈不又將使人誤認從本體上去？於此諸條參互推求，終於舉出《中庸》「戒慎恐懼」四字工夫。此四字，亦可謂即是此心本體，但不得謂之有知覺，亦不得謂之無知覺。由此求

之，則本體在是，工夫亦在是。然必工夫到，乃可言本體。故從兩宋理學家言而向上求之，歸之孔、孟先秦，則一一易於落實。若自兩宋理學家言而向下求之，更欲各關門戶，窮極精微，則弊病終不免。整菴《困知記》不如桴亭《思辨錄》，正在此上上下下之間。故讀《困知記》，則人見其精微；讀《思辨錄》，則徒見其平實。能兼得於此二者，始為能善讀《思辨錄》、《思辨錄》之不易讀處亦在此。

由辨已發、未發，乃有存養、省察工夫之辨。桴亭又言：

存養、省察，要看得他是一事，又要看得他是兩事。工夫纔有把柄，一切不放下，中無一毫沾滯。

朱子論理氣、論心性，總是教人要看得是二，又看得是一。桴亭此等處，皆是善學朱子。既要一切不放下，又要中無一毫沾滯，則惟「戒慎恐懼」四字，可以恰切道出此體段。

因辨存養、省察，又有動、靜之辨。桴亭曰：

心從靜中得，功向動中求。

此十字，要言不煩，玄珠在握。非真下工夫，不易有此體悟。又曰：

心不靜，便是動；心不動，便是靜。不在念起念息上討分曉。

靜者安乎理之謂。未發安此天理，既發安此天理。無事安此天理，有事安此天理。久久純

然，天理爛熟。雖千變萬化，總名為靜。

此兩條見〈論學酬答・與陳言夏〉。

以上辨涵養、省察，辨動、靜，朱子皆以歸納入一「敬」字。桴亭之論敬則曰：

古人言敬多兼天說。今人不然，天自天，敬自敬。又曰天即理，把天字亦說得平常。此為

上等人說則可，為中下人說，便無忌憚。不能作其恭敬之氣。子瞻欲打破敬字，若如古人

說敬天，子瞻能打破天字否？

又曰：

今人多不識天字，只說敬字，許多昏憒偷惰之心，如何得震醒？

又曰：

先儒有曰「天即理」，予曰「理即天」。

「天即理」見朱子《論語註》，亦是道學精微之言。程門言敬，曰「主一」，曰「心中無一物」，所言似皆涉精微。桴亭論天一從周、朱，其論太極，論理先於氣，又曰天氣地質，自亦承認朱子「天即理也」之義。但此處乃謂此等可為上等人說，不能為中下人說。此亦桴亭論學，常主從精微轉歸平實之一證。故其答人書，謂「精微之理，乃未及知」也。

桴亭又曰：

道學不可著意。予有志斯道時，只是發念要做一箇人。字字句句要依四書做，初未嘗知所謂道學。一向只是如此。使知所謂道學，反多一番著意矣。

此亦主從道學精微轉歸孔、孟平實也。

其與人書有曰：

性命之理，孔子罕言，而宋儒始明白而析言之。宋儒乃不得已而言。

此處謂是宋儒之不得已，亦是極平實；而較之亭林，則見為有精微之趣。

或問知與行，桴亭曰：

有知及之而行不逮者，知者是也。有行及之而知不逮者，賢者是也。未可以概而論之。及其至也，真知即是行，真行始是知，又未可以歧而言。

凡桴亭論理氣心性，大旨具如上述。今再進而論其言居敬窮理者。桴亭有曰：

居敬是主宰，窮理是進步處。

其言「主宰」，亦猶上引言「根腳」。有此心主宰作根腳，乃可向前求進步。〈論學酬答・答王周臣〉書有云：

兼言理、氣，道其全。專言理，明其主。欲知性知天，則不可不觀其全。欲率性事天，則不可不知其主。

理者人之所同，氣者我之所獨。從乎同，則理至而氣從焉，而日進以至於天。從乎獨，則氣勝而理亡焉，而日流以汩於人。故君子有窮理之學。

理在吾心，而求之天下之物，此儒者之道，所謂體用合一。性未可遽盡，而理可以漸窮。

知每易涉精微，行則落於平實，然此二者亦是一而二，二而一。孔、孟平實，道學精微，精微盡歸於平實，平實一本諸精微，此乃桴亭論學趨向所在。

學者有志於窮理，必事事而察，日日而精，時時而習，漸造漸進以至於極。為神為聖，莫非是也，而又非馳騖於窮大之謂。

馳騖於窮大而莫為之主，則事至而紛糾，事去而放逸。雖有所得，旋亦放失，故君子又有居敬之學。

居敬窮理，在聖人為一貫之學，在學者為入德之門。即此下學，亦即此上達。

此書所言，皆通透明達。以人合天，必貴有作之主者。作之主者即此人心，然貴能從人心之大同處作主。有了主，又貴能有進步，故必外窮物理。如是始可合天人，兼體用，此心達此境界而才始見。下學在此，上達亦在此。聖人之與學者，其道與學，乃亦成為一貫。

又《文集·答陳介夫》有云：

吾輩為學，只是「真切」二字。真則得其本心，切則不離日用。得其本心，則居敬之道得矣。不離日用，則窮理之功密矣。

言居敬窮理，終有精微之嫌，桴亭釋之以「真切」二字，則彌見為平實。

《思辨錄》中其他討論道學傳統上種種問題，莫不談言微中，明白扼要，脫盡理學家窠臼，

而指示出理學中無窮蘊奧。此等精采處，幾於隨處可見。茲再拈錄數條示例。如曰：

事物到前面，只看外一層，是玩物喪志。能看裡一層，是格物致知。

「玩物喪志」與《大學》「格物致知」語皆出程門。梓亭以只看外一層與能看裡一層來作解釋，可謂親切明白矣。

又如曰：

化生之初，未有萬物，誰為輪迴。化生之後，自少而眾，自一而萬，如何輪迴。

此由朱子言鬼神意而推申言之，極淺顯淨括之致。

梓亭言道統，亦極有深義。梓亭實可謂是宋、明道統殿軍。自梓亭以下，未有能闡明道學更如梓亭之親切淵懿者。梓亭有曰：

道統重聞知，不重見知。

聞知者，無師傳而有開闢之功者也。

宋仁宗時，有同時開闢三人：周濂溪、張橫渠、邵堯夫。二程雖同時極盛，然卻有師傳家

教。

又曰：

大程以天資言，則近於周而勝於朱。以事功言，則開先之力固讓於周，而啟後之勞亦遜於朱。

又曰：

大程實是天資勝，學問則次程儘有深入處。橫渠集中亦推次程，然行處卻每有窒礙。

又曰：

從祀諸賢，如周子、朱子，其功不在孟子下，尤當在配享之列。

又曰：

論者每以孔子為賢於堯、舜，朱子為賢於周、程。尚論之說有二，有以聖人論聖人者，有就天下萬世論聖人者。以聖人論聖人者觀其德，以天下萬世論聖人者觀其功。謂孔子賢於

堯、舜，朱子賢於周、程，亦就其功與業言之也。古今聖賢，蓋莫不有時焉。或者以業之故而並議及於德，更議及於體用之不合，則謬甚也。

此條見〈論學酬答・答顧殷仲〉，乃桴亭對兩宋諸儒之評騭。桴亭崛起明末，其學直承周、朱，然實不能盡其用。若論成學之功業，則尚不如亭林《日知錄》。桴亭於闡申理學義蘊，雖為卓至，其開啟此下學術新途徑，則不得不謂其有遜於亭林。此則亦時為之也。桴亭在明儒中惟時時稱道羅整菴，而於論學大節，則駁正整菴處亦多。全謝山〈傳〉有曰：「《思辨錄》所述，疏證剖析，無不粹且醇。其最足以廢諸家紛爭之說，而百世俟之而不易者，在論明儒。」是桴亭在理學傳統中，亦一閎知者。易代以後，築亭水上，潛龍不用。身居江南人文薈萃之區，而聲光獨闇，此固大儒之學養，資後人之觀其德則可矣，然亦豈桴亭之所欲乎！其論《易》之「明夷」有曰：

明不可息。雖晦於外，不可息於內。混迹庸眾，所謂晦。專心聖賢，所謂明。

又論《易》之「潛龍」曰：

非龍德不能當潛，今之潛而龍者又誰乎？

此見其自負與自處。又曰：

聖人能盡其所以然，不能盡其所當然。能盡體，而不能盡用。體在我者也。用乘乎形勢時位者也。

此條見〈論學酬答・答盛聖傳〉。惜乎桴亭之所志所學，終以限於形勢時位，而不獲大彰顯於後也。

桴亭學之最值稱道者，乃在其理學與經濟之兩面兼盡。桴亭為學，一一依蹈朱子軌轍。自朱子後，能本末精粗，內外體用，一以貫之，實惟桴亭有此蘄嚮，亦有此造詣。所謂天德王道，內聖外王，以人合天，以用見體，皆桴亭所標舉以為學的者。故曰：

孔子而後有真學，周公以來無善治。漢、唐、宋竭力經營，只做得補偏救弊。三代規模，全未夢見。

桴亭實欲推致真學以達之於善治，其分別漢、唐、宋與三代之意，亦即承襲朱子之答陳龍川。惟不專用王、霸字，不專從漢祖、唐宗居心上說，故亦言之若更為切實。如曰：

撥亂不難，致治難。三代以下，但有能撥亂者，未有能致治者。

此處提出撥亂、致治兩項，亦於朱子辨王、霸外別標新義也。

又曰：

三代以上，主於用君子。三代以後，主於防小人。小人惟有不用法，更無防法。

又曰：

孔、孟以後，待小人太寬，待君子太嚴。議論繁苛，甚於束溼，使君子坐失機會，不能展動分毫，亦主持世道者之過。

此兩條，若相反，實相成。法制議論，多偏陷於防禁一邊。然防禁不了小人，而終於束縛了君子。

又曰：

古之治也以道，後世一決簿書，成為吏胥世界。

又曰：

家法與家禮，此一家中王、霸之辨。

又曰：

漢、唐以下，治天下之法最密，然實處處滲漏，以其意欲一網收盡天下也。天下之大，豈能一網收盡？古之欲明明德於天下者，先治其國。看《周禮》一部書，止辨得王畿千里以內事，何等乾圓潔淨！

此說「欲一網收盡天下」，可謂最能申述朱子之意。至謂治天下與治國異道，更屬卓論。又曰：

之道治天下。

《周禮》是治國之書。古人封建，王者所治，止於王畿以內。王荊公不識此意，是以治國

桴亭又曰：

此等說法，又是何等乾圓潔淨乎！

封建、井田、學校三者，孟子一生大學問，為致治之大綱。

〈與郁儀臣論學校書〉有曰：

向作〈治通〉，只推原孟子封建、井田、學校三大旨，而尤以學校為政治之本。

其論封建，謂：

封建之得，在於分數明，事權一，歷年久，禮樂刑政易施。賢明可以自立，無掣肘之患。郡縣之失，在於防制太密，權位太輕，遷轉太數。小人得售其奸，君子不得行其志。善治者當循今郡縣之制，重其事權，寬其防制，久其祿位。有封建之實，而無封建之名。有封建之利，而無封建之害。

郡邑之爵祿權位，當悉如古封建，但當易傳子為傳賢。

此等說法之背後，必先具一番公天下之心。惟桴亭則專從平實言，不從精微言。讀者徒震驚於其用「封建」字，而疑以為迂，則誠無可與語《思辨錄》之書。桴亭又曰：

三代以上立法，常使人有為善之利。三代以後立法，常恐人有為惡之弊。收人才，去文法，是當今最要務。

又曰：

以人才用國家，未嘗為國家用人才。

又曰：

治天下必自治一國始，治一國必自治一鄉始。

分鄉是小封建法。

鄉約是個綱。社倉、保甲、社學是個目。社倉是足食事，保甲是足兵事，社學是民信事。

此等立論，皆是乾淨俐落，精微平實兼盡。

其論井田，謂：

郡邑欲行井田，須修古鄉大夫之職。

桴亭又特著〈治鄉三約〉詳其法。其論封建，只在分職權。其論井田，只在均財富。其論由治鄉而治國而治天下，尤為能盡本末內外而一以貫之，而尤要則在其論學校。

其論學校謂：

儒治所不同於吏治者，儒治從教化上做起，吏治從刑政上做起，其原本只在學校之興廢。

此見〈論學酬答・答郁儀臣〉。又曰：

聖賢之生，必由學校，而學校之振必由師儒。

此條見《文集・蘇學景賢錄序》。又曰：

古者有大學之法，後世但有大學之道，無所謂大學之法，故成就人才較難。

又曰：

古法盡亡，必須制作。

伊川〈看詳學校〉，不如文公〈貢舉私議〉，然皆不過就近代言。明道〈請修學校箚子〉，則通於三代。

又曰：

學校之制，惟安定湖學教法、明道〈上神宗書〉，尤得貫通推行之法。

而桴亭特所注重者，則在學校之師。謂：

師之一字，是天地古今社稷生民治亂安危善惡生死之關。

學校之制，其在鄉學，不過讀書識字、歌詩習禮而已。至於國學，決當倣安定湖學教法而更損益之。如經義、治事，宜各分為諸科，聘請專家名士以為之長。為學校之師者，則兼總而受其成。如此則為師者不勞，而造就人才亦易。

重師道而不廢專家，此亦申朱子義。又倡「師尊於君」之論，謂：

非師之尊，道尊也。道尊故師尊。

洪武初設四輔官，位尚書上，聘者儒自布衣徑為之。此與予「天子擇師」之說同，惜乎其遂廢而不行。

又曰：

太子即須為擇師，及即位則終身師之。

問之以道，而不勞之以政。隆之以禮，而不授之以權。庶乎名實兩得。

又曰：

設臺諫，不如設師傅。

其論禮樂，雖亦備究精微，而終亦一歸平實。謂：

朱子《語錄》中冠、昏、喪、祭皆淺近切實可行。伊川便太泥古。

又曰：

朱子《儀禮經傳集解》，此書成於門人，未及折衷，亦且多泥古禮，使後世無所遵守。

又曰：

審樂斷以聲為主，紛紛論器、論數，皆後一著事。

審音不難，即以俗樂論之，如琴瑟疏而雅，琵琶繁而哀，笙簫和而柔，羌笛屬而勁。中正和平之音，非必不可求。

欲知雅樂，未始不可於俗樂、胡樂中參求反觀而得。

其論經史，則曰：

《書》與《春秋》，即後世之史。《書》兼載文章，即後世之古文。《詩》即後世之詩。《禮》則紀三代之典禮，後世一代有一代之制作，禮未嘗無。五經中，惟《易》在所不必續。其餘《詩》、《書》、《禮》、《春秋》，皆在所必續。自漢、唐以來，皆以五經為聖人所定，註疏論解，無慮數千百家。五經而外，則以為非聖人所定而忽之。其有擬經、續經者，咸共非笑詆排，以為得罪聖人。此世儒尊經之過。

《文集·曹頌嘉漫園文稿序》有曰：

義、文之《易》，所以述天人，即後世性理諸書是也。虞、夏、商、周之《書》，孔子之《春秋》，所以紀政事，即後世史傳諸書是也。商、周之雅、頌，十五國之風詩，所以言性情，即後世樂府詩歌之類是也。周公之《周禮》、《儀禮》，漢儒之《禮記》，所以載典禮，即後世八書、十志之類是也。

又曰：

如此論經，較之「六經皆史」之說，更為允愜。其自為《書鑑》、《詩鑑》，乃師法王通之續經。

凡作史，志書須詳於紀傳。文中子曰：「史之失也，其於遷、固乎？紀繁而志寡。」此言真千古確論，亦千古絕識。

又曰：

二十一史列傳甚冗亂，其諸志卻不可不讀。蓋一代之禮樂刑政存焉，未可忽也。予嘗欲去二十一史紀傳，別取諸志合為一書，《文獻通考》亦髣髴其意，但終不若獨觀一代，為睹一代之全。

又曰：

桴亭論性理常求其一貫，經濟亦當求一貫，故論法制，亦貴能觀一代之全也。

讀史有必不可少諸書，如歷代地圖建置沿革、歷代官制建置沿革、建都考、歷世統譜等，意欲彙為一集，名曰「讀史要覽」，亦是便學者之事。

又曰：

讀史當以朱子《綱目》為主，參之《資治通鑑》以觀其得失，益之《紀事本末》以求其淹

貫，二十一史雖不讀，備查足矣。

此皆卑之無甚高論，極平實之至。桴亭又分讀書為三節，一曰「誦讀」，自五歲至十五為一節。一曰「講貫」，自十五至二十五為一節。又一曰「涉獵」，自二十五至三十五為一節。其所列書目，自經、史、理學外，在講貫、涉獵兩類者，又有天文、地理、水利、農田、兵法諸種，而古文、古詩則三節皆列。又有本朝事實、本朝典禮、本朝律令，皆在講貫、涉獵中，謂：「此最為知今之要。今之學者，有終身未之聞。」謂：

今天下之精神，皆耗於帖括，誰肯為真讀書人，而國家又安得收讀書之益？

論真學而一以貫之，斯可得其深趣矣。

重師道，即是重道學也。重讀書人，即是求進步也。凡讀《思辨錄》中論善治，必當會歸之於其

桴亭之學，一依朱子格物窮理之教，故主隨事精察，謂：

向讀區田法而異之，民間何以竟不傳？及讀《元史》，見元時嘗以此法下之民間，迄無成功。予嘗欲親試之。

今《思辨錄》中備詳其說。

桴亭又論兵法有曰：

唐有《李靖兵法》，今僅存杜氏《通典》所載。戚南塘《紀效新書》從此書中脫出。予嘗欲輯兵書為三卷，曰道，曰法，曰術。「道」只是道理，四書、五經中言兵，及聖賢古今論兵格言，必有合於王者之道者乃取。「法」則法制，如《司馬法》、《李靖兵法》及《紀效新書》、《八陣發明》之類。「術」則智術，如《孫吳兵法》及古今史傳所記攻戰之迹。令學者先知道，次學法，次論術，庶體用不殽，而人才有造。

又曰：

戚繼光《紀效新書》特勝，以其曾經實歷。《練兵實紀》不如《紀效新書》。

明末天下多寇，桴亭又輯《城守全書》，自稱頗為詳密。其他如天文曆數、地理險要、河渠水利、醫學藥物，幾於無不研窮。茲不摘引。

桴亭於農政、兵書，平日既多究心。

桴亭又留心詩文，有《書鑑》一編，專取古文中有關興衰治亂者。又有《詩鑑》一編，專取

漢、唐以後詩有合於興觀群怨者。而其論詩，尤具隻見。嘗曰：

不論人論世而論詩，論詩又不論志而論辭，總之不知詩。

選詩必欲人與詩合，詩與事合，乃可入選。不然，詩雖佳，皆偽言也。

又曰：

唐詩多寫景，宋詩多談理。然唐詩未嘗不言理，宋詩未嘗不寫景。予意欲選唐人宋詩、宋人唐詩，以破當世之成見，病未得暇。

又曰：

邵堯夫《擊壤集》，前無古，後無今，其獨造處，直是不可及。

堯夫詩胸次極妙，直與天地萬物上下同流。

康節直任天機，縱橫無礙，從來詩體不得而拘，謂之風流人豪，豈不信然？

康節詩直把詩作際天際地一事，豈止篇章辭句而已？唐人詩，康節做得。康節詩，唐人做不得。

白沙之詩，合道理與風雅為一，所作詩有「子美詩之聖，堯夫有別傳」云云，蓋欲合子美、堯夫為一人。

桴亭又曰：

凡其興趣之廣泛，途轍之開闊，實可謂是朱子後一人。

又曰：

聖人之教，無所不該，《論語》所稱有四科，後世人才果能於四科之中出類拔萃，此即聖人之徒也。後世不知此義，孔、孟之後，概以伏生、申公、歐陽高、夏侯勝之徒當之，不過文學中人耳。乃歷漢、唐以來，儼然專兩廡之席，而功業彪炳，志行卓犖，為古今人所信服者，不得與從祀之列，概擯之門牆之外。是止以吾夫子為一經生，而裒集後世許多無用之老儒，共作一堂衣缽也。無怪乎奇偉英雄之士，掉臂而去，而作史者必另為〈道學傳〉以載其人；而為道學者，亦甘自處於一隅之陋，此其失非細故也。

或問：「吾輩為學，如釋、老之類，亦當博涉否？」曰：「欲為大儒，欲任斯道之責，二

聖人之教，無所不該。當一洗向來學究之習，而成聖人大無外之教。

氏之書，豈得閉而不窺？」

又曰：

愚意聖門從祀，自及門七十子，及周、程、張、朱具體大儒之外，皆當分為四科，妙選古今以來卓犖奇偉第一等人物，盡入從祀。如黃憲、文中子「德行」，張良、李泌「言語」，孔明、房、杜、韓、范、司馬「政事」，遷、固、李、杜、韓、柳、歐、蘇「文學」，庶幾一洗向來學究之習，而成聖人大無外之教。

又曰：

如周子、朱子，其功不在孟子下，此尤當在配享之列，非僅從祀已也。

又曰：

凡古來節義名臣，如關羽、顏真卿、張巡、岳飛，皆當在「德行」之列。小儒不知，而二氏反得竊之以惑眾。在二氏未免為援儒入墨，在吾儒未免推而遠之。

又曰：

聖人生末世，真是任大責重。使達而在上，則凡井田、學校，前人已壞之法皆其事。窮而在下，則凡理學、經濟，前賢未備之書皆其職。雖矻矻孳孳，夜以繼日，猶將不足。豈得自託涵養，悠悠終日乎？

孔子刪述六經無論矣。孔子而下，德之盛者莫如朱子，然朱子一生功業，亦只在著書。

又曰：

凡有功業，皆與人共之。著述者無論矣。讀而傳之者居其半，表彰而尊信之者居其半，舉而措之行事者居其半。苟於斯道有一分之力，則於斯道有一分之功。

凡桴亭之所志所學，亦可於此想見其大概。

此稿刊載於民國五十九年七月《故宮圖書季刊》一卷一期

顧亭林學述

章實齋《文史通義》，分清初學術為浙西、浙東兩派。謂浙西宗顧亭林，尚經學，淵源自朱子；浙東宗黃梨洲，尚史學，淵源自陽明。竊謂清初學風，乃自性理轉向經史。顧、黃兩家，為其代表，皆經史兼擅，而亭林造詣尤卓。蓋由朱子轉經史，其道順；由陽明轉經史，其道逆。在晚明諸遺老中，孫夏峰、李二曲、黃梨洲皆治陽明，稱三大儒，知其時王學尚盛。亭林論學，則時若有反理學之嫌，至少若與理學面目不同，然其確尊朱子，則斷無可疑。《日知錄》中屢引黃震東發《日鈔》，及陸桴亭《思辨錄》兩書，可證其學脈。余舊為《近三百年學術史》，亭林有專章敘述，茲篇專拈其於理學中尊朱斥王之一節，《學術史》已詳者不復著。

《日知錄》卷九〈夫子之言性與天道〉條有曰：

孔門弟子不過四科，自宋以下，為之學者則有五科，曰「語錄科」。

此言「語錄」，並不指全部理學言，乃指理學中之部分言。《文集》卷六〈下學指南序〉有云：

今之言學者，必求諸語錄。語錄之書始於二程，前此未有也。今之語錄，幾於充棟矣，而淫於禪學者實多。然其說蓋出於程門。故取《黃氏日鈔》所摘謝氏、張氏、陸氏之言以別其源流，而衷諸朱子之說。嗚呼！在宋之時，一陰之姤也。其在於今，五陰之剝也。有能由朱子之言以達夫聖人下學之旨，則此一編者，其碩果之猶存也。

《下學指南》一書今不傳。亭林之斥語錄，乃就其淫於禪學者言，在宋如上蔡、橫浦、象山，而更暢衍於明代王學盛行之後。亭林此編，採錄東發，折衷朱子，可證其對宋、元、明三代理學之態度。

又《文集》卷三〈與施愚山書〉有曰：

古之所謂理學，經學也。非數十年不能通。今之所謂理學，禪學也。不取之五經，而但資之語錄，校諸帖括之文而尤易也。

又《文集》卷四〈與人書四〉有曰：

經學自有源流，自漢而六朝而唐而宋，必一一考究，而後及於近儒之所著，然後可以知其異同離合之指。

是亭林所謂經學，乃自漢至宋通言之。「古之所謂理學」，指宋。以其合於經，同於經，故曰即經學。「後之所謂理學」，指明。亭林謂其不取之五經，但資之語錄，亦如釋氏之有禪，可以不誦經典而成佛也。

又《文集》卷六〈答友人論學書〉有曰：

世之君子，苦博學明善之難，而樂夫一超頓悟之易。滔滔者天下皆是，無人而不論學矣。

又《文集》卷三〈與友人論門人書〉有曰：

今百人之中，尚有一二讀書而又皆躁競之徒，欲速成以名於世。語之以五經則不願學，語之以白沙、陽明之語錄則欣然矣。

是亭林之惡夫禪與語錄者，乃惡其開速成之路，而隳下學之基，並顯指白沙、陽明言。而其辦香

所宗則在朱子。

《文集》卷五〈華陰縣朱子祠堂上梁文〉有曰：

宣氣為山，眾阜必宗乎喬嶽。明徵在聖，群言總於真儒。兩漢而下，維多保殘守缺之人。六經所傳，未有繼往開來之哲。惟絕學首明於伊雒，而微言大闡於考亭。不徒羽翼聖功，亦乃發揮王道。啟百世之先覺，集諸儒之大成。

是亭林言經學，尤重宋儒，而其推崇朱子，誠可謂高山仰止。而「不徒羽翼聖功，亦乃發揮王道」二語，更值注意。所謂內聖外王，明體達用，亭林意，惟朱子有之。亭林《日知錄》，上篇〈經術〉，中篇〈治道〉，下篇〈博聞〉，自謂：「有王者起，將以見諸行事，以躋斯世於治古之隆。」故其為學，群經之外，兼及諸史。晚年卜居華陰，與王山史同修朱子祠堂，而為此文，其平生學業志氣精神所注，血脈所自，端在朱子，信不誣矣。

《亭林餘集·與陸桴亭札》有云：

昨歲於薊門得讀《思辨錄》，乃知當吾世而有真儒如先生者，孟子所謂「窮則獨善其身，達則兼善天下」，具內聖外王之事者也。近刻《日知錄》八卷郵呈。《思辨錄》刻全，仍乞見

與亭林同時，治朱子學最具精詣者，莫過桴亭，而亭林以「內聖外王」之「真儒」稱之，則亭林志業可想矣。

《日知錄》卷十八〈配享〉條有曰：

周、程、張、朱五子之從祀，定於理宗淳祐五年。顏、曾、思、孟四子之配享，定於咸淳三年。自此之後，國無異論，士無異習，歷胡元至于我朝，中國之統亡而先王之道存。理宗之功大矣。

此所謂「中國之統亡而先王之道存」者，猶即其辨「亡國」之與「亡天下」，是亭林認為元儒尚能守中國道統，而其重視宋五子，以為直接孔、孟，故謂先王之道猶存也。

又同卷〈嘉靖更定從祠〉條有曰：

《舊唐書》太宗貞觀二十一年，詔以左丘明、卜子夏等二十二人，代用其書，垂于國冑。自今有事于太學，並令配享宣尼廟堂，蓋所以報其傳注之功。迄乎宋之仁、英，未有改易，可謂得古人敬學尊師之意。神宗元豐七年（此年以孟子同顏子配享殿上），始進荀況、揚雄、

惠一部。

韓愈三人。此三人無傳注之功，祀之者，為王安石配享，王雱從祀地也。理宗寶慶三年，進朱熹。淳祐元年，進周敦頤、張載、程顥、程頤。景定二年，進張栻、呂祖謙。度宗咸淳三年，進邵雍、司馬光。以今論之，唯程子之《易傳》，朱子之《四書章句集註》、《易本義》、《詩集傳》，及蔡氏之《尚書集傳》，胡氏之《春秋傳》，陳氏之《禮記集說》，是所謂「代用其書，垂于國胄」者爾。南軒之《論語解》，東萊之《讀詩記》，抑又次之。而《太極圖》、《通書》、《西銘》、《正蒙》，亦羽翼六經之作也。嘉靖九年，逞私妄議，輒為出入。棄漢儒保殘守缺之功，而獎末流論性談天之學，於是語錄之書日增月益，而五經之義委之榛蕪，有王者作，其還遵貞觀之制乎？

又曰：

嘉靖之從祀，進歐陽修者為大禮，出於在上之私意。進陸九淵者為王守仁，出于在下之私意。與宋人之進荀、揚、韓三子而安石封舒王配享，同一道也。

此所衡評，即其平素「經學即理學，捨經學安有所謂理學」之主張。自左丘明、卜子夏以下，迄於杜預、范甯二十二人，皆於傳注六經有功。程、朱乃及胡安國、蔡沈、陳澔亦然。即張栻、呂

祖謙，亦在又次之列。周、張雖不傳經，於羽翼六經有功。在亭林之意，固未嘗為漢、宋分疆，故經學中即包有理學，而理學亦不過為發揮經學。至於明代中晚以下盛行之語錄，乃離異經學以為學，故亭林不以理學許之。下及乾、嘉，嚴分漢、宋，經學獨歸兩漢，理學全受排斥，此又與亭林意見大為不同。

又卷二十《四書五經大全》條有曰：

自朱子作《大學中庸章句》、《或問》、《論語孟子集註》之後，黃氏榦有《論語通釋》。而采《語錄》附於朱子《章句》之下，則始自真氏德秀。名曰「集義」，止《大學》一書。祝氏洙乃倣而足之，為《四書附錄》，後有蔡氏模《四書集疏》、趙氏順孫《四書纂疏》、吳氏真子《四書集成》。昔之論者病其泛濫，於是陳氏櫟作《四書發明》，胡氏炳文作《四書通》，而定宇之門人倪氏士毅合二書為一，頗有刪正，名曰《四書輯釋》。自永樂中命諸臣纂修《四書大全》，頒之學官，而諸書皆廢。倪氏《輯釋》今見於劉用章剡所刻《四書通義》中。永樂中所纂《四書大全》特小有增刪，其詳其簡，或多不如倪氏。《大學中庸或問》則全不異，而間有舛誤。至《春秋大全》則全襲元人汪克寬《胡傳纂疏》，《詩經大全》則全襲元人劉瑾《詩傳通釋》。其三經，後人皆不見舊書，亦未必不因前人也。當日儒臣奉旨修

《四書五經大全》，將謂此書既成，可以章一代教學之功，啟百世儒林之緒，而僅取已成之書抄謄一過，上欺朝廷，下誑士子。唐、宋之時有是事乎？豈非骨鯁之臣已空於建文之代，而制義初行，一時士人盡棄宋、元以來所傳之實學，上下相蒙以饕祿利而莫之問也。嗚呼！經學之廢實自此始。後之君子欲掃而更之，亦難乎其為力矣。

是亭林明以朱子四書為經學，而謂經學之廢始於明，又謂宋、元尚傳實學，元儒吳澄、明儒程敏政，皆鑑於當時之徒務文字訓釋以為學，激而為朱、陸異同作平反。然當亭林之世，情勢又非。

實學日荒，虛談益張，故更寧取於元儒也。

《亭林餘集·與潘次耕札》有曰：

如炎武者，使在宋、元之間，蓋卑卑不足數。而當今之世，則已似我者多，而過我者少。俗流失，世壞敗，而至於無人如此，則平生一得之愚，亦安得不欲傳之其人，而望後人之昌明其業乎？惟願刻意自屬，身處於宋、元以上之人，與為師友，而無狗乎耳目之所濡染者焉，則可必其有成矣。

此見亭林於宋、元、明三代學術高下之評騭。蓋亭林深崇朱子，黃東發闡申朱學，特為亭林所欣

賞，故《日知錄》中屢引其說。即《日知錄》為書，亦似與東發《日鈔》有淵源，後人每以與王伯厚《困學紀聞》相提，抑《紀聞》猶其次也。

《日知錄》屢引《黃氏日鈔》，尤其關於論心學之近禪者。前引〈夫子之言性與天道〉條引曰：

夫子述六經，後來者溺於訓詁，未害也。濂、雒言道學，後來者借以談禪，則其害深矣。

亭林寧取元儒，深惡晚明，即此意。

又卷一〈艮其限〉條引曰：

心者，吾身之主宰，所以治事而非治於事。惟隨事謹省，刻心自存，不待治之而後齊一也。孔子之教人曰：「居處恭，執事敬，與人忠。」曾子曰：「吾日三省吾身。為人謀而不忠乎？與朋友交而不信乎？傳不習乎？」不待言心而自貫通於動靜之間者也。孟子不幸當人欲橫流之時，始單出而為求放心之說。然其言曰：「君子以仁存心，以禮存心。」則心有所主，非虛空以治之也。至於齋心服形之老、莊，一變而為坐脫立亡之禪學，乃始瞑目靜坐，日夜仇視其心而禁治之，及治之愈急而心愈亂，則曰：「易伏猛獸，難降寸心。」嗚

呼！人之有心，猶家之有主也。反禁切之使不得有為，其不能無擾者勢也，而患心之難降歟。〈省齋記〉

又曰：

存心之說有二。古人之所謂存心者，存此心於當用之地也。後世之所謂存心者，攝此心於空寂之境也。造化流行，無一息不運。人得之以為心，亦不容一息不運。心豈空寂無用之物哉？世乃有遊手浮食之徒，株坐攝念，亦曰存心。而士大夫溺於其言，亦將遺落世事，以求其所謂心。迨其心迹冰炭，物我參商，所謂老子之弊流為申、韓者，一人之身已兼備之，而欲尤人之不我應，得乎？〈山陰縣主簿廳記〉

又卷二十〈心學〉條引《日鈔》解《尚書》「人心惟危，道心惟微。惟精惟一，允執厥中」四句有曰：

近世喜言心學，舍全章本旨而獨論人心、道心。甚者單摭「道心」二字，而直謂即心是道。蓋陷於禪學而不自知。蔡九峰作《書傳》述朱子之意曰：「古之聖人，將以天下與人，未嘗不以治之之法而並傳之。」可謂深得此章之本旨。其後進此《書傳》於朝者，乃因以三

又同卷〈內典〉條引曰：

聖傳心為說。世之學者，遂指此書十六字為傳心之要。愚按：心不待傳也。流行天地間，貫徹古今而無不同者理也。理具於吾心而驗於事物。心者所以統宗此理而別白其是非，人之賢否，事之得失，天下之治亂，皆於此乎判。此聖人所以致察於危微精一之間，而相傳以執中之道，使無一事之不合於理，而無有過不及之偏者也。聖賢之學，自一心而達之天下國家之用，無非至理之流行。明白洞達，人人所同，歷千載而無間者，何傳之云？

《論語》「曾子三省」章《集註》載尹氏曰：「曾子守約，故動必求諸身。」語意已足矣。又載謝氏曰：「諸子之學皆出於聖人，其後愈遠而愈失其真，獨曾子之學專用心於內，故傳之無弊。」夫心所以具眾理而應萬事，孔門未有專用心於內之說也。用心於內，近世禪學之說耳。象山陸氏因謂：「曾子之學是裡面出來，其學不傳。諸子是外面入去。今傳於世者皆外入之學，非孔子之真。」自謂《論語》之外得不傳之學，凡皆源於謝氏之說也。

後有朱子，當於《集註》中去此一條。

東發最尊朱子，然於朱子語亦多糾挽。「傳心」一語，朱子在鵝湖會前，屢有提及，而東發明加反

對。上引〈心學〉條，亭林亦曰：

《中庸章句》引程子之言曰：「此篇乃孔門傳授心法。」亦是借用釋氏之言，不無可酌。

此承東發意，惟措辭較緩。

又卷九〈忠恕〉條有曰：

延平先生答問曰：夫子之道，不離乎日用之間，自其盡己而言則謂之忠，自其及物而言則謂之恕。莫非大道之全體。雖變化萬殊於事為之末，而所以貫之者未嘗不一也。曾子答門人之問，正是發其心爾，豈有二邪？若以謂夫子「一以貫之」之旨甚精微，非門人所可告，姑以「忠恕」答之，恐聖賢之心不若是之支也。如孟子言：「堯、舜之道，孝弟而已矣。」人皆足以知之。但合內外之道，使之體用一原，顯微無間，則非聖人不能爾。朱子又嘗作〈忠恕說〉，其大指與此略同。按此說甚明，而《集註》乃謂「借學者盡己推己之目以著明之」，是疑忠恕為下學之事，不足以言聖人之道也。然則是二之，非一之也。

此條下面又引東發言相發明。亭林一承東發矯朱子，正證其一意崇朱之亦猶東發也。

同卷〈予一以貫之〉條又曰：

「好古敏求」、「多見而識」，夫子所自道也。然有進乎是者。六爻之義至賾也，而曰：「知者觀其〈象辭〉」則思過半矣。三百之詩至泛也，而曰：「一言以蔽之，曰思無邪。」「知者觀其〈象辭〉」則思過半矣。三百之儀至多也，而曰：「禮，與其奢也，寧儉。」十世之事至遠也，而曰：「殷因於夏禮，周因於殷禮，雖百世可知。」百王之治至殊也，而曰：「道二，仁與不仁而已矣。」此所謂「予一以貫之」者也。天下之理，殊塗而同歸；大人之學，舉本以該末。彼章句之士，既不足觀其會通，而高明之君子，又或語德性而遺問學，均失聖人之指矣。

上引前一條以「尊德性」言一貫，下一條以「道問學」言一貫，若兩者相衡，則亭林論學大意，毋寧更重後者。蓋其學脈，端承朱子而來。而盡掃虛玄，一歸平實，存理學之精神，而脫去理學之面貌，於學術思想之轉變上，尤有關係。

《日知錄》卷十〈求其放心〉條有曰：

「學問之道無他，求其放心而已矣。」然則但求放心，可不必於學問乎？與孔子之言「吾嘗終日不食，終夜不寢，以思無益，不如學也」者，何其不同也？他日又曰：「君子以仁存心，以禮存心。」是所存者非空虛之心也。夫仁與義，未有不學問而能明者也。孟子之意蓋曰：能求放心，然後可以學問。「使奕秋誨二人奕，其一人專心致志，惟奕秋之為聽，

一人雖聽之，一心以為有鴻鵠將至，思援弓繳而射之，雖與之俱學，弗若之矣。」此放心而不知求者也。然但知求放心，而未嘗窮中罰之方，悉雁行之勢，亦必不能從事於奕。

此條用《論語》釋《孟子》，而孟子「求放心」之定義自顯。又曰：「仁義未有不學問而能明。」此語益見深趣。孟子言良知，與言仁義自別，細讀《孟子》書自得之。

又同卷〈行吾敬故謂之內也〉條有曰：

先王治天下之具，五典五禮五服五刑，其出乎身、加乎民者，莫不本之於心以為之裁制。此道不明，而二氏空虛之教，至於揝提仁義，絕滅禮樂，從此始矣。自宋以下，一二賢智之徒，病漢人訓詁之學得其粗跡，務矯之以歸於內，而達道達德九經三重之事置之不論，此所謂「告子未嘗知義」者也，其不流於異端而害我道者幾希。

務求一歸之內，空言德性，而輕視問學，忽略實務，此為亭林所不滿。乃主於事為上見德性，於功業上講義理。亭林之於《大學》八條目，可謂尤重「修齊治平」之後四項，與宋代理學尤重「格致誠正」前四項者稍不同；然其精神命脈，固是一貫相承，卻與此下乾、嘉考證學大異其趣，此層不可不辨。

又卷九〈不踐迹〉條有曰：

先王之教，若〈說命〉所謂「學于古訓」，〈康誥〉所謂「紹聞衣德言」，以至於《詩》、《書》六藝之文，三百三千之則，有一非踐迹者乎？善人者，忠信而未學禮，篤實而未日新，雖其天資之美，亦能闇與道合，而卒以不學，無自以入聖人之門。治天下者亦然。故曰：「周監於二代，郁郁乎文哉。」不然，則以漢文之幾致刑措，而不能成三代之治矣。

又同卷〈夫子之言性與天道〉條有曰：

不學無以入聖人之門，不學無以成三代之治，聖功、王道一歸於學，此為亭林論學要旨。

夫子之教人，文行忠信，而性與天道在其中矣，故曰：「不可得而聞。」朱子曰：「聖人教人，不過孝弟忠信，持守誦習之間。此是下學之本。今之學者病以為鈍根，不足留意。其平居道說，無非子貢所謂不可得聞者。」又曰：「近日學者病在好高，《論語》未問『學而時習』，便說『一貫』。《孟子》未言『梁惠王問利』，便說『盡心』。《易》未看六十四卦，便讀〈繫辭〉。此皆躐等之病。」又曰：「聖賢立言本自平易，今推之使高，鑿之使深。」

凡亭林所糾摘理學之流弊，正即承朱子之意，觀此條可見。又上引〈心學〉條引唐仁卿〈答人書〉有曰：

古有學道，不聞學心。古有好學，不聞好心。「心學」二字，六經、孔、孟所不道。今之言學者，蓋謂心即道也。子曰：「有能一日用其力於仁矣乎？」又曰：「一日克己復禮。」又曰：「終日乾乾，行事也。」外仁外禮外事以言心，雖執事亦知其不可。心學者，以心為學也。以心為學，是以心為性也。心能具性，而不能使心即性也。是故求放心則是，求心則非。求心則非，求於心則是。我所病於心學者，為其求心也。

仁卿名伯元，萬曆甲戌進士。《明史》入〈儒林傳〉。深疾王學。陽明從祀孔廟，仁卿上疏爭之，因請黜陸九淵而升周、程、張、朱五人於十哲之列。其人又屢見於顧憲成之《小心齋札記》。胡直廬山曾貽書兩首，力辨其詆王學之非。亭林於仁卿語不惜詳引，又如同卷〈舉業〉條引艾南英〈皇明今文待序〉，亦就當時人語指陳當時流弊，如此乃更為有力也。而亭林之自言之，則尤慨切憤痛。前引〈夫子之言性與天道〉條有曰：

五胡亂華，本於清談之流禍，人人知之。孰知今日之清談，有甚於前代者。昔之清談談老、

莊，今之清談談孔、孟。不習六藝之文，不考百王之典，不綜當代之務，舉夫子論學論政之大端一切不問，而曰「一貫」，曰「無言」。以明心見性之空言，代修己治人之實學，股肱惰而萬事荒，爪牙亡而四國亂。神州蕩覆，宗廟丘墟。

以明心見性之空言，代修己治人之實學，股肱惰而萬事荒，爪牙亡而四國亂。神州蕩覆，宗廟丘墟。

學術非而人才喪，國運隨之，亭林目擊身受，於此更有深感。故其於〈朱子晚年定論〉一節，尤鄭重置辨。

《日知錄》卷二十〈朱子晚年定論〉條有曰：

王文成所輯《朱子晚年定論》，今之學者多信之，不知當時羅文莊已嘗與之書而辨之矣。東莞陳建作《學蔀通辨》，取朱子《年譜》、《行狀》、《文集》、《語類》及與陸氏兄弟往來書札，逐年編輯而為之辨曰：近世東山趙汸《對江右六君子策》，此朱、陸早異晚同之說所萌芽。程篁墩因之，乃著《道一編》。朱、陸早異晚同之說於是乎成。王陽明因之，遂有《朱子晚年定論》之錄。專取朱子議論與象山合者，與《道一編》輔車之卷正相唱和矣。朱子有朱子之定論，象山有象山之定論，不可強同。主敬涵養以立其本，讀書窮理以致其知，身體力行以踐其實，三者交修並盡，此朱子之定論也。今乃指專言涵養者為定論，以附合於象山，其誣朱子甚矣。

宛平孫承澤謂：吾夫子以天縱之聖，不以生知自居，而曰「好古敏求」，曰「多聞多見」，曰「博文約禮」。至老刪述不休。朱子一生效法孔子，進學必在致知，涵養必在主敬。德性在是，問學亦在是。如謬以朱子為支離，為晚悔，則是吾夫子所謂「好古敏求」、「多聞多見」、「博文約禮」，皆早年之支離，必如無言、無知、無能為晚年自悔之定論也。以此觀之，則《晚年定論》之刻，真為陽明舞文之書矣。蓋自弘治、正德之際，天下之士厭常喜新，風氣之變已有所自來。而文成以絕世之姿，倡其新說，鼓動海內。嘉靖以後，從王氏而詆朱子者，始接踵於人間。王世貞發策，謂：「今之學者，偶有所窺，則欲盡廢先儒之說而出其上。不學則借一貫之說以文其陋，無行則逃之性命之鄉以使人不可詰。」此三言者，盡當日之情事矣。故王門高第，為泰州、龍谿二人。泰州之學一傳而為顏山農，再傳而為羅近溪、趙大洲。龍谿之學一傳而為何心隱，再傳而為李卓吾、陶石簣。昔范武子論王弼、何晏二人之罪深於桀、紂。以為一世之罪輕，歷代之害重。自喪之惡小，迷眾之罪大。而蘇子瞻謂李斯亂天下，至於焚書坑儒，皆出於其師荀卿，高談異論而不顧者也。

《困知》之記，《學蔀》之編，固今日中流之砥柱矣。

又曰：

以一人而易天下，其流風至於百有餘年之久者，古有之矣。王夷甫之清談，王介甫之新說；其在於今，則王伯安之良知是也。」孟子曰：「天下之生久矣，一治一亂。」撥亂世反之正，豈不在於後賢乎？

此條所論，尊朱貶王之意，可謂透闢無遺。然亭林固不為墨守之學者，陽明與朱子持異，與國人亦創新解。

於朱子之《格物補傳》，王門後學，「格物」異解蜂起，而亭林於《大學》「格物」亦創新解。

《日知錄》卷九〈致知〉條有曰：

致知者，知止也。為人君止於仁，為人臣止於敬，為人子止於孝，為人父止於慈，與國人交止於信，是之謂「止」。知止然后謂之知至。君臣父子國人之交，以至於禮儀三百威儀三千，是之謂「物」。

《詩》曰：「天生烝民，有物有則。」《孟子》曰：「舜明於庶物，察於人倫。」昔者武王之訪，箕子之陳，曾子、子游之問，孔子之答，皆是物也。故曰：「萬物皆備於我矣。」惟君子為能體天下之物。故《易》曰：「君子以言有物而行有恆。」《記》曰：「仁人不過乎物，孝子不過乎物。」

以「格物」為多識于鳥獸草木之名則末矣。知者無不知也，當務之為急。

此條歷舉《詩》、《易》、《孟子》、《戴記》諸篇散見「物」字以釋《大學》之「格物」，此即所謂以訓詁明義理也。厥後乾、嘉諸儒，鄙薄宋儒義理，而競治訓詁，然能如亭林此條真能以訓詁明義理，而有關思想上之重大節目者，實不多見。可見徒治訓詁無當經學，乾、嘉諸儒與亭林之區別即在是。一通宋儒義理，一則門戶自閉，於理學全不關心，高下得失由自而判。今謂亭林乃此下漢學開山，不知其間精神血脈固迥不相侔也。

又同卷〈性相近也〉條有曰：

人亦有生而不善者，如楚子良生子越椒，子文知其必滅若敖氏是也。然此千萬中之一耳。

孟子曰：「乃若其情則可以為善矣，乃所謂善也。」蓋凡人之所大同，而不論其變也。若紂為炮烙之刑，盜跖日殺不辜，肝人之肉，此則生而性與人殊，亦如五官百骸，人人所同，然亦有生而不具者，豈可以一而概萬乎？故終謂之性善也。

孟子論性，專以其發見乎情者言之。且如見孺子入井，亦有不憫者。嘑蹴之食，有笑而受之者。此人情之變也。若反從而善之，吾知其無是人也。

曲沃衛嵩曰：「孔子所謂性近，即以性善而言。若性有善有不善，其可謂之相近乎？」

論性乃有宋理學一大題目。然如孔子言「性相近」，朱子《集註》曰：「此所謂性，兼氣質而言者

也。」程子曰：「此言氣質之性，非言性之本也。若言其本，則性即是理，理無不善，孟子之言性善是也，何相近之有哉？」既分別孔、孟言性，又增出義理之性與氣質之性之分別，似不如亭林所言之直捷明確。蓋亭林實能擺脫理學窠臼，而攝取理學精髓。若使此下經史之學能循此發展，則洵可為儒學開一新境。而惜乎學脈中斷，乃專走上考據訓詁一路，經學非經學，又何當於亭林所謂「捨經學安所得理學」之經學乎？栫亭論性善亦辨宋儒，詳〈栫亭〉篇。

亭林於經學言義理，尤有高見卓識，超宋代理學言義理之上者《日知錄》卷九〈管仲不死子糾〉條有曰：

君臣之分，所關者在一身。夷夏之防，所繫者在天下。故夫子之於管仲，略其不死子糾之罪，而取其一匡九合之功。蓋權衡於大小之間，而以天下為心也。夫以君臣之分猶不敵夷夏之防，《春秋》之志可知矣。

有謂管仲之於子糾未成為君臣者，子糾於齊未成君，於仲與忽，則成為君臣矣。狐突之子毛及偃，從文公在秦，而曰：「今臣之子名在重耳有年數矣。」若毛、偃為重耳之臣，而仲與忽不得為糾之臣，是以成敗定君臣也。可乎？又謂桓兄糾弟，此亦強為之說。夫子之意，以被髮左袵之禍尤重於忘君事讎也。

論至於尊周室攘夷狄之大功，則公子與其臣一身之名分小矣。雖然，其君臣之分故在也。

遂謂之無罪，非也。

《論語集註》謂「桓兄糾弟」者，程子之說也。謂管仲有功而無罪者，朱子之說也。「忘君事讎」

四字，亦取之《集註》。亭林此條，針對《集註》，獨揭「夷夏之防」大於「君臣之分」之一義，

而謂是《春秋》之志。經學義理發揮至此，可謂功在萬世。

《日知錄》卷九〈素夷狄行乎夷狄〉條，相傳刻本無之，見近人張繼所得原鈔本，有曰：

文中子以《元經》之帝魏，謂：「天地有奉，生民有庇，即吾君也。」何其語之偷而悖乎？

宋陳同甫謂：黃初以來，陵夷四百餘載，夷狄異類，迭起以主中國，而民生常覯一日之安

寧於非所當事之人。以王仲淹之賢而猶為此言，其無以異乎凡民矣。夫興亡有迭代之時，

而中華無不復之日，若之何以萬古之心胸而區區於旦暮乎！此所謂偷也。漢和帝時魯恭上

疏曰：「戎狄雜居中國，則錯亂天氣，汙辱善人。」夫以亂辱天人之世，而論者欲將毀吾

道以殉之，此所謂悖也。孔子有言：「居處恭，執事敬，與人忠，雖之夷狄，不可棄也。」

夫是之謂「素夷狄行乎夷狄」也。若乃相率而臣事之，奉其令，行其俗，甚者導之以為虐

于中國，而藉口於素夷狄之文，則子思之罪人也已。

亭林以明遺民，處易代之際，抱亡國之痛，而幸使吾中華民族得免於亡天下之大劫者，斯惟當時

諸遺民修身講學不懈益勵之功，而亭林之功為尤大。此亭林所謂：「保天下者，匹夫之賤與有責

焉。」抑當亡國之際，非匹夫之賤，亦將不足以盡保天下之責。其君其臣肉食者有所不能預。此

義亦當深辨。

今綜觀亭林所言，實有由孟子上返之《論語》之傾向。故《文集》卷三〈與友人論學書〉有

曰：

命與仁，夫子所罕言。性與天道，子貢所未得聞。聖人之為學，平易而可循。今之君子，

聚賓客門人之學者數十百人，一皆與之言心、言性，舍多學而識，以求一貫之方。置四海

之困窮不言，而終日講危微精一之說。是必其道之高於夫子，而其門弟子之賢於子貢，桃

東魯而直接二帝之心傳也。

漢儒不重孟子，僅自孔子而上推之周公。孟子自二程始加提倡。同一經學，漢、宋之辨在此。理

學中有「心學」，則皆推本於孟子。亭林尊朱貶王，故其言義理，必折衷孟子於《論語》，使持心

學者無所措其辭，而經學、理學亦未見相歧，此實學術思想上一大關鍵。晚明東林顧、高講學，

已於《論》《孟》有微辨，語詳〈顧〉、〈高〉篇，讀者可參觀。乾、嘉經學少具此識，乃尊康成

取代孟子，主訓詁取代義理，高抬漢儒，而孔子地位亦轉晦。此實乾、嘉經學之迷途。戴東原為《孟子字義疏證》，乃欲並天理、人欲之辨而泯之。不知此乃理學上大綱領所在。陽明與朱子，雖有異同，在此辨別上，未有歧見。心學與理學，亦惟在此可以打併歸一。而乾、嘉以下之經生，乃並此不加理會。此可謂之是「經學」，而不得謂之是「儒學」矣。若使亭林轉生乾、嘉以下，更不知又將如何措辭也。

亭林於經學考據，亦斟酌漢、宋，能見其大。《日知錄》卷一《朱子周易本義》條有曰：

《周易》經分上下二篇，傳分十篇：〈彖傳〉上下、〈象傳〉上下、〈繫辭傳〉上下、〈文言〉、〈說卦傳〉、〈序卦傳〉、〈雜卦傳〉。自漢以來，為費直、鄭玄、王弼所亂。程正叔《傳》因之。朱元晦《本義》始依古文。洪武初，頒五經天下儒學，而《易》兼用程、朱二氏，亦各自為書。永樂中修《大全》，乃取朱子卷次割裂附之《程傳》之後。而朱子所定之古文仍復淆亂。後來士子厭《程傳》之多，棄去不讀，專用《本義》，而《大全》之本乃朝廷所頒，不敢輒改，遂即監版傳、義之本刊去《程傳》，而以程之次序為朱子次序，相傳且二百年矣。惜乎朱子正定之書竟不得見於世，豈非此經之不幸也夫！

此校版本，主采朱子《本義》之古文《易》，純本考據立場，東漢費直、鄭玄皆失之，而南宋朱子

又《文集》卷二〈儀禮鄭注句讀序〉有曰：

深通理學，故得於經學有卓識也。

此論禮，主采朱子說恢復《儀禮》之科。是亦經學上犖犖大端，朱子開其先，亭林承於後。惟其

此學遂絕。

科，棄經任傳，遺本宗末，其失已甚。」是則《儀禮》之廢，乃自安石始之，至於今朝，

行，士猶得以誦習而知其說。熙寧以來，王安石變舊制，廢罷《儀禮》，而獨存《禮記》之

記》〈郊特牲〉、〈冠義〉等篇，乃其義說耳。前此猶有「三禮通」、「禮學究」諸科，禮雖不

《禮》而已。《周官》一書，固為禮之綱領，至於儀法度數，則《儀禮》乃其本經，而《禮

《論語》、《孟子》。朱文公〈乞修三禮箚子〉：「遭秦滅學，禮樂先壞，其頗存者，三

《宋史》，神宗用王安石之言，士各占治《易》、《詩》、《書》、《周禮》、《禮記》一經，兼

又《日知錄》卷十〈九經〉條有曰：

據？

獨得之。若必以時代先後論，而謂漢儒近孔子，故必是；宋儒遠孔子，故必非，此則又何俟乎考

《儀禮》一經，漢鄭康成為之注，魏、晉以下至唐、宋，通經之士無不講求。熙寧中，王安石變亂舊制，始罷《儀禮》不立學官，而此經遂廢。南渡已後，二陸起於金谿，其說以德性為宗，學者便其簡易，群然趨之，而於制度文為，一切鄙為末事。賴有朱子正言力辨，欲修三《禮》之書，而卒不能勝夫空虛妙悟之學。沿至於今，有坐皋比，稱講師，門徒數百，自擬濂、洛，而終身未讀此經一遍者。

又《文集》卷六〈與毛錦銜〉有曰：

比在關中，略倣橫渠藍田之意，以禮為教。

又《文集》卷五〈華陰王氏宗祠記〉有曰：

自二戴之《傳》、二鄭之《注》，專門之學以禮為宗，歷三國、兩晉、南北、五季，干戈分裂之際，而未嘗絕。至宋，程、朱諸子，卓然有見於遺經，而金、元之代，有志者多求其

凡尚虛談，必蔑經學。基實已隳，高玄無益。蓋亭林之批判經學、理學者，此亦其一端。王安石極尊孟子，而晚年亦喜釋氏，學脈異同，所貴善辨。後人僅以《日知錄》為考據之書，則宜於其著精神處多所遺失矣。

說於南方以授學者。及乎有明之初，風俗淳厚，而愛親敬長之道達諸天下。其能以宗法訓其家人，累世同稱義門者，亦往往而有。

凡亭林論學，舉其尤要者，曰人材，曰教化，曰風俗，而尤致謹於禮，此皆其論經學之要端深旨所在也。厥後乾、嘉漢學家治三《禮》，乃惴惴於名物考據，而風俗教化作育人材之大，則懵焉無知。正因鄙棄理學而一意治經，則宜其所得之有限也。

亭林又考中國古籍用「體用」二字之起源，《亭林佚文補·與李中孚手札》有曰：

承教，謂「體用」二字出於佛書，似不然。《易》曰：「陰陽合德而剛柔有體。」又曰：「顯諸仁，藏諸用。」此天地之體用也。《記》曰：「禮，時為之，順次之，體次之。」又曰：「降興上下之神，而凝是精粗之體。」有子曰：「禮之用，和為貴。」此人事之體用也。經傳之文，言體用者多矣，未有對舉為言者爾。

又一札云：

魏伯陽《參同契》首章云：「春夏據內體，秋冬當外用。」伯陽，東漢人。並舉「體用」始於伯陽。朱子少時嘗注《參同契》，不可以朱子為用慧能之書。

此於「體用」二字備詳其起源所在，亦為治中國思想史者必當注意一問題，此考證之學之有益於言義理者之一例也。乾、嘉學者治經學，心中無義理，遂若義理、考據可以分途，不知分則兩失，合者兩得。理學家中惟朱子深識此意，而亭林之學，其精髓所在皆出朱子，則在學者之細參。

綜上所陳，可知亭林之學尤要者在其《日知錄》，實為後人治朱學者開闢新疆宇，灌輸新血脈。亦可謂昔人多注意羽翼聖功，而亭林特潛心發揮王道。學者本於此書，旁參陸桴亭之《思辨錄》，上溯黃東發之《日鈔》，自當局面恢張，路脈分明。由此以上窺朱子學之全體，以及後來之流衍，康莊大道，庶或遇之。而如晚明心學之與乾、嘉考據，其得失自可不待辨而知。

王船山孟子性善義闡釋

自孟子唱「性善」之說，後儒如荀卿、董仲舒、揚雄、荀悅以及唐之韓愈，皆不信奉。經宋代程、朱之推尊，而後孟子性善之說，遂成為此下儒家之定論。然程、朱之說性善，其果有當於孟子當時之真意與否，明、清兩代，遞有爭議。尤著者，為顏習齋與戴東原，二人皆攻詆程、朱，又遍及宋儒，其所辨說，果為得孟子真義否，仍滋疑難。晚明王船山，猶在顏、戴之前，獨尊橫渠以糾程、朱之失，較之顏、戴，似為持平，而抑又深至。抑且於朱、陸異同之外，又提出張、程異同之新公案，為治宋儒思想者所不可不知。舊著《近三百年學術史》於船山思想，敘述粗備，獨於此節，略而未及，本篇乃專就船山《讀四書大全說》一書，有關於闡釋孟子道性善之義者，撮要列舉，以資討論孟子性善論者作參考，亦為治宋學有意研究張、程異同者作例示。昔嘗有意

為舊著《學術史》拾遺補闕，草為〈外篇〉，成稿四五篇，中經離亂，盡已散佚。此稿亦往昔作為〈外篇〉之意，有志治船山思想者，可取與舊著《學術史》並觀，凡彼所詳，此不復贅也。

孔子極少言性與天道。《論語》惟「性相近」一章言及「性」字，茲先引船山說此章者於前，其言曰：

程子創說個「氣質之性」，初學不悟，遂疑人有兩性。所謂氣質之性，猶言「氣質中之性」也。質是人之形質，質以函氣，而氣以函理。質以函氣，故一人有一人之生。氣以函理，故一人有一人之性也。自人言之，則一人之生，一人之性。而其為天之流行者，初不以人故阻隔而非復天之有。是氣質中之性，依然一本然之性也。以物喻之，質如笛之有笛身，故孔相似，氣則所以成聲，理則吹之而合於律者也。以氣吹笛，則其清濁高下，固自有律在，特笛身之非其材而製之不中於度，又或吹之者不善，而使氣過於輕重，則乖戾而不中於譜。故必得良笛，而吹之抑善，然後其音律不爽。造化無心，而其生又廣，則凝合之際，質固不能以皆良。氣麗於質，則性以之殊，故不得必於一致，而但可謂相近。人之性所以異於犬羊之性，而其情其才皆可以為善，則是概乎善不善之異致，而其固然者未嘗不相近也。程子之意固如此，故必云「氣質中之性」而後程子之意

顯。以愚言之，則性之本一，而究以成乎相近而不盡一者，大端在質不在氣。一成者

也。氣，日生者也。一成則難乎變，日生則乍息而乍消矣。故知過在質，不在氣。乃其為

質也，均為人之質，則既異乎草木之質、犬羊之質矣。是以其為氣也，亦異乎草木之氣、

犬羊之氣也。故曰近也。孟子所以即形色而言天性也。乃人之清濁剛柔不一者，其過專在

質，而於以使愚明而柔彊者，其功則專在氣。氣日生，故性亦日生。性本氣之理而即存乎

氣，故言性必言氣而始得其所藏。乃氣可與質為功，而必有其與為功者，則言氣而早已與

習相攝矣。氣隨習易，而習且與性成。然則氣效於習，以生化乎質，而與性為體，故可言

氣質中之性。氣隨習易，而非本然之性以外，別有一氣質之性也。質受生於氣，而氣以理生質，善養

者何往而不足與天地同流哉！質之不正，非犬羊草木之不正也，亦大正之中偏於此而全於

彼，長於此而短於彼，乃有其全與長之可因，而其偏與短者之未嘗不可擴，能踐形者亦此

形，而萬物皆備於我矣。孟子惟並其相近而不一者推其所自而見無不一，故曰「性善」。孔

子則就其已分而不一者，於質見異，而於理見同，故曰「相近」。孔子固不舍夫理以言氣

質，孟子亦不能裂其氣質之畛域而以觀理於未生之先。則豈孔子所言者一性，而孟子所言

者別一性哉？雖然，孟子之言性，近於命矣，命善故性善，則因命之善以言性之善可也。

若夫性則隨質以分凝矣，一本萬殊，而萬殊不可復歸於一。《易》曰：「繼之者善也。」言

命也。命者，天人之相繼者也。「成之者性也。」言質也，既成乎質而性斯凝也。質中之命謂之性，亦不容以言命者言性也。故惟「性相近也」之言，為大公而至正也。

以上節錄船山《讀四書大全說・論語・陽貨》篇「性相近，習相遠」章之大意。其中有特值注意者，船山論性，毋寧更主張孔子性近習遠之說，而於孟子性善之說，猶有微辭焉。此下說孟子性善，不能忘此處之所揭一也。又張、程首有「義理之性」與「氣質之性」之分別，而朱子取以注此章，謂：「此所謂性，兼氣質而言。」又引程子曰：「此言氣質之性，非言性之本也。若言其本，則性即是理，理無不善，孟子之言性善是也，何相近之有哉？」今船山曰：「豈孔子所言者一性，而孟子所言者別一性哉？」是乃針對朱注而發，語極明顯。又曰：「所謂氣質之性，猶言『氣質中之性』。」而又將氣質二字分別言之，是於程說顯不贊同，而特婉言之、隱言之而已。並於義理之性一面，文中全未提及，此固因朱注亦未提及此四字，然船山云：「初學不悟，遂疑人有兩性。」即指義理之性與氣質之性之分別言。此一分別，船山顯所不取，而此處不明白指出，語氣中多似對程、朱留地步；其明白對程、朱之說加以辨難者，多見於〈孟子〉篇中。此因著書體例，分條列說，不能於一處說盡也。船山於宋儒之學，獨尊橫渠，「義理之性」與「天地之性」之分別，亦最先創始於橫渠，二程盛許其說以為可以補孟子所未及，然船山謂：「程子所

言氣質之性，實與橫渠原義不同。」其言見於其所為《張子正蒙註》，下文當再引述。而船山論

性，此節最為簡盡。讀者先於此細翫，則此下所引錄，如網在綱，有條而不紊矣。

此下摘錄其關於孟子論性善諸章之說，惟另分條理，不復拘其章次之先後，亦不備注章名，

讀者有意深求，自可進窺其原書也。

論性則必溯及於天人之際，而船山於此，最有深見。其言曰：

天人之蘊，一氣而已。從乎氣之善而謂之理，氣外更無虛託孤立之理也。乃既因氣而有所

生，而專氣不能致功，固必因乎陰、陽之合矣。有變有合而未能皆善，其善者則人也，

其不善者則犬牛也。

又曰：

天行於不容已，故不能有擇必善，而無禽獸之與草木，然非陰陽之遇而變合之差，是在天

之氣，其本無不善明矣。

在犬牛則不善，在造化之有犬牛則非不善。因於造化之無心，故犬牛之性不善，無傷於天道之誠。

以上之說，有可注意者：一則船山惟以氣說天，惟以一氣之陰陽變合造化者說天；故謂天惟有「誠」而不能盡「善」。變合之未盡善，亦不得謂天有不善，以天之造化本出無心，而僅由於一氣之變合之行於不容已也。船山此說，全本於《易》，而頗近莊子。船山殆可謂即本先秦觀念以言孟子之性善義者也。則其與當時孟子之真意較近，殆宜然矣。

既明於船山之辨天人，乃可進而言船山之辨理、氣。船山之言曰：

天下豈別有所謂理？氣得其理之謂理也。氣原是有理底，盡天地之間無不是氣，即無不是理也。變合或非以理，則在天者本廣大，而不可以人之情理測知。

又曰：

陰陽顯是氣，變合卻亦是理。純然一氣，無有不善，則理亦一也，且不得謂之「善」，而但可謂之「誠」。有變合則有善，善者即理。有變合則有不善，不善者謂之非理。謂之非理者，亦是理上反照出底，則亦何莫非理哉？大要此處著不得「理」字，亦說不得非理，所

以周子下箇「誠幾」二字，甚為深切著明。

以上船山只認天地乃一氣之實體，而此體可以有變化，故謂濂溪下「誠幾」二字最合。「誠」即是此實體，「幾」即是此實體之變化也。船山謂此處尚著不得一「理」字，自更著不得一「善」字。

蓋「天理」二字，本自明道始拈出，明道以前，濂溪尚不言「天理」二字。濂溪言「誠」本於〈中庸〉，言「幾」本於《易》。今船山重申濂溪「誠幾」之旨，是亦本先秦舊見以闡孟子也。

船山又曰：

理非一成可執之物，不可得而見。其始之有理，即於氣上見。迨已得理，則自然成勢，又只在勢之必然處見。

理非一成可執之物，不可得而見。其始之有理，即於氣上見。迨已得理，則自然成勢，又只在勢之必然處見。

明道言理，升而上躋之於天；船山言理，退而下儕之於勢。亦可見其旨趣之相異矣。

既明船山理、氣之辨，乃可進而申述其致辨於「性即理」之說。船山之言曰：

理即是氣之理，氣當得如此便是理，理不先而氣不後，理善則氣無不善，氣之不善，理之未善也。（如犬牛類。）人之性只是理之善。

此處船山分辨人性與犬牛之性不同。理有善不善，則性亦有善不善。孟子所謂性善，乃專指人性言，則程、朱所謂「性即理」者，其說固是，然不足以釋孟子之性善。蓋既曰「天理」，則宜無不善。既曰「性即理」，則犬牛之性亦是理，固非謂犬牛之性皆善不可矣。抑且「理不先而氣不後」，則朱子所謂「理先於氣」者，自不為船山所贊可，而「義理之性」先於「氣質之性」之說，亦可不待言而知為船山所不取矣。

於是船山乃繼此而辨「貴性賤氣」之說。所謂「貴性賤氣」之說，即謂「義理之性無不善，自有氣質之性而始有不善」是也。此說唱自張、程而朱子承之。船山於橫渠之說則別有解釋，詳於其《正蒙註》，而於程、朱所言則不表贊同，其言曰：

　　貴性賤氣之說，似將陰陽作理、變合作氣看，即此便不知氣。變合固是氣必然之用，其能謂陰陽之非氣乎？

又曰：

　　離理於氣而二之，則以生歸氣，而性歸理，因以謂生初有命，既生而命息。初生受性，既生則但受氣而不復受性。其亦膠固而不達於天人之際矣。

此處所謂「以生歸氣，而性歸理」，即朱子之繼承於二程而為說者然也。又曰：

氣所以與兩間相彌綸，人道相終始，唯此為誠，唯此為不貳。故曰「誠者天之道」，「立天之道曰陰與陽」而已。又安得尊性以為善，而謂氣之有不善哉？

又曰：

貴性賤氣，以歸不善於氣，則亦樂用其虛而棄其實，其弊亦將與告子等。夫告子之不知性也，則亦不知氣而已矣。

船山之宇宙觀，亦可謂是一種唯氣的一元論，其說頗近於先秦道家莊、老之說，然畢竟與莊、老道家不同，因船山極致嚴於虛實之辨故也。船山之言曰：

氣之誠則是陰陽，氣之幾則是變合。若論氣本然之體，則未有幾時固有誠也。故淒風苦雨，非陰之過，合之淫也。亢陽烈暑，非陽之過，變之甚也。且如呼者為陽，吸者為陰，不呼不吸，將又何屬？所呼所吸，抑為何物？老氏唯不知此，故以「橐籥」言之。且看這橐籥，一推一拽，鼓動底是什麼？若無實有，儘橐籥鼓動，那得這風氣來？唯本有此一實之體，

自然成理，以元以亨，以利以貞，故一推一挽，動而愈出者皆妙。實則未嘗動時，理固在氣之中，停凝渾合得那一重合理之氣，便是「萬物資始，各正性命，保合太和」底物事。故孟子言：「水無有不下。」水之下也，理也，而又豈非氣也！理一氣，氣一理，人之性也。孟子此喻與告子全別。告子專在俄頃變合上尋勢之所趨，孟子在亙古亙今充滿有常上顯其一德。（如言潤下，潤一德，下又一德。）此唯《中庸》鄭《注》說得好：「木神仁，火神禮，金神義，水神信，土神知。」（康成必有所授。）火之炎上，水之潤下，木之曲直，金之從革，土之稼穡，不待變合而固然。氣之誠然者也。天全以之生人，人全以之成性。故水之就下，亦人五性中十德之一也。其實亦氣之誠然者也。故以水之下言性，猶以目之明言性，即一端以徵其大全，即所自善以顯所有之善，非別借水以作譬，如告子之推測比擬也。

以上船山從唯氣的一元論，轉出德性的一元論，其所陳義，蓋本之《易傳》與〈中庸〉。就先秦思想言，唯氣一元，乃《易》、〈庸〉與莊、老之所同；德性一元，乃《易》、〈庸〉之所獨，此乃後起儒家采取莊、老道家之說以自成其儒家之新宇宙論者。船山取《易》、〈庸〉以釋《孟子》，較之程、朱「天即理」、「性即理」，以唯理一元說宇宙，終見其為宋儒之說。居今而審辨之，船山之論

性善，其較近於孟子當時之本意，蓋亦可無疑也。至其引鄭玄注〈中庸〉以五行說性，縱謂於《孟子》書中無此的證，要之五行說乃從陰陽說遞禪演變而來，漢儒之說如是，即濂溪《太極圖說》亦何莫不如是！下至明道，始以天理說性善。明道自謂：「吾學雖有所授受，『天理』二字，卻是自家體貼出來。」此明謂天理之說，乃明道一己之所自創。今船山越過程、朱以天理說性之新義，而重返於濂溪以前先秦兩漢之舊說，其為較接近於孟子當時之真義，亦可無疑也。

然以上所引，所重乃在釋「性」字，說明「性」只在氣質之中，非於氣質之中之性之外，別有一「義理之性」以為之本原，如此而已。至於性之善與不善，則請繼此再加引述。

船山論性之善不善，主要在其辨情才之說。船山之辨理、氣，其說較習齋為邃密。至其辨情才，其說亦較東原為深至。顏、戴皆出船山後，皆於程、朱有駁難，然以船山較之，則邈乎遠矣。

惜乎船山之說，湮沒不彰，學人之非難程、朱，則僅知有顏、戴而已。清代道、咸以後，船山之書始行於世，然至此學術將變，遂亦終未有能整理船山之書以重提此一公案，此亦學術界一至可惋惜之事也。

　　船山之言曰：

　　天不能無生，生則必因於變合，變合而不善者或成。其在人也，性不能無動，動則必效於

情才，情才而無必善之勢矣。

又曰：

氣之誠則是陰陽，是仁義。氣之幾則是變合，是情才。

氣不能無變合，性不能無動，動則必情才用事，而情才用事則無必善之勢，此為船山言性最明通平實處。船山又詳言之，曰：

孟子不曾將情才與性一例竟直說箇善字，本文自明白。「可以為善」，即或人「性可以為善」之說也。曰「若夫為不善非才之罪」，即告子「性無不善」之說也。彼二說者，只說得情才，便將情才作性，故孟子特地與他分明破出。言性以行於情才之中，而非情才之即性也。孟子言情可以為善，而不言可以為不善。言不善非才之罪，而不言善非才之功，固但見其可以為善，而不見其可以為不善。若夫為善雖非才之功，而性克為主，才自輔之，性與才合能而成其績，而不直順下，從好處說，則其可以為不善者，既非斯人所必有之情，此因性一亦不須加以分別，專歸功於性而擯才也。

船山言情可以為為善，亦可以為不善，又言為不善非才之罪，而為善亦非才之功，此兩說者，當再詳引闡述於後。船山曰：

孟子言：「惻隱之心，仁也。」明是說性，不是說情。仁義禮智，性之四德也。雖其發也，近於情以見端，然性是徹始徹終，與生俱有者。孟子竟說此四者是仁義禮智，則即此而善矣。即此而善，則不得曰可以為善。惻隱即仁，豈惻隱之可以為仁乎？（有擴充，無造作。）若云惻隱可以為仁，則是惻隱內而仁外矣，若夫情則特可以為善者爾。可以為善，非即善也。故以知惻隱、羞惡、恭敬、是非之心，性也，而非情也。夫情則喜、怒、哀、樂、愛、惡、欲是已。喜怒哀樂未發，則更了無端倪，亦何善之有哉？中節而後善，則不中節者固不善矣。其善者則節也，而非喜怒哀樂也。學者須識得此心有箇節在，不因喜怒哀樂而始有，則性、情之分迥然矣。

又曰：

惻隱是仁，愛只是愛，情自情，性自性也。情元是變合之幾，性只是一陰一陽之實。情之始有者，則甘食悅色，到後來蕃變流轉，則有喜、怒、哀、樂、愛、惡、欲之種種。性自

行於情之中，而非性之生情，亦非性之感物而動，則化而為情也。

又曰：

普天下人，只識得箇情，不識得性，卻於情上用工夫，則愈為之而愈妄。性有自質，情無自質，故釋氏以「蕉心倚蘆」喻之。無自質則無恆體，故莊周以「藏山」言之。無質無恆，則亦可云無性矣。

以上引船山性情之辨，極為深微，誠亦可謂發前儒之所未發矣。船山又於此極言之，曰：

釋《孟子》者，不察於性之與情，有質無質、有恆無恆、有節無節之異，乃以言性善者言情善。夫情苟善而人之有不善者又何從而生？乃以歸之於物欲，則老氏「五色令人目盲，五音令人耳聾」之緒談。抑以歸之於氣，則誣一陰一陽之道，以為不善之具，是將賤二殊，厭五實，其不流於釋氏「海漚」、「陽燄」之說者幾何哉？愚於此盡破先儒之說，不賤氣以孤性，而使性託於虛；不寵情以配性，而使性失其節。竊自意可不倍於聖賢，雖或加以好異之罪，不敢辭也。

後人專就「歸罪於物欲」排宋儒者，戴東原是也；專就「賤氣以孤性」排宋儒者，顏習齋是也。

船山之說，已導顏、戴之先路，至於歸其本於性情之失辨，而又舉有質無質、有恆無恆、有節無

節以為性情之辨者，則船山一人之創說也。

船山又曰：

　《集註》謂：「情不可以為惡。」只緣誤以惻隱等心為情，故一直說然了。若知惻隱等心，

　乃性之見端於情者而非情，則夫喜怒哀樂者，其可以「不可為惡」之名許之哉？

以上引述船山之情可以為惡義。以下引述船山之為善非才之功義。船山曰：

　程子以才稟於氣，氣有清濁，歸不善於才，又與孟子天性之說相背。

又曰：

　程子全以不善歸之於才，愚於〈論語說〉中有笛身之喻，亦大略相似。然笛之為身縱不好，

　亦自與簫管殊，而與枯枝草莖尤有天淵之別。人之所以異於禽獸者，其本在性，而其灼然

　終始不相假借者，則才也。惻隱、羞惡、恭敬、是非，唯人有之，而禽獸所無。人之形色，

足以率其仁義禮智之性者，亦惟人則然，而禽獸不然。若夫喜、怒、哀、樂、愛、惡、欲之情，雖細察之，人亦自殊於禽獸，而亦豈人獨有七情，而為禽獸之所無，如四端也哉？一失其節，則喜禽所同喜、怒獸所同怒者多矣。乃雖其違禽獸不遠，而性自有幾希之別，才自有靈蠢之分，到底除卻情之妄動，則性無不善，而才非有罪者自見矣。故愚決以罪歸情，異於程子之罪才也。

又曰：

器，亦人為之，非才之罪。）

為不善，非才之罪；則為善，非才之功矣。（杞柳之為桮棬，人為之，非才之功。即以為不善之

又曰：

「或相倍蓰而無算者，不能盡其才者也。」而不可云「不能盡其情」。若盡其情，則喜、怒、哀、樂、愛、惡、欲之熾然充塞也，其害又安可言哉！才之所可盡者，盡之於性也。不能盡其才者，受命於情而之於蕩也。惟情可以盡才，亦惟情能能盡其才者，情之正也。不能盡其才者，情之正也。不能盡其才者，受命於情而之於蕩也。惟情可以盡才，亦惟情能屈其才而不使盡。蓋惻隱、羞惡、恭敬、是非之心，其體微，而其力亦微，故必乘之於喜

怒哀樂以導其所發，然後能鼓舞其才以成大用。喜怒哀樂之情，雖無自質，而其幾甚速，亦甚盛。故非性授以節，則才本形而下之器，蠢不敵靈，靜不勝動，且聽命於情以為作為，輟，為攻為取，而大爽乎其受型於性之良能。

又曰：

不善雖情之罪，而為善則非情不為功。惟其然，則亦但將可以為善獎之，而不須以可為不善責之。故曰：「乃所謂善也。」言其可以謂情善者此也。功罪一歸之情，則見性後亦須在情上用功。既存養以盡性，亦必省察以治情，使之為功而免於罪。

又曰：

人苟無情，則不能為惡，亦且不能為善，如何盡得才，更如何盡得性？

以上所引，凡船山之致辨於情才者，大體已具。則請繼此而引述船山之辨心性。船山曰：

金仁山謂：「釋氏指人心為性，而不知道心為性。」此千年暗室一燈也。如人至京都，不能得見天子，卻說所謂天子者，只此宮殿嵯峨、號令赫奕者是。凡人之有情有才，有好惡

又曰：

取舍，有知覺運動，都易分明見得。惟道心則不易見。如宮殿之易見，號令之易聞，而深居之一人，固難得而覯面也，故曰：「道心惟微。」在人微者，在天則顯，故聖人知天以盡性。在天微者，在人則顯，故君子知性以知天。孟子就四端言之，亦就人之顯以徵天之微耳。孔子「一陰一陽之謂道」一章，則就天之顯以徵人之微也。

又曰：

情便是人心，性便是道心。道心微而不易見，人之不以人心為吾俱生之本者鮮矣。朱子曰：「非才如此，乃自家使得才如此。」「自家」二字，尤開無窮之弊。除卻天所命我而我受之為性者，更何物得謂之自家也？情固是自家底情，然竟名之曰自家，則必不可。情者，不純在外，不純在內，或往或來，一來一往，吾之動幾與天地之動幾相合而成者也。釋氏之所謂心者正指此。唯其為然，則非吾之固有而謂之「鑠」。金不自鑠，火亦不自鑠，金火相搆而鑠生焉。

又曰：

必須說箇仁義之心，方是良心。但言心，則不過此靈明物事，必其仁義而後為良也。心之

為德，只是虛靈不昧，所以具眾理應萬事者，大端只是無惡，而能與善相應，然未必其善也。須養其性以為心之所存，方使仁義之理不失。孔子曰：「操則存，舍則亡，出入無時。」皆言此仁義之心，雖吾性之所固有，而不必其恆存也。

又曰：

以知覺為心，以收攝不昏為求放心，不特於文理有礙，而早已侵入於異端之域矣。程子云：「纔昏睡，便放了。」朱子云：「收斂此心，不容一物。」看來都有疵病。求放心者，求仁耳。孟子喫緊教人求仁，程、朱卻指箇不求自得、空洞虛玄底境界。異哉！非愚所敢知也。

又曰：

所放所求之心，仁也。而求放心者，則以此靈明之心而求之也。仁為人心，故即與靈明之心為體，而既放以後，則仁去而靈明之心固存，則以此靈明之心而求吾所性之仁心。以本體言，雖不可竟析之為二心，以效用言，則亦不可概之為一心也。而朱子所云：「非以一心求一心，只求底便是已收之心。」亦覺與釋氏「無能無所」、「最初一念，即證菩提」、

「因地生果」之說無以別。識得所求之心與求心之心本同而末異，而後聖賢正大誠實之學不混於異端。愚不敢避粗淺之譏，以雷同先儒，亦自附於孟子距楊、墨之旨以俟知者耳。

又云：

朱子云：「心如一家主，有此家主，然後能灑掃門戶，整理事務。使放心不收，則何者為學問思辨？」又云：「存得此心，方可做去。」只教此知覺之心不昏不雜，此異端之所同。而非但異端也，即俗儒之於記誦詞章，以至一技一藝之士，也須要心不昏雜，方能學習。求其實則孟子所謂「專心致志」者而已。朱子之釋此章，大段宗程子之說，程子規模直爾廣大，到魁柄處，自不如橫渠之正。橫渠早年，盡抉佛、老之藏，識破後更無絲毫黏染。一誠之理，壁立萬仞，故其門人，雖或失之近小，而終不失矩矱。程子自得後，卻落入空曠去，一傳而後，遂有淫於佛、老者，皆此等啟之也。此又善學古人者之所當知。

此處船山自述學統，一尊橫渠，而於程、朱之說多所駁難，乃竟自比於孟子之距楊、墨，以此較之習齋、東原，意態之激，殆猶過之矣。惟船山之學，博大精深，其自述己見處多，其非難前賢處少，至其《讀四書大全說》，學人研讀《船山遺書》者尚多忽之，故其異同之間，亦遂不易覺察

以上略引船山之辨心性，請繼而再引船山之辨性命。船山之言曰：

耳。

愚嘗謂：「命曰受，性曰生。」竊疑先儒之有異。今以孟子所言「平旦之氣」思之，乃幸此理之合符也。朱子言：「夜氣如雨露之潤。」雨露者，天不為山木而有，而山木受之以生者也。豈不與天之有陰陽五行，而人受之為健順五常之性者同哉？在天降之為雨露，在木受之為萌蘗；在天命之為健順之氣，在人受之為仁義之心。今之雨露，非昨之雨露，則今日平旦之氣，非昨者平旦之氣亦明矣。此豈非天之日生而人之日生其性乎？乃或曰：氣非性也，夜氣非即仁義之心，乃仁義之所存也。則將疑日生者氣耳，而性則有生之初。抑又思之，夫性即理也，理便在氣裡面，豈於氣之外，別有一理以游行於氣中者乎？天無無理之氣，而人以其才質之善，異於禽獸之但能承其知覺運動之氣，尤異於草木之但能承其生長收藏之氣。天之與人者，氣無間斷，則理亦無間斷，故命不息而性日生。若云惟性有生之初，天一命人以為性，有生之後，惟食天之氣而無復命焉，則良心既放之後，而但一夜之頃，物欲不接，即此天氣之為生理者，能以存夫仁義之心哉？

又曰：

愚於《周易》、《尚書傳義》中，說初有天命，向後日日皆有天命。「天命之謂性」，則亦日日成之為性。其說似與先儒不合。今讀朱子「無時而不發現於日用之間」一語，幸先得吾心之所然。

今按：此一條錄自其《大學說》。「命日受，性日生。」此蓋船山之創說，船山極自喜之，故此兩章之說云云也。此見船山心中先自存有一番義理，然後再細按諸《孟子》而見其誠然；又細按諸程、朱之說，而見其有不然；又細按之於橫渠而始見橫渠之說為獨可遵而無弊也。若論船山此一番見解之來處，則疑若其有得於《易》者為獨多。橫渠亦深於《易》，故船山之於橫渠，亦最所心契也。故船山之於宋儒，雖獨契橫渠，而余必謂船山乃主以先秦義說《孟子》，而不謂其乃一本之於橫渠以說《孟子》。知言之士，亦必首肯於吾言也。

船山又言曰：

在天則同，在命則異，故曰：「理一而分殊。」迨其分殊，而理豈復一哉？其同者，知覺運動之生而異以性，生成性，性亦主生，則性不同而生亦異。

又曰：

孟子言性，從不以氣稟之性為言，先儒論之詳矣。況孟子言君子所性與所樂、所欲一例，則更何天命、氣稟之別，豈眾人之欲樂陷於私利者，亦天使之然而不能自瘳耶?性者，人之同也。命於天者同，則君子之性即眾人之性也。眾人不知性，君子知性；眾人不養性，君子養性。是君子之所性，非眾人之所性也。聲色臭味安逸，眾人所性也。仁義禮智，君子所性也。實見其受於天者於未發之中，存省其得於己者於必中之節也。不養則四德非不具於心，而、背、四體非不有自然之天則，足以成乎德容，而根之既仆，生以槁也。故性者，眾人之所同也，而以此為性，因以盡之者，君子所獨也。知性養性，是曰「性之」，惟其性之，故曰「所性」，豈全乎天而無人之詞哉?周子曰：「性焉安焉之謂聖。」惟其「性焉」，是以「安焉」。性云者，聖功之極致也，而豈獨以天分表異，求別於氣質之累不累者乎?孟子曰：「君子不謂性也。」義通此矣。

又曰：

此一條似與上引一條有異。上一條言性不同，言天之生人，其性與物不同也。此一條言性者人之同，言人性則自大體相同也。究其極，則亦只當謂人性相近，卻不必說凡人之性必盡相同。此則就上引各條而微窺之，亦可見矣。

又曰：

不以氣稟言性，則猶言性在氣稟之中，而非氣稟之即是性也。故曰：孟子始終闡「生之謂性」一種邪說，程子乃以「生之謂性」為「未是告子錯處」。故其差異如此。

又曰：

〈中庸〉說「天命之謂性」，作一直說，於性、命無分。孟子說性命處，往往有分別。蓋天命不息，而人性有恆，有恆者受之於不息，故曰：「天命之謂性。」不息者，用之繁而成之廣，非徒為一人，而非必為一理。故命不可謂性，性不可謂命也。孟子大言命而專言性，以人承天，而不以天治人。朱子注：「不謂之命。」惟小註中「或說以五者之命皆為所值之不同，君子勉其在己而不歸之命」一段，平易切實，為合孟子之旨；其他言理言氣，言品節限制、清濁厚薄，語雖深妙，要以曲合夫程子氣稟不同之說，而於孟子之旨不相干涉。程子固以孟子言性未及氣稟為不備矣，是孟子之終不言氣稟可知矣。

今按：此處所辨甚細，船山只謂：

天以其理授氣於人謂之命，人以其氣受理於天謂之性。

故又曰：

一言命而皆氣以為實，理以為紀，不容析之，以為此兼理，此不兼理矣。

故船山只謂性不當棄氣而言，理亦不當棄氣而言，而一言氣質、氣稟，則又與僅言氣者不同。此

辨深微，非通觀於船山立論之全體，則亦不易明此辨也。

蓋性命之辨，實亦猶天人之辨也。船山又言之曰：

人不能與天同其大，而可與天同其善。

此可謂一言而深闡及於孟子盡性知天之學之淵旨而無遺焉也已。

凡船山之闡述孟子性善之旨，其要皆以自附於橫渠，而於程、朱之說則不能盡同。茲再引述

一節，以見其要。船山曰：

程子統心、性、天於一理，於以破異端妄以「在人之幾」為心性，而以「未始有」為天者，

則正矣。若其精思而實得之，極深研幾而顯示之，則橫渠之說尤為著明。蓋言心、言性、

言天、言理，俱必在氣上說，若無氣處則俱無也。張子云：「由氣化有道之名。」而朱子

釋之曰：「一陰一陽之謂道，氣之化也。」《周易》「陰陽」二字是說氣，著兩「一」字方是說化，故朱子曰：「一陰而又一陽、一陽而又一陰者，氣之化也。」由氣之化則有道之名。然則其云「由太虛有天之名」者，即以氣之不倚於化者言也。氣不倚於化，元只氣，故天即以氣言，道即以天之化言，固不得謂離乎氣而有天也。程子言：「天，理也。」既以理言天，則是亦以天為理矣。以天為理，而天固非離乎氣而得名者也，則理即氣之理，而後天為理之義始成。而曰：「天一理也。」則語猶有病。夫天之為天，雖未嘗有俄頃之間、微塵之地、蝸子之物或息其化，而化之者天也，非天即化也。化者天之化，而所化之者天也。惟化現理，而抑必有所以為化者，非虛挾一理以居也。所以為化者，剛柔健順中正仁義，賅而存焉。賅存則萬理統於一理，一理含夫萬理，相統相含，故實則天也。天為化之所自出，而不可云「天一理也」。氣之化而人生焉，人生而性成焉，由氣化而經緯錯綜之所以然者無迹。若是，固不可以理名矣。故可云「天者理之自出」，而不可云「天一理也」。氣之化而人生焉，人生而性成焉，由氣化而後理之實著，則道之名亦因以立。是理惟可以言性，而不可加諸天也，審矣。就氣化之流行於天壤，各有其當然者，曰道。性與道本於天者合，合之以理也。其既有內外之別者分，分則各成其理也。故以氣之理，即於化而為化之理者，正之以性之名，而不即以氣為性。所以張子云：「合虛與氣有性之名。」

虛者理之所涵，氣者理之所凝也。若夫天，則〈中庸〉固曰「誠者天之道」也。誠則能化，

化理而誠天，天固為理之自出，不可正名之為理矣。程子之竟言「天一理也」，自不如張子

之義精矣。若謂「心一理也」，則其弊將有流入於異端而不自覺者，尤不可以不辨。原心之

所自生，則固為二氣五行之精，自然有其良能，而性以託焉，知覺以著焉。此氣化之肇夫

神明者，固亦理矣。而實則在天之氣化自然必有之幾，則但為天之神明以成其變化之妙，

斯亦可云化理而已矣。以本言之，天以化生而理以生心；以末言之，則人以承天而心以具

理。理以生心，故不可謂即心即理。心以具理，尤不可謂即心即理。

心苟非理，理亡而心尚寄於耳目口體之官。如其云「心一理矣」，則是心外無理，而理外無

心也。以云「心外無理」，猶之可也，然而固與釋氏唯心之說同矣。父慈子孝，理也。假令

有人焉，未嘗有子而慈之理終不生於心，其可據此心之未嘗有慈而遂謂天下無慈理乎？謂

未嘗有子而慈之理固存於性則得矣，如其言未嘗有子而慈之理具有於心則豈可哉？故惟釋

氏之認理皆幻，而後可以其認心為空而言心外無理也。若其云「理外無心」，則隨所知覺、

隨所思慮而莫非理，將不肖者之放辟邪侈，與夫異端之蔽陷離窮者而莫非理乎？孟子曰：

「盡其心者知其性也。」正以言心之不易盡，由有非理以干之，而舍其所當效之能以逐於

妄，則以明夫心之未即理，而奉性以治心，心乃可盡其才以養性。棄性而任心，則愈求盡

之，而愈將放蕩無涯以失其當盡之職矣。伊川重言盡心而輕言知性，則其說有如此。張子
曰：「合性與知覺有心之名。」其不得謂之「心一理也」又審矣。告子惟認定心上做，故
終不知性。孟子惟知性以責心之求，故反身而誠，以充實光輝而為大人。釋氏言三界惟心，
則以無為性。聖賢既以有為性，則惟性為天命之理，而心僅為大體以司其用。伊川於此纖
芥之疑未析，故或許告子「生之謂性」之說為無過。然則欲知心、性、天、道之實者，舍
橫渠其誰與歸？

今按：此條辨析已甚詳明，語無遺蘊矣。循而讀之，辭旨皆顯，可不煩再加以闡釋。蓋自明道特
拈一「理」字以統綜一切，而曰「天即理」、「性即理」，伊川、晦翁循之益進。而陸、王繼起，乃
以「心即理」之說與程、朱之言「性即理」者相抗衡。而「理」字固為先秦儒家所言，今船山越
過程、朱，一依濂溪、橫渠之說，會通之於《易傳》與《中庸》，於以闡發孟子當時之本義，宜為
得其近是。至明道之說，可謂其乃是開創此下理學一派，於濂溪、橫渠本有差異；而朱子乃重為
之綜合。後人群尊朱子，遂認為濂、洛、關、閩只是一家，雖亦有加以辨析者，然終不能如船山
之明顯也。

船山之致辨於張、程異同者如上述，然二程分辨「氣質之性」與「義理之性」一層，自謂襲

自橫渠。橫渠之說，見於《正蒙》。其言曰：

形而後有氣質之性，善反之，則天地之性存焉。故氣質之性，君子有弗性者焉。人之剛柔緩急，有才與不才，氣之偏也，天本參和不偏。養其氣，反之本而不偏，則盡性而天矣。

船山既於明道言氣質之性者加以駁正，又謂橫渠之說，本與明道不同，其辨見於其所為《張子正蒙註》，茲再引錄如下。

船山曰：

氣質者，氣成質而質還生氣也。氣成質，則氣凝滯而局於形，取資於物以滋其質。質生氣，則同異攻取，各從其類，故耳目口鼻之氣與聲色臭味相取，亦自然而不可拂違，此有形而始然，非太和絪縕之氣、健順之常所固有也。舊說以氣質之性為昏明彊柔不齊之品，與程子之說合。今按張子以昏明彊柔得氣之偏者繫之才而不繫之性。此言氣質之性，蓋孟子所謂口耳目鼻之於聲色臭味者爾。蓋性者，生之理也。均是人也，則此與生俱有之理，未嘗或異，故仁義禮知之理，下愚所不能減；而聲色臭味之欲，上智所不能廢。俱可謂之為性。而或受於形而上，或受於形而下，理與欲皆自然而非由人為，故告子謂食色為性，亦不可

謂非，而特不知有天命之良能爾。

以上釋橫渠「氣質之性」。又曰：

天地之性，太和絪縕之神，健順合而無倚者也。即此氣質之性，如其受命之則而不過，勿放其心以徇小體之攻取，而仁義之良能自不可掩。蓋仁義禮智之喪於己者，類為聲色臭味之所奪，不則其安佚而惰於成能者也。天地之性原存而未去，氣質之性亦初不相悖害，屈伸之間，理、欲分馳，君子察此而已。

以上釋橫渠「天地之性」。又曰：

弗性，不據為己性而安之也。此章與孟子之言相為發明，而深切顯著。乃張子探求窮歸之要旨，與程子之言自別，讀者審之。

以上釋「氣質之性君子弗性」並兼釋全章。以下再引其釋「氣之偏也」數語，此即船山所主張之性才之辨也。其言曰：

昏明彊柔敏鈍靜躁，因氣之剛柔緩急而分，於是而智愚、賢不肖若自性成，故荀悅、韓愈

有三品之說，其實才也，非性也。性者，氣順理而生人，自未有形而有形，成乎其人，則固無惡而一於善，陰陽健順之德本善也。才者，成形於一時升降之氣，則耳目口體不能如一，而聰明幹力因之而有通塞精粗之別，乃動靜闔闢偶然之機所成也。性藉才以成用，才有不善遂累其性，而不知者遂咎性之惡，此古今言性者皆不知才性各有從來，而以才為性爾。商臣之蠭目豺聲，才也；象之傲而見舜則忸怩，性也。居移氣，養移體，氣體移則才化，若性則不待移者也。才之美者未必可以作聖；才之偏者，不迷其性，雖不速合於聖，而固舜之徒矣。程子謂天命之性與氣質之性為二，其所謂氣質之性為才，而別剛柔緩急之殊質者為才。性之為以耳目口體之必資物而安者為氣質之性，合於孟子，而別剛柔緩急之殊質者為才。性之為性，乃獨立而不為人所亂。蓋命於天之謂性，成於人之謂才；靜而無為之謂性，動而有為之謂才。性不易見而才則著，是以言性者但言其才而性隱。張子辨性之功大矣哉！

之謂才。

本文後船山子敬又加按語云：

動而有為之謂才，才所謂心之官。心之體為性，心之用為情，心之官為才。

今按：船山性情之辨，備見於其《孟子說》，而性才之辨顧不詳，乃別見於《正蒙註》。可證《正

蒙註》之成書，猶在《讀四書大全說》之後。今試設為推想，方其說《論語》「性相近，習相遠」章，已辨程子氣質之性之非是，而下語猶若有迴護之意；及其說《孟子》「性善」諸章，乃始於程、朱之說辭而闢之者甚為暢盡而不再有隱焉，然猶於橫渠之分辨氣質之性與義理之性者未有解釋，其所解釋之辭則備見於《正蒙註》。此雖著書體例宜然，然亦可見船山《正蒙註》之成書，當猶後於其為《讀四書大全說》也。船山一人思想進展之跡，亦可於此窺見。今若再進而綜述船山關於張、程異同之意見，則一言蔽之，乃是理、氣問題之意見也。橫渠亦可謂是主惟氣一元，進而為德性一元之說者，因其根據《易傳》與《中庸》而立說，則必歸於此也。程、朱則主張唯理一元，或可說理、氣二元者。此「理」字之特別提出，首由於明道。其實魏、晉間如王弼、郭象皆已特提此「理」字，此後乃為釋家所援用，尤著者如竺道生乃及唐代之華嚴宗，伊川稱明道「出入於老、釋者十年然後乃歸求之於六經而得之」，則明道之特提此「理」字，實不能謂其全不受老、釋二氏之影響。至於橫渠年十八，范仲淹即授以《中庸》，及其在汴京初遇二程，已擁皋比講《易》。雖橫渠亦曾旁求諸釋、老，然其於《易》、《庸》濡染之深，亦可知矣。故橫渠之主張唯氣一元與德性一元之說，乃自先秦舊說來；而二程之提倡唯理一元，則於宋儒言義理中獨為一種新說。此乃人虎穴而得虎子，拔趙幟而立漢赤幟之所為也。惟主張唯理一元之說，終不免重於天而輕於人，陸、王之反對程、朱，主張以「心即理」代替「性即理」，亦不失為一種側重於人本位之

要求。而矯枉者過其正，船山不滿於陸、王，乃追溯之於濂溪、橫渠，求以矯挽程、朱立言之所偏。即就本篇引錄者觀之，其意已可見。今若撇開其整個思想體系於不論，而專就其於天道範圍之內增重人事分量之地位一節言，則船山思想實亦與陸、王相近，要之皆為針對程、朱過分尊重「理」的一觀念之反動。此一趨勢，即下逮顏、戴，亦無以異也。

今試再雜引上文所未及者數條，以補申此義。船山曰：

在天為命，在人為性，盡性固盡人道也。《論語》言「性與天道」，性、天之分審矣。直至贊化育、參天地，而後聖人之體天道者見焉。要其體天道者，亦以盡人道者體之爾。

船山此條，謂性與天道有分，盡性只是盡人道，持以與程、朱「天即理」、「性即理」之說相較，其異旨顯然矣。船山於天與人之外，又推以言物，曰：

物有物之性，終不可言物有物之道。今以一言蔽之，曰物直無道。若牛之耕、馬之乘，乃人所以用物之道，不成牛馬當得如此拖犁帶鞍。儻人不使牛耕而乘之，不使馬乘而耕之，亦但是人失當然，於牛馬何與？乃至蠶之為絲，豕之充食，彼何恩於人，而捐軀以效用，為其所當然而必由者哉？故道者專以人而言也。

本條引自其〈中庸說〉。余嘗謂先秦兩漢之儒重言道，魏、晉道家及以後釋氏重言理，宋儒程、朱、陸、王皆重言理，故謂之「理學」則允。若如《宋史》特立〈道學傳〉，則名實殊未相符，因程、朱所重實在理不在道也。若論理，則「物理」二字更是常用，卻極少用於「人理」為辭者，故程、朱喜言物理，如晦翁之格物窮理是也。格物窮理與人何涉？因性即理，物性、人性同屬一理，故窮理即所以盡性也。橫渠《正蒙》開宗明義第一句即曰：「太和所謂道。」可見橫渠猶遵舊轍，與二程之特創新軌實有異矣。惟既言「道」，則誠如船山之說，物直無道可言，而又天道遠，人道邇，則人之分量地位自重矣。

船山又曰：

使馬乘，使牛耕，固人道之當然。若馬之性，豈以不乘而遂失？牛之性，豈以不耕而遂拂乎？巴豆之為下劑為人言也，鼠食之而肥，又安得謂巴豆之性果以剋伐而不以滋補乎？反之於命而一原，凝之為性而萬殊。在人言人，在君子言君子，則存養省察而即以盡吾性之中和，亦不待周普和同，求性道於貓兒狗子黃花翠竹也。

本條亦采自其〈中庸說〉。則船山之意，亦不認普通之所謂物性者之誠可定為此物之性矣。船山又言之曰：

即可言物有物性，終不可言物有物道。如虎狼之父子，萬不得已，或可強名之曰德，而必不可謂之道。

船山又曰：

道者專以人言。

本條亦采自其〈中庸說〉。〈中庸〉開首即曰：「天命之謂性，率性之謂道。」見橫渠《正蒙》正自〈中庸〉來，故船山亦不期而屢提此一「道」字。言「道」即必關屬在人身上，若言天道則必明加一「天」字於「道」字之上矣。若言物，則物直無道可言矣。程、朱惟其不言求道而言窮理，則天理之外必先及於物理矣。故此之一辨，實關重要也。

宋儒言理，又有一極關重要之觀念，即理、欲對立之觀念是也。凡理則曰「天理」，凡欲則曰「人欲」，而船山於此所抱意見亦極通明。船山曰：

又曰：

不離人而別有天，不離欲而別有理。

人欲中擇天理，天理中辨人欲。

若就「人道」之觀念言，則上引船山兩條之語，殆無可疑難者。但若轉就「天理」之觀念言，則程、朱天理、人欲不兩立之說，亦頗無可否認，此由思想立言之出發點不同，亦所謂言之各有當也。

本篇所欲引錄，大體已竟，凡所引錄，則亦僅以見船山一家思想有如是云云焉者而已。至船山所辨張、程異同，其在張、程之間其所異同，果一如船山之所辨析否？此乃另一問題，非本篇所欲深論。惟有一事當附帶述及者，船山之辨張、程異同，主要在於性與天道；以今語說之，乃在形而上的問題上有所異同而已。其他程、朱所言義理，為船山所信服所稱揚者，即就一部《讀四書大全說》看，已是竟體皆是。蓋船山仍是尊奉程、朱，以為闡發孔、孟義理之真傳，雖有異見，不害其為信守也。故船山又曰：

朱子於《學庸章句》、《論語集註》屢易稿本，惟《孟子註》未經改定，故其間多疏略，未盡立言之旨。

如是而已。若讀者見本篇所引錄，遽疑船山之於程、朱，其態度亦一如習齋、東原，此則大誤之

尤，所不得不於此附及也也。（註1）

又本篇所引錄，船山引據橫渠，上及《易》、《庸》，以闡釋孟子道性善之意義，其果有當於孟子當時之原本真意否，此亦另是一問題，亦非本篇所欲進而深論者。惟船山之說，雖於張、程異同有所別擇，要之為援據宋儒以立說，而張、程之上距孟子已越千數百載，固不得謂其間絕無違異。即《易傳》之與《中庸》，其書皆較《孟子》為晚出，皆已雜有當時道家意見，以自成為一套儒家之新說。在《易》、《庸》作者，自可接受孟子思想之影響，然在孟子心中固尚不知有《易》、《庸》，縱謂其時代相近，其間亦儘可有違異。故欲究孟子道性善之原本真意，最佳方法，自當專就《孟子》原書，即就孟子所自言者，就其所用之辭語以闡說孟子自有之觀念；就其所用之事證，以證孟子真實用意之所在。晚清如陳蘭甫《東塾讀書記》討論孟子性善，雖其見解或尚未能深入，要之其所用方法，較為可取。船山猶守舊見，即認《易・繫》為孔子作，《中庸》為子思作，孔、曾、思、孟四子之書，一脈相傳，一遵朱子之所定，宜其於孟子真義闡發多於辨認。則船山之言，正亦猶之橫渠之與程、朱，謂其因於《孟子》書而自有所發揮則可，謂之即是孟子之所見，則終有所不可也。凡治思想史者，當不河漢於斯言。（註2）

註1　舊著〈正蒙大義發微〉，曾指陳橫渠與程、朱相異處、橫渠與濂溪相異處，又橫渠與先秦儒之相異處。並又指陳船山《正蒙註》仍不免遵循程、朱遺說，而陷於誤解曲解處。本文主要在敘述船山一家意見，關於此等分析批評方面，凡已詳舊著〈正蒙大義發微〉者，此不贅及。該文收編在本書第五冊，讀者須取兩文參閱。

註2　舊著〈孟子要略〉，曾將孟子性善義，即就《孟子》原書而加以闡釋者，其塗轍較與陳澧《東塾讀書記》相近。今此稿已彙印入《四書釋義》中。

跋康熙丙午刊本《方輿紀要》

顧祖禹《讀史方輿紀要》，最先刊本在康熙丙午，僅〈州域形勢說〉五卷；今本〈歷代州域形勢〉凡九卷，第九卷〈明代〉為丙午本所無，餘亦詳略迴殊，亦有五卷中舊說而今本加改訂者。

蓋丙午五卷本為今本之初稿也。

丙午本有顧氏〈凡例〉一篇，與今本全異。自稱：

> 余《方輿紀要》凡七十二卷，而此編實為之冠。……其繼此編而出者，曰〈兩京紀要〉、〈分省紀要〉、〈古今川瀆異同說〉、〈海防海運說〉、〈鹽漕屯牧合考〉、〈九州郡邑合考〉、〈十二州分野說〉。又集古今輿圖更為訂正，職官、輿程諸圖皆以類從，而後此書始成全

構。

今本凡一百三十卷，視初本殆增一倍。計《歷代州域形勢》九卷，各省一百十四卷，《川瀆》六卷而漕河、海道居其一，《分野》一卷。丙午《凡例》尚有《郡邑合考》，則今本殆散入各省也。今本又附《輿圖要覽》四卷，凡海防、海運、鹽漕、屯牧、職官、輿程諸大端並約略附見焉。今本《凡例》云「余初撰次《歷代鹽鐵》、《馬政》、《職貢》及《分野》共四種，尋皆散軼，惟《分野》僅存。病侵事擾，未遑補綴，其大略僅錯見於篇中，以俟他時之審定」云云，尋皆散軼，或當在祖禹南遊時。又祖禹為《黃守中六十壽序》，謂：「予辛酉病後，雖視息猶存，疑原稿散軼，或當庚申祖禹始客徐乾學家，則所謂「病侵事擾」，或其時語。然則今本《凡例》，殆成於祖禹五十一以後也。蓋今本《總敘》三篇成在前，《凡例》成在後，而皆在丙午刊本之後，《輿圖要覽》則尤晚成也。顧氏卒年六十二（據《無錫縣志》，少魏叔子七歲（據《魏季子集·先叔兄紀要》，叔子卒於康熙十九年庚申，年五十七，上推丙午，則顧年三十六也。今本彭士望《序》，謂：「祖禹之創是書，年二十九。」則距丙午初刊，已歷八載。丙午本首頁，有「分省即出」四硃字，則所刻雖僅五卷，而全書七十二卷之大體必已完就，蓋即成此八年中矣。

閻若璩《尚書古文疏證》（卷六下）謂「景范地志之學蓋出於家，其尊人耕石先生著《山居贅

論》云云，下引其論黃河一大段凡數百字。今按：祖禹父名柔謙，字剛中，耕石其別號也。據魏

禧所為〈墓誌銘〉，柔謙卒在康熙乙巳，年六十，則正在丙午前一年。今丙午刊本〈凡例〉自稱

「棘人顧祖禹」其證也。是柔謙及見其子著書且潰於成，先後歷七年之久也。

柔謙以明遺民，抱宗國之痛，抗節不仕，祖禹亦棄舉子業。柔謙常教之曰：「汝能終身窮餓

不思富貴乎？」曰：「能。」「汝能以身為人机上肉，不思報復乎？」曰：「能。」柔謙乃大喜

曰：「吾與汝偕隱矣。」（據魏禧〈顧柔謙墓誌銘〉）祖禹志節得之家訓，蓋不啻顧炎武之於嗣母也。

而祖禹為《方輿》書，亦以得於其父之教命者為多。今本〈總敘第一〉祖禹自述先世，當明嘉靖

間有光祿丞顧大棟，為祖禹高祖父，好談邊徼利病，躍馬遊塞上，撰次《九邊圖說》，梓行於世。

其子奉訓大夫文耀，萬曆中奉使九邊，以論邊備中忌諱，仕不獲振。祖禹祖龍章，早卒，則所謂

「請纓有志，攬轡無年」者。其父柔謙，得疾且卒，呼祖禹而命之曰：

「及余之身，四海陸沉，九州騰沸，獲保首領，具衣冠，以從祖父於地下耳。園陵宮闕，

城郭山河，儼然在望，而十五國之幅員，三百年之圖籍，泯焉淪沒，文獻莫徵，能無悼嘆

乎！余死，汝其志之。」祖禹匍伏嗚咽而對曰：「小子雖不敏，敢放棄今日之所聞？」

彭〈序〉謂祖禹為是書，「秉厥考之遺言，及先祖所為之地志，九邊之《圖說》，即謂此也。是顧

氏一家輿地之學，祖孫相傳，淵源已歷五世，固非偶爾而然矣。然今丙午本卷首〈凡例〉，絕不道及其父隻字，何耶？蓋柔謙卒於康熙乙巳十二月之二十九日（據魏〈誌〉），而丙午刊書成於夏杪，歷時甚暫，祖禹斬焉在喪服中，悲痛未已，固無暇以詳也。

丙午本首列嘉魚熊開元、無錫秦沅兩序，熊〈序〉今本有之，秦〈序〉則已刪去。又行列「三韓吳興祚伯成鑑，錫山華長發商原參」兩行，首頁又有「華府藏板」印，則是書乃華長發付刊者。今本有吳興祚〈序〉，謂：「余因華子商原，始覯其書。」而丙午本無之，可證此本刊行甚促，吳〈序〉稍遲，故不及載耳。

又按：丙午本原名《二十一史方輿紀要》，敘次迄於元末，今本則下及明代。今本〈總序〉，祖禹自述其「父卒一年而祖禹以疾癈，又三年疾愈，不揣愚昧，思欲遠追《禹貢》職方之紀，近考《春秋》歷代之文，旁及神官野乘之說，參訂百家之志，續成昭代之書」，是祖禹之續為此書，當在丙午後之三年，即己酉、庚戌之間也。今本有魏禧〈序〉，已稱「《讀史方輿紀要》一百三十卷」，則應尚在庚戌後。

今按：魏氏為〈柔謙墓誌銘〉有云：

寧都魏禧客吳門，見《方輿紀要》，奇之，曰：「此古今絕無而僅有之書也！」既交其人，

沉深廉介，可屬大事，相與為齒序，弟畜之。祖禹因出君狀乞誌銘。

是顧、魏相識，顧父已先卒，而魏氏於吳門所見《紀要》，殆即丙午刻本；否則未識其人，無由讀其全書之寫稿。及兩人既深交，乃得盡見其全稿而為之序，乃曰「《讀史方輿紀要》一百三十卷」矣。魏氏長祖禹七歲，四十始出遊，至江、浙，時祖禹年三十三，其父尚未卒，書亦未刊，兩人相識應在後。魏氏於康熙十一年壬子又客吳（據黃子錫〈墓誌銘〉），上距庚戌又已三年，則祖禹書之自七十二卷擴大為百三十卷者應在此三年內也。

祖禹抗節首陽，窮槁不仕，人知之。方三藩事起，而祖禹跳身走閩海，期興復，則知者甚少。近張子曉峰創為《祖禹年譜》，親至膠山訪搜遺聞，得《黃氏宗譜》，有黃守中與祖禹交游蹤跡，而其事乃大白。（詳見《國風》半月刊四卷十期〈膠山黃氏宗譜選錄專號〉）滇變作於癸丑，閩變起於甲寅，祖禹南遊當在癸、甲之際，出魏氏作〈序〉後，故熊、吳、魏三〈序〉及祖禹〈自序〉，皆有「足不出吳、會」之語。康熙丙辰，耿精忠復降滿洲，祖禹亦不久留。其在閩海，先後不出三年也。黃統為其父〈守中府君行略〉，謂：「顧子以雄才大略，慨然願有為於天下，乃寄妻孥於吾父。吾父則以養以教，數年如一日。」即此矣。

今本復有彭士望〈序〉，謂：「望行年七十，得此一士。」又曰：「祖禹之創是書，年二十

九，經二十年始成。藉資遊歷，更獲新勝，即改竄增益，雖十易草不憚。」今考彭氏年七十，當康熙十八年己未，時祖禹年適四十九。翌年魏禧卒，彭〈序〉成於今年，故述及魏〈序〉而未及其死。其稱述祖禹為人，謂：「其奇才博學似王景略，雖去桓溫必不為村堅所用。」則祖禹之不淹滯於閩可知也。又謂：「其膽似韓稚圭，而先幾旁矚，不敢置勝負於度外。」尤明屬閩海歸來語。自丙辰至己未亦四年，祖禹之「十易其草不憚」者，應以此數年間為尤勤也。

康熙十九年庚申十一月，魏禧卒於儀真，而祖禹始客徐乾學家。彭士望〈徐氏五十壽序〉

（按：顧、徐同年）云：

又曰：

庚申八月，余在吳江。崑山徐子藝初、章仲二孝廉遣書使，因顧子景范，迎余居其家。

公既延武林陸子拒石、太倉顧子伊人，與共晨夕，欣賞析疑，及四方士過從，禮之無倦；而虞山顧景范，不求聞達，落落人外，惟潛心《方輿紀要》一書。公禮而致之，不煩以事，聽自纂述。更為具腟饌筆札書史，以相佽助。

是祖禹五十以後仍肆力此書。彭〈序〉謂「經二十年始成」者，仍非定稿也。

自是祖禹與徐氏往來之跡頗密。康熙二十六年丁卯，清廷修《一統志》，命徐乾學為總裁，徐氏羅致祖禹於幕下。閻氏《尚書古文疏證》（卷六上）謂：「己巳與顧景范同客京師。」時顧年已五十九。翌年庚午，徐氏歸里設局洞庭，祖禹仍為分纂，而其子士行亦在志局（見裘璉《纂修書局同人題名私記》）。既父子同硯席，又得恣意博覽四方圖冊，復與胡渭、閻若璩、黃鴻諸人上下其議論。越三年癸酉，卒（翌年徐亦卒）。此數年中，《紀要》一書當必又有所增訂。

然則祖禹此書，既上承其家高、曾兩世之餘緒，又及身父子孫三代討論潤色。而祖禹則畢精萃力於其書者達三十四年，先則槁臥窮廬，嫥心一志，繼則南遊嶺海，北上燕冀，遠搜博涉，又得徐氏藏書之探討，賓客之研窮，取精而用宏，體大而思深，宜其可以躊躇無餘憾矣。

然祖禹雖溷跡顯貴之門，其皭然不汙之節，則固終其身無少渝也。姚椿《通藝閣集‧顧處士祖禹傳略》謂：「《一統志》書成，徐將列其名上之，祖禹不可，至於投死階石始已。」又全祖望《鮚埼亭集‧題徐狷石傳後》謂：「狷石最善祖禹，有事欲就商，會其在徐館中，狷石徘徊門外不入。適祖禹從者出，因以告，乃得見。徐乾學聞之，亟遣人出迎，則狷石已解維去矣。」磨而不磷，涅而不淄，殷有三仁，固不在形跡之間也。

余觀今本首卷所列各序均無年月，此蓋不署永初之旨耳。又以「昭代」稱明，敘史跡亦至明而止，絕不涉建州入關，拳拳故國之情溢於言表。而祖禹〈自序〉及魏、彭兩〈序〉，尤躍躍不酱

探口出。雖祖禹詩文事跡流傳極少，然此書幸免焚禁，不可謂非大幸矣。《四庫》未收其書，殆時人未敢輕進也。）丙午本首頁即大書「吳伯成先生鑑定」，秦〈序〉、顧〈凡例〉皆著康熙丙午年月，益證祖禹自在喪中，事出華氏，非祖禹本意。今祖禹書傳布極廣，然其立身大節，及著書用意所在，與夫數十年辛勤之經歷，則人鮮知者，爰因讀丙午本而縱論之如此。

此稿刊載於民國二十四年十月《禹貢》半月刊四卷三期

跋嘉慶乙丑刻九卷本《讀史方輿紀要》

顧氏《方輿紀要》最先刻本康熙丙午，僅刻〈州域形勢〉凡五卷，余既為文論之。茲本亦只刻〈歷代州域形勢〉，而已及明代，分九卷，與今本同，故書稱《讀史方輿紀要》，不稱「廿一史」，前列熊開元、秦沅〈序〉及顧氏自為〈凡例〉，仍五卷本之舊，惟吳興祚一〈序〉為五卷本所無。

此書余見者凡兩本：一藏燕大圖書館，書前頁有「嘉慶乙丑新鐫，友蘭堂藏版」兩行，逐卷末頁有「當塗彭萬程刊」六字。又一本得之顧君起潛，無前頁而末多〈讀方輿紀要摘錄統論歷朝形勢〉一篇，署「吳中朱棠」。檢長元和《諸生科第譜》，朱棠字蔭南，乾隆三十八年癸巳彭元瑞科試入吳縣學，乾隆六十年乙卯恩科副榜。此書鐫於嘉慶十年乙丑，殆即出之朱氏。燕大藏本脫

其附篇。顧君所得則為繕本，如吳興祁祚作「吳典祥」，似故意改之。又卷末「當塗彭萬程刊」六字均脫，惟卷八、卷九有之，知原刊集。葉君揆初亦藏此書，書末有朱文，每卷後有「當塗彭萬程刊」字樣，則殆與燕大藏本同為初刊，而無缺者。以此本校今刻，大體盡同，惟卷九間有一、二異處則皆語涉避忌而改，如頁二十顧氏曰：「太祖摯漢舊壤，還之中華，比於去昏墊而之平成，功烈有加焉。」（按：燕大藏鈔本作「比之去昏墊而致平成」。）今本改「中華」為「職方」。

又如頁三十二敘土木之變一節：「北虜分道入寇。」今本作「北部」。「虜氛甚惡。」今本作「兵氛」。「虜自後追襲。」今本「虜」作「敵」。「次土木，人馬疲渴，虜鐵騎四合，死傷無算。」今本「虜」作「而」。則文理不明順。

三十三頁：「是時東至遼東，西至陝西，皆虜騎充斥。」今本作「敵騎」。「未幾強胡款塞。」今本作「強敵」。

頁三十四：「無以離戎虜之交。」今本作「戎朔」。

頁三十五：「備羌禦胡。」今本作「禦朔」。「日不暇給。」今本作「禦朔」。

頁三十五：「國初李文忠敗虜於豐州。」今本作「敗元」。「嘉靖以來，北虜部落益強。」今本作「北邊」。「虜酋吉囊。」今本作「台吉吉囊」。

頁三十六：「虜旋人宣薊。」今本作「敵旋人」。

而頁四十三，敘九邊後，有文兩節，凡四、五頁字，葉藏顧氏定稿及燕大藏鈔本皆有之，而今本全刪。其文曰：

孫氏曰：太祖平天下嘗垂訓曰：「四方諸夷，其限山隔海僻在一隅者，但使彼不相侵擾，即當共安無事，慎毋恃中國強大，興兵起釁。惟胡戎密邇邊境，累代為中國患，宜僅備焉。」嗚呼！聖謨何洋洋也！成祖初定安南，本非利其土地，宣宗棄之，不害為善守；獨是大寧廢而遼東、薊州、宣府之備多，河套失而太原、大同、榆林、固原、寧夏之患急，哈密棄而甘肅、西寧、洮河、松茂之寇滋。然則祖宗成憲，洵未可輕變矣。君子觀於九邊之制而不勝升降之慨焉！（按：此條大字正文，下一條雙行小注。）

王氏曰：昔狄梁公有言：「天生四夷，皆在先王封略之外，故東距滄海，西阻流沙，北控大漠，南界五嶺，此天所以限夷狄而隔中外也。」三代以前，夷狄之患少，其備邊之制，惟來則拒之，去則勿追。秦、漢以降，更相角逐，生民之禍始烈；要未有迭主中夏，甚且天地一民，皆得而臣服（燕大鈔本作「伏」）之也。夫中原之不競，肇於和親，極於紈幣稱臣。我國家張皇六師，式廓萬里，乃循秦、漢之長城，九邊之定制，雪恥除凶，度越往古；然猶有虞者，封貢不降，互市不革，無以消奸民外誘之端、點

又五卷本卷五末頁引：

劉氏曰：元德既衰，九土糜沸，鷗張狼顧之豪，彌滿山澤，萬姓魚喁，無所籲告。真人出

而撻伐之，拾宋掇秦，犁趙拔燕，不數載而天下定。治亂相因，理則然已。

九卷本及今本卷八末「撻伐之」下多「起自東南，掃平氛翳，然後」云云十字。「治亂」兩句，今

本作：「進取先後，因時乘勢。夫豈偶然之故歟？」而九卷本則作：「去茲草昧，復我光華。夫

豈偶然之故歟？」（此與鈔本仝）二本相校，尤可明其先後增易刪改之跡也。

又按：卷九十頁「汛掃幽燕」條下：「下德州（今屬濟南府），克長蘆（即河南府滄州），逾直沽

虜內窺之漸也。蓋虜必不能忘情中國者，以中國之多可欲。而非有內地叛民（燕大鈔本

作「氓」）為之鄉導，則其患猶可量。宋、元以後之虜情，不可準以漢、唐之舊制，乃

欲高語來朝（燕大鈔本作「庭」），虛張歲市，養禍伏釁，不惟為弭邊善政，不亦惑乎！

嗚呼！削株掘根，毋與禍鄰，必也閉關折符，單使勿通也；投珠卻玉，匹馬勿入也；

困機進會，則西壓玉門，北固受降，東修柳城，隔絕其往來，杜塞其耳目，使中外之

限，如九天九地，絕不可干也，庶足以紓悠悠之患乎！

（見前毛貴逾直沽），舟師步騎夾河而進。」今本脫「克長蘆，逾直沽」兩語，而鈔本有之，葉君藏本、燕大鈔本均有，尤可證此本淵源有自，雖僅刻九卷，而尚存真相，殊足珍惜也。

又余讀燕大所藏鈔本，此九卷前有〈歷代州域形勢紀要序〉一篇，為九卷本所無，而今刻足本則有之。（鈔本「存乎奕者之心手而已矣」，今刻本作「心思」，餘盡同。）惟鈔本又有「辛未立冬前一日宛溪顧祖禹自序」十四字，辛未為康熙三十年，宛溪年六十一，翌年宛溪卒，則此篇乃其晚年手筆。九卷刻本無之者，此或朱氏所據付刊之稿，尚是辛未前所傳鈔，故不載此文也。（又按：葉藏顧氏原稿定本〈北直方輿紀要序首〉上方有眉注「辛未六月四日」一行，疑諸序頗多晚年筆。）

又九卷刻本不列魏、彭兩〈序〉，未識何故？豈以熊、吳、秦三〈序〉本為〈州域形勢〉作，而魏、彭為全書之〈序〉，乃以是為取捨歟？抑此本底稿本無魏、彭兩〈序〉，則其書傳鈔應甚早。

顧、魏締交，顧書已成百三十卷，則此九卷祖本之流傳尚在叔子一〈序〉之前。葉藏顧書原稿，惟此九卷無硃墨校改，此或亦證矣。

此稿刊載於民國三十一年二月《責善》半月刊二卷二十二期

陸稼書學述

自晚明諸遺老逝世，而清初理學之風漸熄。然尚有朱、王之爭。在諸遺老間，不論述王反王，皆不失其宗邦之慟，有亡國之餘悲。繼起而尊朱者，則多朝廷顯貴，仰承帝王意旨，其制行多為人指摘。而宗王者則多尚氣節，不為權勢屈抑。余已略著其梗概於《近三百年學術史・李穆堂》一章。清廷於康熙五十一年壬辰，特升朱子配享孔廟；雍正二年甲辰，陸稼書從祀兩廡，先後僅隔十二年。上距稼書卒歲則已三十二年。稼書兩為縣尹，一任諫官，仕宦不達。魏環溪薦疏稱其「清操如冰，愛民如子」，彭定求序其書，亦謂其「造履嚴苦，律己服官。一介不取以貞其操，直道而事以遂其志。凜然樹乞墦壟斷之防，泊然守陋巷簞瓢之素」。《四庫提要》稱其「操履純正」。蓋其為人，頗自與當時朝貴尊朱者有不同。故清廷崇揚朱子，而特以稼書從祀。

然夷考稼書之為學，於朱學後起中，如黃東發、吳草廬、羅整菴、陸桴亭諸人，深沉博大遠

不逮。《四庫全書》收其《三魚堂文集》、《外集》、《附錄》共二十四卷，又《讀朱隨筆》四卷，

《三魚堂賸言》十二卷，《松陽鈔存》二卷，《四書講義困勉錄》三十七卷，《松陽講義》十二卷，

凡六種逾九十卷，可謂豐備。又四庫館臣為《提要》，於宋、明理學家言，掎摭無所不至；獨於稼

書諸作，皆極稱道，絕無貶斥。勇於呵先儒，怯於違朝旨，此亦可見四庫館臣之為態矣。

其實稼書於朱學，僅為一種「四書之學」而止。朱子生平學問，用力「四書」最深。其指示

後學，亦必先「四書」，謂「五經」為可後，諸史百家自當更次。治朱學而特研四書，固不為非。

特當以四書為主，從而求之則可，非謂逐字逐句讀四書，即為盡學問之能事也。徒解字義，在漢

儒為「章句」，在明儒為「講章」，顯非朱子之學。稼書亦只是明末之講章家言，又烏得為朱子之

正傳？

治朱學而專重四書，其事遠有端緒。至明代永樂時之《四書大全》而集其成。清《四庫提要》

略云：

真德秀始采朱子《語錄》，附於《大學章句》之下為〈集編〉。祝洙仿而足之為《四書附

錄》。其後蔡模《集疏》、趙順孫《纂疏》、吳真子《集成》，薈粹眾說，不免稍涉泛濫。陳

櫟《四書發明》、胡炳文《四書通》，較為簡當。櫟門人倪士毅合二書為一，頗加刪正，名曰《四書輯釋》。明永樂中，詔儒臣胡廣、楊榮等編集諸家傳註之說，彙成一編，為《四書大全》。御製序文，頒行天下學校。於是明代士子為制義以應科目者，無不誦習《大全》，而諸家之說盡廢。然廣等撰集此書，實全以倪氏《輯釋》為藍本。朱彝尊亦譏其專攘成書。惟是倪氏原書，義理明備，采擇精醇，實迥出他家之上。則當日諸臣據以編訂，亦不為無因。且明世解四書者，如蔡清之《蒙引》、陳琛之《淺說》，其折衷是正，皆以此書為宗。

今按：《大全》采摭諸儒名氏，首鄭玄、孔穎達。宋自濂溪以下至於胡炳文、陳櫟、張存中、倪士毅、許謙共逾百人以上。夥頤沉沉，可見以研四書治朱學，宋末迄於明初，已成一大趨。四書與五經同尊，抑且猶增重要。朱子《集註》、《章句》、《或問》諸書，亦尊視如經注。治朱學者循此闡釋發揮，則如經注之有疏。《四書大全》乃如唐初之《五經正義》。朝廷功令所在，應舉求仕者罔不誦習。然自有《大全》而《大全》所收諸家書乃幾於盡廢，亦如有《正義》而《正義》所收南北朝諸經疏亦盡廢也。

倪氏書為《大全》藍本，有汪克寬一〈序〉，亦為《提要》所本，今並錄以資參證。〈序〉曰：

紫陽集諸儒之大成，作為《集註》、《章句》、《或問》以惠後學，而其詞渾然猶經。於是真氏有《集義》，祝氏有《附錄》，蔡氏、趙氏有《集疏》、《纂疏》，而吳氏《集成》最晚出。同郡定宇陳櫟、雲峰胡炳文，睹《集成》之書輾轉承誤，莫知所擇，乃各擴其精純，刊繁補缺。定宇著《四書發明》，雲峰著《四書通》，而定宇晚年欲合二書而一之，未遂也。友人道川倪氏，實游定宇之門，乃薈萃二家之說，鳩僝精要，考訂訛謬，名曰《四書輯釋》。學者由是而求朱子之意，則思過半矣。

蓋朱子後之四書學，最先有成書者為真西山，黃梨洲評之，已謂其「依門傍戶，不敢自出一頭地，蓋墨守之而已」。繼此以下，大率盡然。《大全》之來歷與其梗概，據是可見。後有蔡清虛齋之《四書蒙引》，黃梨洲《明儒學案》稱其書，謂：

先生平生精力，盡用之《易》、《四書蒙引》，繭絲牛毛，不足喻其細。蓋從訓詁而窺其大體，不為訓詁支離所域。

《四庫提要》云：

此書本意，雖為時藝而作，而體味真切，闡發深至，實足羽翼傳注，不徒為舉業準繩。刁

包稱：「朱《註》為四書功臣，《蒙引》又朱《註》功臣。」陸之輔稱：「說四書者不下百種，未有過於此者。」其為學人推重如此。與後來之剽掇儒先賸語以為講章者，相去固霄壞矣。

梨洲《學案》又曰：

傳其學者有陳琛、林希元。其釋經書，至今人奉之如金科玉律，此猶無與於學問之事者也。

陳琛為《四書淺說》，林希元為《四書存疑》，皆從《蒙引》來。後人讀《蒙引》，亦必兼及此兩書。

言朱子後之四書學，金華一派尤為脈絡分明，傳緒秩然。黃、全《學案》有「北山四先生」，始何基北山，為黃勉齋門人。其學以熟讀四書為宗旨。並曰：

四書當以《集註》為主，而以《語錄》輔翼之。《語錄》既出眾手，不無失真。當以《集註》之精微，折衷《語錄》之疏密；以《語錄》之詳明，發揮《集註》之曲折。

又曰：

《集註》義理自足，若添入諸家語，反覺緩散。

北山門人有王柏魯齋，年逾三十始讀四書，取《論孟集義》，別以鉛黃朱墨，求朱子去取之意。約《語錄》精要，名曰《通旨》，以補勉齋《通釋》之缺。其於《大學》則謂無待補，於《中庸》則主分「誠明」以下別為一篇，以符〈漢志〉「《中庸說》兩篇」之舊。

金履祥仁山，事魯齋而從登北山之門。宋亡，屏舍金華山中。有《大學章句疏義》兩卷、《論語孟子集註考證》十七卷，黃百家稱其「發朱子之所未發，多所牴牾，而非立異以為高」。

許謙白雲，長值宋亡，家破，往從仁山。嘗曰：「聖人之心具在四書。四書之義備於朱子。」有《讀四書叢說》四卷，為《四書大全》所收諸家之最後一人。

復有章元江《四書正學淵源》，蕭陽復為之序，曰：

金華何文定先生，雖生朱子後，而口傳心授，得之勉齋。自是而傳之王文憲、金文安、許文懿，僅二百年間，四先生踵武相承。凡四子書，悉為之闡微疏奧，以翼朱《註》。國朝采集《大全》，書中溯其源流所自，謂非朱子之適傳不可也。

以上略述朱學後起研治四書之大概，其詳則不勝覼縷。讀者試繙《明史‧藝文志》及清代所編《續

文獻通考》，一檢兩書中有關四書一類之書目，可以想像得之。直至明末，猶有陳明卿《四書語

錄》一百卷、《析義》十卷、《備考》八十卷，張溥《四書纂注大全》三十七卷。則此一風氣，先

自宋末，下迄明亡，歷久不衰，經亂彌盛，實為宋、元、明三代學者心力所奔湊萃集之一淵藪，

群奉以為學問嚮往之標的。論其實，則只限於朱子之《集註》與《章句》，闡釋復闡釋，演繹復演

繹，不僅無逃於象山所譏之「支離」，北山所憂之「緩散」，梨洲所評之「無與於學問之事」；抑

亦如顏習齋所斥：「字上添字，紙上添紙，率天下之文字而食天下之神智。」以此衡評古今學術

著作，固屬過激無當；以之指此一頹趨，則實屬恰允。習齋初亦尊朱，殆亦未能脫此窠臼，倦而

思變，故乃發此感切之深慨也。

晚明諸遺老，身嬰亡國之痛，激而反王學，實不過為一部分人。而厭棄此種四書義講章之學

者，則實為清初諸儒之一般趨勢。遂有廢止科舉之主張。然其中有最激昂者如呂晚村，奇軍突出，

乃即以宋末以來元、明相傳四書義之外形，寄寓其深切之民族情感，憑藉朝廷功令，以之激動一

世。身後遭奇禍。余已略著其事於《近三百年學術史》。稼書較晚村生晚一年，其治朱學，亦受晚

村影響。所著書，屢屢稱引及晚村。在其《松陽鈔存》中有一節云：

呂氏云：儒者正學，自朱子沒，勉齋、漢卿，僅足自守，不能發皇恢張。再傳盡失其旨。

如何、王、金、許之徒，皆潛畔師說，不止吳澄一人也。自是，講章之派，日繁月盛，而儒者之學遂亡。永樂間纂修《四書大全》，一時學者為成祖殺戮殆盡，僅存胡廣、楊榮輩苟且庸鄙之夫主其事，故所摭掇，多與傳注相繆戾，甚有非朱子語而誣入之者。蓋襲《通義》之誤而莫知正也。自餘《蒙引》、《存疑》、《淺說》諸書紛然雜出，拘牽附會，破碎支離。其得者，無以逾乎訓詁之精；其失者，益以滋後世之惑。上無以承程、朱之旨，下適足為異端之所笑。故余謂講章之道不息，孔、孟之道不著也。腐爛陳陳，人心厭惡，良知家挾異端之術，起而決其樊籠。聰明向上之士，翕然歸之。隆、萬以後，遂以背攻朱《註》為事，而禍害有不忍言者。識者歸咎於禪學，而不知致禪學者之為講章也。

此引呂氏即晚村。何、王、金、許即北山四先生。其謂「襲《通義》之誤」者，倪士毅著《四書輯釋大成》四十卷，又有《重訂四書輯釋章圖通義大成》四十卷。《通義》出王逢，逢出洪初野谷之門。《大全》多本倪書，故晚村云云也。晚村此論可謂痛切。稼書雖加稱引，而其自下語則依違兩可，謂：

呂氏惡禪學而追咎於何、王、金、許，以及明初諸儒，乃《春秋》責備賢者之義，亦拔本塞源之論也。然諸儒之拘牽附會，破碎支離，潛背師說者誠有之，而其發明程、朱之理以

開示學者亦不少矣。使朱子沒後，非諸儒，則其樊籬不至隆、萬而始裂。而今之欲闢邪崇正者，豈不愈難也哉？故君子於諸儒，但當擇其精而去其粗，無惑於拘牽附會破碎支離之說，而不沒其守先待後之功，則正學之明，其庶幾焉。

稼書為朱學，其實主要工夫亦只在此。《文集》中有〈與席生漢翼漢廷書〉，指示為學大要云：

每日應將四書一二章，潛心玩味，不可一字放過。先將白文自理會一番，次看本《註》，次看《大全》，次看《蒙引》，次看《存疑》，次看《淺說》。如此做工夫，一部四書既明，讀他書便勢如破竹。

《文集》中又有〈四書大全序〉，自述用功經過，謂：

舊本《四書大全》，余舊所讀本。用墨點定，去其煩複及未合者。又採《蒙引》、《存疑》、《淺說》之要者附於其間。自戊戌至癸卯，用力六載而畢。

此六載乃自順治十五年至康熙二年，時陸桴亭已刊《思辨錄》，兩人同治朱學，而其高下淺深廣狹大小之異，則誠不可以相擬。稼書著有《四書講義困勉錄》三十七卷，彭定求為之序，曰：

稼書先生既點定《四書大全》，輔以《蒙引》、《存疑》諸解，羽翼傳注，深切著明。而遺篋中復有《困勉錄》前後二編，即先生自題〈大全序〉所云「萬曆以後諸家之說則別為一冊」者也。其高弟席子漢翼昆季，並梓以行。

此書功力，當開始在上述之六年間。其書之卒潰於成，則不定在何年。其梓行乃在身後，由席漢翼兄弟整理之。

至康熙二十九年庚午，稼書自序其《松陽講義》，已距其讀《四書大全》為《四書講義困勉錄》之最先六年工夫相隔逾二十五年以上，然其《講義》中，亦時引《大全》、《蒙引》、《存疑》、《淺說》，並亦屢引及於呂晚村。蓋稼書此三十年來，依然故我，實未見有大進步。雖獲締交於晚村，而受晚村啟沃之益者實不深。豈乃姿稟相近，無可強勉乎？

稼書之所以為清廷特所引重，一則在其專力於四書學，上自《大全》、《蒙引》、《存疑》、《淺說》以來，統緒晈然，有合於當時清廷重定科舉一尊朱學之宗旨。次則因稼書持門戶之見特深，於朱子後諸儒皆所排斥。其《文集》中有答某書，謂：

近年所見，覺得孟子之後至朱子，知之已極其明，言之已極其詳。後之學者，更不必他求。惟即其所言而熟察之，身體之，去其背叛者，與其陽奉而陰叛者，則天下之學，無餘事矣。

昔自孔子之亡，楊、墨、莊、老、申、韓百家言，群起攻孔，乃有孟、荀起而衛孔。孔學大昌，而攻孔諸家終亦存傳於後世。兩漢以後，魏、晉清談，隋、唐佛學，躋釋迦、老聃於孔子之上，遂有北宋之理學，奮起相抗，而朱子集其大成。孔道又復昌，然釋迦、老子道、釋之學終亦存傳不輟。朱子後，理學中有陸、王，清儒有漢學，皆與朱子為敵。然此七百年來，朱子終歸然為宗師巨擘。而陸、王之學與漢學家言，亦皆存傳無可廢。稼書尊朱，其意雖篤，然果如其言，則人人可趨於不學，而朱子之所以為精且大者，亦將隨以俱失。此則稼書一人之淺衷狹識，所以終無與於衛道之大任也。

稼書於朱學後起，最服膺薛瑄、胡居仁。《文集》中與人書有云：

今日有志於聖學者，有朱子之成書在。熟讀精思而篤行焉，如河津餘千可矣。

又曰：

以諸儒之學言之，薛、胡固無間然矣。整菴之學，雖不無小疵，然不能掩其大醇。

又曰：

學者但患其不行，不患其不明。但當求入其堂奧，不當又自關門戶。

觀上引諸條，可知稼書為學，固是循規蹈矩，惟謹惟慎。僅能欣賞薛、胡，而必以羅整菴為小疵，因整菴間有與朱子持異論也。只求入堂奧，不許關門戶。此乃稼書論學大旨。不知學問之事，正須能自關門戶，乃能入人堂奧。若只寄人籬下，則非能入人堂奧者。稼書不許人自關門戶，此即是其持門戶之見之最深處也。故稼書為學，必一依朱子門牆，不能自樹立。凡與朱子相異，則必加辯斥。然所辯斥，亦非能有深見。其語多見於《松陽鈔存》與《三魚堂賸言》二書。如曰：

大程云「極高明」而「道中庸」非二事。朱子分為兩截，正相發明。象山、陽明，亦皆欲合為一事，意便不同。譬諸修屋，程子只言修屋，則修牆在其中。朱子則言修屋又言修牆，恐人只知屋忘卻牆也。象山、陽明則只要修屋，不要修牆。

又曰：

姚江一派學術，日異而月不同。正、嘉之際其辭詖，嘉、隆之際其辭淫，萬曆以後其辭邪，至今日其辭遁。

又曰：

自羅整菴痛言象山、陽明之後，如高景逸、劉念臺，不敢復指心為性。但其欲專守夫心以籠罩夫理則一也。特陽明視理在心外，高、劉則視理在心內。高則以靜坐為主，劉則以慎獨為主，而謂無動無靜。高則似周子主靜之說，劉則似程子定性之說，及朱子中和初說，而皆失其旨。

此謂高、劉皆未脫陽明心學樊籠，其言似矣。然語多膚泛，並涉安排。謂陽明「視理在心外」語既有病；謂「高似周子主靜，劉似程子定性」，語若分明，實非貼切。真能從事朱學者，正貴於前人書審思明辨，逐字逐句不放過，求其本義正旨所在，探其會通扼要之處。不當籠統配比，以孤辭隻語作判。貌為深微，而實屬臆測。此風若張，則理學將成莫可究詰之空談。

又曰：

象山、陽明、景逸、念臺，皆是收拾精神一路工夫，皆是心學。但象山主靜，陽明則不分動靜。景逸主靜，念臺則不分動靜。象山、陽明竟不要讀書窮理，景逸、念臺則略及於讀書窮理。象山、陽明指理在心外，景逸、念臺則指理在心內。究竟則一樣。

此又謂「象山、陽明指理在心外」，而不見有所援舉。陸、王究何曾持此說！今必認其如此，則須經明確稱引，曲折論辨，然後可以自成己說。寧能僅以一句話斷其如是！朱子論學，寧有此乎？又以象山、景逸同為「主靜」，陽明、念臺同為「不分動靜」，此尤漫汗排比，說不到四家學術精神與其異同所在。講學須能講到各家自所特有之精神，然後能辨其異同而判其得失。豈能自己拈幾個字面把來加在別人身上？此是以己見評前人，非能從前人真實處下評，豈能有當？驟看亦若配比得勻稱，然只是說話好看，說不上是學術之衡評。

又曰：

　　辨有明之理學，較宋更難。以陽明之功業，高、劉之節義，皆天下所信服，如順風而呼，故辨之尤難。

求能衡評學術，惟朱子為最善。其所崇重如北宋六先生，濂溪最少評騭，其他二程、橫渠、康節、溫公，皆有從違。程門諸賢，謝、楊、游、尹，抨彈尤嚴。歷古大儒，異同長短，多加衡別。雖孟子有不免。然皆就其一節之是非，一辭之得失，剖析入微，以求於至當之歸。其致不滿者，宋儒中如荊公、如東坡，亦皆有稱揚。同時如象山，亦謂：「八字立腳，惟我兩人。」即如禪宗諸祖師，亦謂：「多魁傑人，為我儒所不及。」其於功業與節義，雖講學有異，亦必推許備至。若

稿書能深研朱學，何至於明代理學特有難辨之感？惟因稼書持門戶之見太深，辨其學術，乃必就其功業與節義而為一筆之抹殺，乃自感無以服人，而苦其為難。如其辨陽明，除上引一節只為空洞之膚語外，每引羅整菴《困知記》與陳清瀾《學蔀通辨》兩書，作人云之亦云，更又稱引及於張武承之《王學質疑》，則可謂不知別擇之甚。尚不知羅、陳、張三人之高下得失，又何從而辨陽明之是非？

《文集》中有一段辨高、顧，謂：

即涇陽、景逸，亦未能脫姚江之樊籠。謂其尊朱子則可，謂其為朱子之正脈則未也。

此辨亦似嚴而實妄。若論朱子正脈，則其學必求體大而思精，雖釋、老亦多有可采。所謂「彌近理而大亂真」者，即能明白抉出其亂真處，亦當確切認識其近理處。如陽明論學，豈得謂其更無近理處乎？高、顧東林講學，意欲挽王返朱，其所以糾王之失而求重發朱子之是者果何在？能從此發明，則朱子正脈益張，而王學之與東林，要皆非無可取。何事乎堅立門戶以拒人，必爭正脈於一線乎？《三魚堂賸言》亦曰：

梁谿一派，看得性儘明白，卻不認得性中條目。閱其〈靜坐說〉，乃知高子所謂性體，亦是

指心，亦大異於程、朱矣。

此條語多恍惚。既謂「看得性儘明白」，又謂「不認得性中條目」，更又謂「所謂性體，亦是指心」。朱子本橫渠言「心統性情」，性體豈不當從心上見？如孟子言心之四端，豈不即從心上認性中條目？若論靜坐，二程固常以此教人。必欲辨景逸之學與程、朱大異，豈能只就靜坐一節，用三兩語含糊滑過？此皆只是門戶之見，非所謂審思明辨之學也。

又曰：

高景逸名尊朱子，而亦以《大學》古本為是，是不可解。

又曰：

呂氏謂《大學》經程、朱考定，如地平天成，即與鴻荒時境界有不盡合，分外分明停當，萬世永賴。後來紛紛，動援古本、石經，狄焉思逞，都是無知妄作。可謂確論。

此引晚村，謂程、朱改定《大學》，勝過古本。若專就義理言，謂程、朱所發明增補之義理，勝過了《大學》古本中之義理，此亦可成一說。但稼書自己所云，究持如何意見，則並不明白。若但

謂尊朱便不該以古本《大學》為是，則王魯齋早已謂《大學》無待補，豈尊朱者便不該於朱子所言有一字之更動乎？

《文集》有〈書古文尚書考後〉，謂：「不侫平生於吳草廬諸書皆不敢輕信。」又謂：「朱子於《古文尚書》固終信之不敢疑。」此等辨古書真偽，更非稼書學力所及。於《古文尚書》則不敢疑，於古本《大學》則不敢信。冬烘淺陋如此，寧得為朱子之正脈？

《文集》又曰：

陽明之後，如梁谿、蕺山，皆一代端人正士，而其學亦有不可解者。名為救陽明之失，而實不能脫陽明之範圍。

能救陽明之失斯可矣，何以必求脫盡陽明之範圍？稼書此處下語，謂「名為救陽明之失」，其意似認高、劉實不能救陽明之失也；然未見有明白之指說。治義理，貴能在義理真實處審思明辨，不當依恃門戶，僅憑自己之意見。自己意見非即義理。有門戶可恃，則若意見即義理，不復深入尋求矣。

《膡言》有一條云：

黃太沖《學案》，序述有明一代之儒者，可謂有功，而議論不無偏僻，蓋以蕺山一家之言為斷。愚因思經師與人師不同，而人師又有二種。有興起之師，有成德之師。若蕺山先生，以為興起之師則可，以為成德之師則不可。太沖尊之太過，所以多費周旋。

此條亦未說明如何乃「興起之師」，如何乃為「成德之師」。蕺山一代之端人正士，節義凜然，豈亦以其講學未脫陽明樊籠，故未得為成德之師乎？余讀稼書書，每感其盡是架空立說，未見著落處，殆因其無真知實見也。

《賸言》又曰：

近年來，南方有一黃梨洲，北方有一孫鍾元，皆是君子。然天下學者，多被他教得不清楚。

義理是非且不論，余讀孫、黃、陸三氏書，語言涵義最不清楚者乃是稼書，決非孫、黃。實緣其心中所得本不真切曉暢也。

《賸言》又云：

陸桴亭深取高子「無聲無臭即至善」一語，謂陽明以善為有聲臭，故說「無善無惡」。不知高子此語，是知無極而未知太極也。知沖漠無朕而未知萬象森然已備也。雖若異乎陽明之

說，而實與陽明之說同歸。

無極而太極，非謂「太極」之上別有一「無極」。沖漠無朕而萬象森然已備，亦非謂「沖漠無朕」之外別有一「萬象森然」之境界。即太極而即無極，即萬象森然而即沖漠無朕，不必於此兩面強作分別。今謂「無聲無臭即至善」，則不煩更立「無善無惡」一境，梓亭推說景逸立語之義極簡明，極透切。稼書乃必肆繞繳之浮辨，又何從而知景逸之只知無極不知太極乎？此須通觀景逸書，通論其為學之詳，乃能定其是否如此。並謂「雖若異乎陽明之說，而實與陽明之說同」，則陽明亦為只知無極不知太極乎？本屬明白可爭辨之一事，乃必提至於渺茫無可究詰之玄虛中，此最理學界中惡習。朱子於此等最所不喜。為爭朱子正脈，排陽明又排景逸，而不知自己乃陷於朱子所深惡之惡習中，此之謂不知務。

《贅言》又云：

陸桴亭《性善圖說》，大旨謂人性之善，正要在氣質上看。此只說得朱子不離氣質一邊，而略了不離氣質一邊。

此辨不能謂不是。然則高景逸主張「無聲無臭即至善」，豈又是只說得朱子不雜一邊，而略了不離

一邊乎？誠細讀景逸、桴亭書，皆獨特有所發明。不必全合朱子，而自於朱子正脈有助。稼書一意欲求朱子之正脈，於朱學乃不見有發明。其於朱學之無所發明，即觀其《讀朱隨筆》一書而可知，今不再詳論。要之凡上所引，如吳草廬、羅整菴、顧涇陽、高景逸、劉蕺山、孫夏峰、黃梨洲、陸桴亭，其成學著書，皆遠出稼書之上。稼書不能廣集眾長，顧皆致不滿。然兩人之書，皆和粹惟自道其踐履，稼書則繳於言說，肆於抨彈，蓋者，則惟胡敬齋、薛敬軒。其所折服無遺辭一誤於《大全》講章之學，一誤於門戶之見持之已深。若以梁谿、蕺山諸人為「興起之師」，而稼書又烏得為「成德之師」乎？

《松陽鈔存》有稼書自舉必讀書一條，謂：

必窮十三經，必閱注疏、《大全》，必究性理，必覽朱子《文集》、《語類》，必觀《通鑑綱目》、《文獻通考》，必讀《文章正宗》，此學者之本務。但亦當循序而漸進。

讀史只舉《綱目》與《通考》，讀文只舉《正宗》，較之東發、草廬、梨洲、桴亭，遠見為枯瘠而榖觫。其於諸子書，則全不措意。所得於六經者亦甚淺。舉為必讀書，特以裝門面。其治朱子，實以《大全》為主。如此為學，豈得為朱子之正脈？稼書每譏陸、王不讀書，實亦何以相踰！

《四庫提要》評其《三魚堂賸言》有云：

《賸言》十二卷，一至四卷皆說五經；五、六卷說四書，而附《太極圖說》、《近思錄》、小學數條；七、八卷皆說諸儒得失；九卷至十二卷皆說子、史，而亦閒論雜事。昔朱子博極群書，於古今之事，一一窮究其原委而別白其是非。故凡所考論，皆悉有根據，不為懸揣臆斷之談。隴其傳朱子之學，為國朝醇儒第一。是書乃其緒餘，而於名物、訓詁、典章、度數，一一精核乃如此。凡漢注唐疏，為講學諸家所不道者，亦皆研思探索，多所取裁。可知一代通儒，其持論具有本末，必不空言誠敬，屏棄詩書。其於朱、陸異同，非不委曲詳明，剖析疑似，而詞氣和平，使人自領。觀於是編，可以見其造詣矣。

清廷既特升稼書從祀孔廟，四庫館臣之於此編，乃稱之曰「國朝醇儒第一」，又曰「一代通儒」，可謂稱揚備至，與其他書之肆意抨擊者不類，其果為由衷之論乎？其書首數卷言經籍者，較之清初順、康時代他儒之所言，已遠不逮，更遑論於往後。在稼書亦特以備數。其《文集》中，特有〈讀金史〉九篇，雖無創見，豈不以滿上承金統，故特著此數篇以裝門面？此已當膺心術之誅。其〈說諸儒〉兩卷，皆由讀梨洲《學案》而來，上引已見一斑，可勿再論。稼書又自稱不屑為詩古文詞，今再摘錄其《文集》開始第一、二兩篇有關討論理學上之大問題者，以殿斯篇，亦以見稼書在理學上之真底蘊。

一〈太極論〉。其文曰：

論太極者，不在乎明天地之太極，而在乎明人身之太極。明人身之太極，則天地之太極在是矣。

又曰：

天地萬物，浩浩茫茫，測之不見其端，窮之莫究其量，而莫非是理之發現流行，循環而不窮。理散於萬物，而萃於吾身；原於天地，而賦於吾身。是故善言太極者，求之遠不若求之近。求之虛而難據，不若求之實而可循。

濂溪《太極》一圖，開出宋、元、明迄於清初，可謂實繁有徒。今稼書獨化艱深為淺易，謂：「不在明天地之太極，而在乎明人身之太極。」豈不已將濂溪一圖輕輕勾消？不悟天地之太極不明，則人身之太極究當何指？將一實在問題，化成一落空虛談。貌若切近，反落玄虛。此誠可與俗人談，難為知者言也。

其第二篇〈理氣論〉略曰：

理、氣之辨，不難乎明萬殊之理、氣，而難乎明一本之理、氣。一本之在人心者易見，一本之在天地者難知。

又曰：

理、氣之在吾身，其本在心。天地不可謂之有心，又不可謂之無心，此一本之在天地，所以難見。理、氣之在天地，其一本者，亦曰有心而無心焉耳。

治朱子學，理、氣之辨又為一大問題。今稼書又若化艱深為淺易，謂：「不難明萬殊之理、氣，而難明一本之理、氣。一本之在人心者易見，而一本之在天地者難知。」是則朱子《大學補傳》可以不作，其格物窮理之教，乃為導人於難明，而忽人之易見。又將朱子平生再三申辨之一問題輕輕勾消。而象山主張「先立乎其大者」，乃為得聖學真傳。稼書云云，亦如其所譏陸、王、高、劉之「以心為籠罩」也。

舉此兩例，即可證稼書論學，實是強不知以為知，徒在字面上掉弄，在朱子則必斥此曰「花言」，謂「如今世舉子弄筆端做文字者便是」。稼書之所以不脫為一種舉業講章之學者亦正在此。驟視之，若無可非刺；深究之，則空洞無物。此乃理學中一鄉愿，而依傍門戶以自高。清廷特舉

以為治朱學者之楷模。宜乎後起諸儒益滋反感，相率以反朱自見，而稼書乃特不為後人所稱道。

惟道光時吳廷棟特重之，謂：

歷觀朱子以後之大儒，其篤信好學，深造自得者，固大有人。而真知心性之辨，而不惑於似是之非者，惟陸稼書先生一人而已。

同時唐鑑為《國朝學案》，亦盛推稼書，然此皆梨洲所譏「無與於學問之事」也。

此稿刊載於民國六十一年元月《故宮圖書季刊》二卷三期

呂晚村學述

余在四十年前，草為《近三百年學術史》，述及呂留良晚村之《四書講義》，根據朱子，闡揚民族思想，引起曾靜之獄。清廷特為頒發《大義覺迷錄》於天下學宮，令舉子人人必讀。嗣又禁絕，不許流行。而晚村乃遭斲棺判屍之奇禍，其家人亦遭戍關外，成為清代文字獄中最特出聳聽聞者。晚村因講四書而嬰此冤酷，亦為自宋以下理學史中所少見。同時陸稼書服膺晚村，乃獲清廷褒獎，從祀孔廟，成為清代第一醇儒。清政權之高下在手，予奪從心，治清初學術史，與清廷高壓、懷柔政策之兼施，此兩人之事，殊值注意。此篇稽之《晚村文集》，撮記其生平，以附本編《稼書》一篇之後，並以補往年《學術史》舊著所未詳。徐世昌《清儒學案》摭述張楊園、陸稼書兩家著述有關晚村生平者數事，殆似未見《晚村集》也。余撰《學術史》時，亦已據《晚村文

集》，惟今所述，與《學術史》詳略互異，讀者可參閱。

《晚村文集》卷一〈復黃九煙書〉，謂：

某少時不知學，狃游結納，無所不至。今始悔恨，不但狹邪浮薄，惡之不為，即豪傑功名詞章技藝之志，皆刊落殆盡。世多見許為騷人，為俠士，為好客，為多能，未嘗非過情之譽，然正皆其所悔恨者。

又《文集》卷七〈孫子度墓誌銘〉，謂：

崇禎十一年戊寅，余兄會南浙十餘郡為澄社，雜沓千餘人中，重志節，能文章，好古負奇者，僅得數人焉，孫君子度其一也。越三年，子度擇同邑十餘人為徵書社，時余年十三，子度竟拉與同席。時外禍內訌，國勢頹壞。門戶之鬪復興，靡然散天下之精神於聲氣，而世益無人。

是則晚村幼年初學，即已與當時社事有關。《文集》卷五〈東皋遺選序〉詳論之，曰：

自萬曆中，卿大夫以門戶聲氣為事，天下化之，士爭為社，而以復社為東林之宗子，咸以

其社屬焉。自江、淮訖於浙，一大淵藪也。浙之社不一，皆郡邑自為，其合十餘郡為徵會者，莫盛吾兄所主之澄社。予年十三，與同里孫子度十餘子為徵書，予之交陸雯若始此。凡社必選刻文字以為囮媒，自周鍾、張溥、吳應箕、楊廷樞、錢禧、周立勳、陳子龍、徐孚遠之屬，皆以選文行天下。選與社例相為表裡。始之社也以氣節，以文字，以門第世講，互為標榜；然猶脩名檢，畏清議，案驗皂白，故社多而不分。及是則士習益浮薄傾險。一社之中，旋自搏軋。鑱頭相當，曲直無所坐。於是郡邑必有數社，每社又必有異同。細如絲髮之不可理。磨牙吮血，至使兄弟姻戚不復相顧。塗遇宴會，引避不揖拜者，咸起於爭牛耳、奪選席。販夫牧豬，皆結伴刊文。社與選至是一變而大亂。

晚村早年既預社事，自交陸雯若，又預選事。結社敝風既如此，晚村又嘗極論當時選事之敝。《文集》卷五《今集附舊序》有曰：

今日文字之壞，不在文字，其壞在人心風俗。父以是傳，師以是授，子復為父，弟復為師，以傳授子弟者，無不以躁進躐取為事。躁進躐取，則不得不求捷徑。求捷徑，則斷無出於庸惡陋劣之外。

又〈戊戌房書序〉有曰：

自科目以八股取士，而人不知所讀何書。探其數卷枕祕之籍，不過一科貴人之業。點者割首裂尾，私立門類，沿襲鈔撮，俄而拾取青紫，高車大馬，夸耀閭里。蓋嘗以為起祖龍於今日，搜天下八股之文而盡燒之，則秦皇且為孔氏之功臣，誠千古一大快事也。

《文集》中論及當時選事者尚多，而晚村之耗精力於選事者亦不少。晚村於清順治十年就試為諸生，與陸雯若同為選事，則在順治十二年乙未。至康熙十年棄諸生，以不應試除名，特其留心選事則如故。自謂癸丑後立意不復評點，則在康熙之十二年。《文集》卷四〈與董方白書〉有曰：

選文行世，非僕本懷。緣年來多費，賴此粗給，遂不能遽已。

蓋晚村乃以批選八股成名，亦以此彌縫其生事。惟晚村之批選八股，乃與當時之以批選為業者大不同。《文集》卷五有〈東皋遺選前集論文〉一則，備見晚村對有明一代三百年科舉文之評騭，而其從事評選所大異於時俗之選手者，亦即此可見。其文曰：

洪、永之文，質朴簡重，氣象闊遠，有不欲求工之意，此大圭清瑟也。成、弘、正三朝，

猶漢之建元、元封，唐之天寶、元和，宋之元祐、元豐，蔑以加矣。嘉靖當極盛之時，瑰奇浩演，氣越出而不窮，然識者憂其難繼。隆慶辛未，復見弘、正風規，至今稱之。文體之壞，其在萬曆乎？丁丑以前，猶屬雅製；庚辰始令限字，而氣格萎薾；癸未開軟媚之端，變徵已見；己丑得陶、董中流一砥，而江湖已下，不能留也；至於壬辰，格用斷制，調用挑翻，凌駕攻劫，意見龐逞，矩矱先去矣，則杜撰惡俗之調，影響之理，剔弄之法，曰圓熟，曰機鋒，皆自古文章之所無。村豎學究，喜其淺陋，不必讀書稽古，遂傳為時文正宗。自此至天啟壬戌，咸以此得元魁。展轉爛惡，勢無復。於是甲、乙之間，繼以偽子、偽經，鬼怪百出，令人作惡。崇禎朝加意振刷，辛未、甲戌、丁丑，崇雅黜俗，始以秦、漢、唐、宋之文發明經術，理雖未醇，文實近古。名構甚多，此猶未備也。庚辰、癸未，忽流為浮蠱，而變亂不可為矣。此三百年升降之大略也。

此皆本於文字以窺人心，覘世運，深得朱子論文之淵旨。與一般從事選政，徒以獲取利祿為標的者大異其趣。

晚村既早年即從事於此，並於清初應試為諸生，時年二十五，則晚村亦若為一熱心舉業中人，而其實不然。晚村之悟入理學，崇奉朱子，正從其誦讀朱子四書而來。《文集》卷二〈復王山史

書〉有曰：

某，荒村腐子也。平生無所師承。惟幼讀經書，即篤信朱子細《註》。因朱子之《註》而信程、張諸儒，因朱子、程、張而信孔、孟。故其所見，皆迂拘而不可通於世。所謂理學講道，則概乎未有聞也。其在文字，亦止知八股制義。於所謂古文詩詞，亦概乎未有聞也。而質性又僻戾不可近，亦不樂與人友，故友朋絕少。甯人兄心甚企義，而從未得見，其他可知。

僅知信朱子《四書註》，僅知為八股制義文，此乃晚村之自謙，抑亦其自傲之所在。晚村自謂「理學講道，概乎未聞」，此則其與當時理學家不同處。晚村又嘗與吳孟舉選刻《宋詩鈔》，又豈得謂「於古文詩詞，概乎未聞」？而晚村為人之兀傲不群處，亦即此可見。《文集》卷一〈答張菊人書〉，謂：

宋人之學，自有軼漢、唐而直接三代者，固不係乎詩。又某喜論《四書章句》，因從時文中辨其是非離合，友人輒懲恚批點。人遂以某為宗宋詩，嗜時文，其實非本意也。

此證晚村之答山史，乃其過激之言。要其為學，自朱子《四書註》入門，亦深喜宋儒，而乃深不

喜於當時理學家之講學所為，亦未能如亭林、梨洲諸人之轉途深治經史，而始終落在時文圈套中，乃獨以批選時文成為中國學術史上一特出人物，此則晚村之所以為晚村也。

《文集》卷一〈答潘用微書〉亦謂：

某，南村之鄙人也。至愚極陋，未嘗學問。幼讀朱子《集註》而篤信之。因朱子而信周、程，因程、朱而知信孔、孟。故與友人言，必舉朱子為斷，友人遂謬以為好理學者，其實未嘗有聞也。

篤信朱子而上及二程以及孔、孟，此即理學也。而必自辨為不好理學，「未嘗有聞」，此乃晚村必欲自置身於朱子以下之所謂理學之林之外也。又〈答吳晴巖書〉有曰：

某平生無他識，自初讀書，即篤信朱子之說。至於今，老而病，且將死矣，終不敢有毫髮之疑。真所謂實實然守一先生之言者也。今教之曰：「為講義制舉文字，則當從朱。而辨理道之是非，闡千聖之絕學，則姑舍是。」夫講章制藝，世間最腐爛不堪之具也，而謂朱子之道僅是為此，則亦可謂賤之至、惡之至矣，此某之所未敢安也。夫朱子《章句集註》，正所以辨理道是非，闡千聖絕學，原未嘗為講章制藝而設。即祖制經訓從朱子，亦謂其道

不可易，學者當以是為歸耳，豈徒欲其尊令甲、取科第而已耶？況某村野廢人，久無場屋之責，其有所評論，亦初非謂制舉文字當爾也。

又曰：

某之尊信朱子，又親於孔、孟。

蓋當時人率分理學、舉業為兩途，治舉業則尊朱子，而講理學則當別有用心，而晚村非之。謂治舉業亦當辨理道、闡聖學，而講理學亦無過乎朱子。故晚村自入清以來，雖亦應考，雖仍留心當時制舉文字，然亦即以此為辨理道、闡聖學之藉手。而其主要信仰，則在朱子一人。不如一般理學家之門戶紛張，異同雜起。其〈答葉靜遠書〉有曰：

醫事久已謝絕，惟點勘文字，則猶不能廢。平生所知解，惟有此事。即微聞程、朱之墜緒，亦從此得之。故至今嗜好不衰。病中賴此摩挲，開卷有會，時一欣然。覺先聖賢一路，目前歷歷。而正、嘉以後諸公，講學紛紜，病譫夢囈，皆因輕看經義，不曾用得工夫，不免胡亂差卻路頭耳。若謂弟逐蝸蠅生計，弟雖不肖，不至汗下如此。

晚村深惡明代正、嘉以下之講學紛紜，而一意獨尊朱子《四書章句集註》，謂即此可見義理，故批

點時文亦所以闡理義。若一意看輕了經義，則如明儒正、嘉以下之講學，又何嘗遽勝於講章制藝？

同時顧亭林有言：「經學即理學也，捨經學，又烏得所謂理學哉？」其實晚村之意亦復如此。惟

晚村乃專以朱子《四書註》為學，則實為理學史中所特有之格局。原書後幅又曰：

病在小時上學，即為村師所誤。授以鄙悖之講章，則以為章句傳注之說不過如此；導以猥

陋之時文，則以為發揮理解與文字法度之妙不過如此。凡所為先儒之精義與古人之實學，

初未有知。亦未嘗下火煅水磨之功，即日子既已知之矣。老死不悟所學之非，鼠入牛角，

蠅投紙窗，其自視章句傳注文字之道，原無意味也。已而聞外間所謂講學者，其說頗與向

所聞者不類。大旨多追尋向上，直指本心，恍疑此為聖學之真傳。而向所聞者，果支離膠

固而無用，則盡棄其學而學焉。一入其中，益厭薄章句傳注文字不足為，而別求新得之解。

不知正、嘉以來諸講學先生，亦正為村師之講章時文所誤，不屑更於章句傳注文字研窮辨

析，乃揣撰一副謬妄淺陋之說以為得，不覺其自墮於邪異。故從來俗學與異學，無不惡章

句傳注文字者。而村師與講學先生，其不能精通經義亦一。乃反謂經義必不可以講學，豈

不悖哉？今日理學之惑亂，未有不由此，而其原則從輕看經義不信章句傳注始。此某所以

皇皇汲汲，至死而不敢舍置也。

此處以正、嘉以後講學家為異學，以與村師俗學並譏。而謂講學之興，正為村師俗學所激。其指陳當時學界實病，極值注意。而晚村自所致力，乃轉若於村師俗學為近，而於當時講學家言，若不勝其鄙薄之意。今姑不論晚村自己為學之是非，要之論明儒學術者，不可不注意及於其同時制舉講章之所為，與其相激相盪之情勢，則晚村之語，實是深可推敲也。

又《文集》卷五〈程墨觀略論文〉有曰：

儒者正學，自朱子沒，勉齋、漢卿僅足自守，不能發皇恢張，再傳盡失其旨。如何、王、金、許之徒，皆潛畔師說，不止吳澄一人。自是講章之派，日繁月盛，而儒者之學遂亡。惟異端與講章，觭互勝負而已。異端之徒，遂指講章為程、朱；而所為儒者，亦自以為吾儒之學不過如此。語雖夸大，意實疑餲。故講章諸名宿，其晚年皆歸於禪學。然則講章者實異端之涉、廣，為彼驅除難耳，故曰獨存異端也。

又曰：

講章之說不息，孔、孟之道不著。腐爛陳陳，人心厭惡。良知家挾異端之術，窺群情之所

欲流，起而抉其藩樊。聰明向上之徒，喜其立論之高，而自悔其舊說之陋，無不翕然歸之。識者歸咎於禪學，而不知致禪學者之為講章也。

隆、萬以後，遂以攻背朱《註》為事，而禍害有不忍言者。識者歸咎於禪學，而不知致禪

此處晚村直指朱學之流而為講章，而以講章之陳腐，激起異端之高論。遂使有明一代學術，成為異端、講章觭互勝負之局。晚村此一見解，可謂隻眼獨具。明代以厭薄講章而激起良知心學，及清代晚村以下，講章言漸衰退，然考據漢學，亦復為朝廷制舉空疏所激起。乃與明代心學，同以攻背朱《註》為事。雖清儒之考據經學，不當與元、明講章家言相提並論，亦不與良知心學同條共貫，要亦有其病害之不可勝言者，則又晚村所未及見也。

然晚村於當時講章家言，雖極致其鄙薄之意，而其自所致力，則終不出講章一途。在彼之意，實欲拔趙幟，立漢幟，借講章之途徑，正儒學之趨向。《文集》卷五〈戊戌房書序〉有日：

漢元光五年，徵天下有明當世之務、習先聖之術者，令與計偕。所謂當世之務，即今之「對策」；所謂先聖之術，即今試士之「經義」耳。愚以為欲興科目，必重革庸腐之習而後可。此數十萬庸腐之儒者，其耳目無所開，其心思無所用，游談妄議，武斷鄉曲以為蠹，如此而人心不壞，教化不亂，事業不損，衣食不耗，而無害於計庸腐之儒，海內可數十萬人。此數十萬庸腐之儒者，其耳目無所開，其心思無所用，游

國家者，未之前聞。愚生長草莽，不知忌諱。竊冀當世之名公鉅卿，留心時務者，當輟車之採焉。

戊戌為順治十五年，乃晚村始從事於選事後之第三年，亦晚村從事應試後之第五年，其時晚村意態如此。逮後乃發揮君臣大義、夷夏大防，其見於身後其弟子後學所編之晚村《四書講義》者，余既已著之《學術史》。蓋其意態前後有不同，而乃驚風駭浪隨之而起。可證晚村之一意於四書講章之翻新，實是於世局可有大影響。不論講章家言與良知心學家言，乃及考據漢學家言，要之存於心斯著於外，發為事業，蔚為世運，如響應聲，如影隨形，誠之不可掩如此。此即程、朱理學所欲發揮之大義理所在，又烏可以晚村之所為乃屬制舉講章之習套，而輕加忽視乎？然而晚村則竟以此罹奇禍，斯亦晚村所未前料也。

《文集》卷二〈與某書〉有曰：

某本村鄙，業無淵源，特守童時誦習傳註不敢變耳。講學之事，不但非其所知，亦平生所憎疾而不欲聞者也。拙選止於癸丑，以後不復從事。目下收拾有明三百年之文為《知言集》，雖布衣社稿皆與焉。但生存不錄，以人物界限，必蓋棺論定也。

是晚村選時文，一以明代為斷，入清以後，即不復論。謂「人物界限必蓋棺論定」者，值易世之

際，人之品節，或出或處，為遺民抑為貳臣，非蓋棺有不可知。是晚村之旨亦嚴矣。

《文集》卷一〈復高彙旃書〉有曰：

道之不明也，幾五百年矣。正、嘉以來，邪說橫流，生心害政，至於陸沉。此生民禍亂之

原，非僅爭儒林之門戶也。所謂朱子之徒，如平仲、幼清，辱身枉己，而猶哆然以道自任，

天下不以為非。此義不明，使德祐以迄洪武，其間諸儒，失足不少。思其登堂行禮，瞻其

冠裳，察其實主儔伍，知其未曾開口時，此理已失，又安問其所講云何

也！故紫陽之學，自吳、許以下已失其傳，不足為法。今示學者，似當從出處、去就、辭

受、交接處畫定界限，扎定腳跟，而後講致知主敬工夫。蓋緣德祐以後，天地一變，亙古

所未經，先儒不曾講到此。時中之義別須嚴辨，方好下手入德耳。

彙旃乃高景逸子，來書辨朱、陸，晚村復書乃推廣辨及夷夏。致慨於德祐以後天地之變，許平仲、

吳幼清，名為治朱子學，而實失朱子之傳。講理學正「當從出處、去就、辭受、交接處畫定界限，

扎定腳跟」，而豈理氣心性之空言，所能辨誠偽、判是非？此一主張，乃暢發於其《四書講義》

中。亦可謂當晚村之世，惟如晚村，乃始得為善述朱學也。

《文集》卷三有〈答陳受成書〉，謂：

吾儒正業，與流俗外道自別。外道但欲守其虛靈，以事理為障，故必屏絕塵緣以求之；流俗陷溺於詞章句誦，亦必離遠應酬而後得力。若古人為學則不然。朱子解格物，所謂或考之事為之著，或察之念慮之微，或求之文字之中，或索之講論之際，使於身心性情之德，人倫日用之常，以至天地鬼神之變，草木鳥獸之宜，莫不見其當然與其所以然。凡此者皆學也。

晚村如此論學，如此解格物，則值晚村之世之所謂學者，自當無大無急於在出處、去就、辭受、交接處畫定界限，扎定腳跟；朱子之教格物，此即其當務之大且急者也。

《文集》卷四有〈與董方白書〉，曰：

此不必講義理，只與論利害，則作官之危，自不如處館之安。官資之不可必，自不如館資之久而穩也。惟幕館則必不可為，書館猶不失故吾。一為幕師，即於本根斷絕。吾見近來小有才者，無不從事於此，日趨於閃鑠變詐之途，自以為豪傑作用，而不知其心術人品，至汙極下，一總壞盡。驕諂並行，機械雜出，真小人之歸。其家人見錢財來易，皆驕奢不

務本業，則又數世之害，故不可為也。

晚村勸人莫作宦，且處館。又勿為幕館，只為書館。此等處，只是家常平實，所謂卑之無甚高論，然吾儒之正業，格物之大訓，豈不於此等處正當熟慮明辨乎？

《文集》卷二〈與高旦中書〉有曰：

聞醫行鄉邑當事，得直足資新米，甚慰！甚慰！然此中最能溺埋，壞卻人才不少，急宜振拔灑滌為善。念頭澹薄，自然刪落。若不甘寂寞，雖外事清高，正是以退為進，趨利如鶩，此中徑畛甚背懸，不可不察也。以老兄今日，室無堅坐之具，身有攬取之才，而胸無足畏之友，從此塌腳，不難入無底之淵，故不禁其言之屑屑耳。

明遺民之在清初，其生事皆備極艱困。《文集》卷八有〈賣藝文〉一篇，備述高旦中以醫自活，並兼養其友黃晦木。其文作於順治十七年，已略引於《學術史》，茲不贅。翌年，復為〈反賣藝文〉，有曰：

嗚呼！知予之賣藝也非衒奇，則其不賣也，亦非高價以絕物。吾知後之哀其賣者，又不如哀其不賣者之痛深也。

晚村本亦賣醫為活，後乃絕不為。觀其誠旦中書，亦可想見其痛深之一斑矣。

《文集》卷八〈客坐私告〉有曰：

某所最畏者有三：一曰貴人。凤遭多難，震官府之威，今夢見猶悸。故雖平生交契，一登仕途，即不敢復近。心有恐懼，習久性成耳。二曰名士。向苦社門之水火，今喜此風衰息，而變相傍出，尤不可方物。如選家論時藝，幕賓談經濟，尊宿說詩文，講師爭理學，游客斂聲氣，方技託知鑑介紹。彼皆有所求，接與不接，總獲愆尤。每晨起默禱，但願此數公無一見及，即終日大幸。三曰僧。生平畏僧，尤畏宗門之僧。惟苦節文人託迹此中者，則心甚愛之。然遍年以來，頗見託迹者開堂說法，諂事大官，即就此中求富貴利達。方悟其託迹時原不為此，則可畏更過於僧矣。

此下復舉九不能：一寫字、二行醫、三酬應詩文、四批評朋友著作、五借書、六薦牘、七宴會、八貨財之會、九與講會。觀此，知晚村之孤介自守，乃亦不免於任氣傲物，憤世嫉俗，若有背於儒道之中行。然晚村固謂「時中之義別須嚴辨」，知人論世如晚村，固不當以常格衡之也。先是浙省以鴻博薦，晚村誓死得免。嗣又舉隱逸，乃薅髮為僧。自名耐可，號曰何求。《文集》卷六有〈自題僧裝像贊〉曰：

僧乎不僧，而不得不謂之僧；俗乎不俗，亦原不可概謂之俗。不參宗門，不講義錄。既科
唄之茫然，亦戒律之難縛。有妻有子，喫酒喫肉。奈何衲襖領方，短髮頂禿！儒者曰是殆
異端，釋者曰非吾眷屬。然雖如此，且看末後一幅。豎起拂子，一唱曰咄，嘮叨簡甚麼，
都是畫蛇加足。

晚村處此世變，而兀傲縱恣有如此，亦幸其不壽而獲終天年。否則不待曾靜之獄，其晚節所遭遇，猶
蓋亦有不可以逆料者。晚村殆是以狂者之性格，而勉為狷者之行徑。今在三百年後讀其遺集，猶
不勝有惋惜之餘情，亦可為同時晚明諸遺老致同樣之追念也。

當晚村之世，以理學大儒而嚴斥晚村，非斥晚村之為學，乃斥晚村之為人，以其人與晚村初
不相識也。其人乃衡陽王夫之船山。其《搔首問》有曰：

近世有崇德人呂留良，字用晦，極詆陸、王之學以衛朱子之教，是已。乃其稱道三蘇不絕。
三蘇豈敢望陸、王之肩背者？

又其《識小錄》有曰：

俗學之遵朱子，適以褻侮朱子為大愚耳。朱子之注聖經，初非為經生求名計，況倚以選刊

時文，教人選捷徑而自牟利乎？若呂生者，讀陸子靜「白鹿喻義」章講說，不知尚有恥心

存焉否也？奉朱子之緒論，遂敢目空今古，其無忌憚也，不但辨陸、王而止，且譏康齋之

欲入內閣、白沙之應召拜官。君子出處之節，豈雌黃時文，教人作倚門妝以射書賈之利者

所能識也？甘泉、念菴並遭非毀，薛文清、羅文毅猶不在其意中。鬻虛名，牟厚利，是鐵

門限門外人；不知量，不思咎，喋喋煩言，未有小人而仁者也。況錐刀為小人之已細者乎？

船山持正論，其嚴且酷，尤甚於雍正之《大義覺迷錄》。後人讀《大義覺迷錄》，則未有不同情於

晚村者。船山蠖居三湘，其守夷夏之防，豈不一如晚村，然而猶有義理之防。若義理隳而人才喪，

則又於何辨夷夏乎？辛亥復國，人人知尊船山，至於晚村，乃供歷史之憑弔而已。此又讀史論道

者所不可不知也。

此稿刊載於民國六十二年元月《故宮圖書季刊》三卷三期

讀張穆著《閻潛邱年譜》
再論《尚書古文疏證》

回憶民國二十年秋，在北京大學講「近三百年學術史」，編撰講義，先期分發。翌年春，撰及閻潛邱，竊意「《尚書》古文」一案，早成定論。惟敘述此案，不當不兼及毛西河，因比讀《冤詞》、《疏證》兩書。初謂是西河駁潛邱，乃《疏證》中明明是潛邱駁西河，心大疑惑。兩百數十年來學人，亦絕未提及此事。時值春假，首尾七日，在二道橋寓廬第二進一小書室中，閉戶思索，窮七日夜之力，完成一篇，快忤無窮。距今已四十四年，猶回憶如新。一日神倦，隨手再翻張穆《閻潛邱年譜》，觀其摭拾叢碎，排比詳整。余為《學術史》者，同時未必兼讀張《譜》。余言創闢，乃有引。然辭尚簡要，棄而不取者尚多。讀余《學術史》時，張《譜》亦一重要參考，頗加徵疑其取證若嫌未足者。今年力已衰，精心鉤稽，媿不如前，姑就張《譜》，再事鈔撮，亦足為余四

十四年前舊稿添助證。然苟細讀余《學術史》，則此篇實如買菜求益，大可不必。姑爾成篇，聊資消遣而已。

張《譜》：清順治十二年乙未，潛邱年廿歲。

錢《傳》：年二十，讀《尚書》，至古文五十五篇，即疑其偽。沉潛三十餘年，乃盡得其藏結所在。

《行述》：著《尚書古文疏證》，蓋自二十歲始。

康熙十一年壬子，潛邱年三十七歲。

《疏證》卷二：愚嘗以梅氏晚出書，自東晉迄今，歲次壬子，一千三百五十六年，而屹與聖經賢傳並立學官，家傳人誦，莫能以易焉者，其故蓋有三焉。皇甫謐高名宿學，左思〈三都〉，經其片語，遂競相讚述。況渠實得孔書，載於《世紀》，有不因之而重者乎？是使此書首信於世者，皇甫謐之過也。矇雖奏上，得立於學官，然南、北兩朝，猶遞相盛衰。或孔行而鄭微，或鄭行而孔微，或孔、鄭並行。至唐初貞觀，始依孔為之疏，而兩漢專門之學頓以廢絕。是使此書更信於世者，孔穎達之過也。天祐斯文，篤生徵國，孔子之後所可

取信者，一人而已。分經與序，以存古制。一則曰安國偽書，再則曰安國偽書。為之弟子者，正當信以傳信，疑以傳疑。乃明背師承，仍遵舊說。是使此書終信於世者，蔡沈之過也。經此三信，雖有卓識定力，不拘牽世俗趨舍之大儒，如臨川吳文正公《尚書序錄》，實有以成朱子未成之志者，而世亦莫能崇信之，蓋可嘆也夫！善夫歐陽永叔之言曰：「自孔子沒，至今二千年之間，有一歐陽修者為是說矣。」愚亦謂：「自東晉至今一千三百五十六年，有一閻若璩者為是說矣。」其尚取而深思之哉！

又《疏證》卷七：憶余晤寧人壬子冬，曾問《古文尚書》還當疑否，曰否云云。

今按：自二十歲至是十七年，時《疏證》似未成書，然信力則已臻堅定矣。

康熙十二年癸丑，潛邱年三十八歲。

《疏證》卷八：鄒平馬公驌，字宛斯，當代之學者也。司李淮郡，後改任靈璧令。余以癸丑東歸，過其署中，秉燭縱談，因及《尚書》有今文、古文之別，為具述先儒緒言，公不覺首肯，命隸急取《尚書》以來。既至，一白文，一蔡《傳》，置蔡《傳》於余前，曰：「子閱此，吾當為子射覆之。」自閱白文，首指〈堯典〉，曰：「此必今文。」至〈大禹

謨），便眉慶，曰：「中多排語，不類今文體，恐是古文。」歷數以至卷終，孰為今文，孰為古文，無不立驗。因拊髀嘆息，曰：「若非先儒絕識，疑論及此，我等安能夢及！然猶幸有先儒之疑，而我輩尚能信及。恐世之不能信及者，又比比矣。」復再三慨嘆。余曰：「公著《繹史》，引及《尚書》處，不可不分標出今文、古文。」公曰：「然。」今《繹史》有今文、古文之名者，自余之言始也。

觀此條，似《疏證》至是仍未有成書。

康熙十四年乙卯，潛邱年四十歲。

《箚記・題詞》：愚年四十甫敢出《臆見》、《集眾聞》，用纂一帙，以示兒輩。

潛邱是年始為《箚記》，似當較草創《疏證》略後。

康熙十七年戊午，潛邱年四十三歲。

《疏證》卷四：余愛太史公「藏之名山」之例，此《疏證》第四卷成時，別錄四本，一寄實太華山頂，友人王宏撰司之。

是年，清廷詔開博學鴻詞科，潛邱徵詣闕下，獲識同應薦者王山史，張《譜》以《疏證》卷

四一條附見此年，殆此年《疏證》已成四卷，乃託山史攜此卷歸華頂也。

康熙十八年己未，潛邱年四十四歲。

《竹垞集》是年有〈酬閻某〉詩，曰：閻生幷州彥，徙宅清淮滸。昨年應詔至，旅食春明

春。示我一編書，其言狂且醇。雖為見者駭，猶勝徒呫呻。

《疏證》卷五上：錫鬯生平不敢疑古文，見諸贈余詩。

又《疏證》卷八上：錫鬯近撰《經義考》，雖漸為愚所轉移，終不透。

戊午、己未間，潛邱《疏證》至少當得四卷，並遍示同時諸學人也。

又按：張《譜》引黃梨洲有〈尚書古文疏證序〉曰：

淮海閻百詩，寄《尚書古文疏證》，方成四卷，屬余序之。余讀之終卷，見其取材富，折衷

當。中間辨析三代以上之時日、禮儀、地理、刑法、官制、名諱、祀事、句讀、字義，因

《尚書》以證他經史者，皆足以祛後儒之蔽。如此方可謂之窮經。

此文見《南雷文定》而無年可考，張《譜》亦未定其年歲。然似在戊午未赴京前在淮安所寄。

又按：潛邱子詠撰《潛邱行述》，稱潛邱著《古文疏證》自二十歲始。又曰：「諸子史集，亦自是縱學，無不博覽。」蓋其辨《尚書》古文之偽，所論不限於《尚書》，牽涉至廣，故歷二十三年而始成書四卷。觀梨洲一序，可想見其用力之勤矣。

康熙二十二年癸亥，潛邱年四十八歲。

《疏證》卷一：癸亥秋，將北上，先四、五月間，淨寫此《疏證》第一卷成。六月，攜往吳門。於二十二日夜半，泊武進郭外，舟忽覆，自分已無生理。惟私念曰：「《疏證》雖多副本在京師，然未若此本為定，天其或不欲示後人以璞乎？」越次日達岸。

《疏證》第一卷定本，寫於此年，距其初有意於辨《古文》之偽者，則已二十有八年矣。其距《疏證》第四卷成書，至少亦當五年。鄭重若此，並引東坡碇宿海中遇險為例。其成書之不易，其珍視之亦可想。

康熙三十年辛未，潛邱年五十六歲。

馮山公《解春集》第八、九兩卷，為《淮南子洪保》，山公自題目：「洪保」者何，馮子讀

閻子《尚書古文疏證》而作也。儒者之學，莫大乎正經而黜偽。《今文尚書》為古文淆亂其

間，莫之或正，儒者之恥也。閻子唱之，馮子和之，其義大安，故曰「洪保」。閻子晉產

也，馮子吳產也。一西一南，地之相去幾千里，而作合於淮安，以卒其業，豈非天哉？故

亦號「淮南子」云。

《潛邱箚記‧與劉超宗書》：《淮南子洪保》，馮子山公所著書名，與閻子《尚書古文疏

證》辨論而作也。其勢如傾山倒海而出。卻可惜所憑據在《逸周書》、《穆天子傳》，又可惜

在《家語》、《孔叢子》偽本《竹書紀年》，尤可惜則在《魯詩世學》、《世本》、《毛詩古義》

耳。真謬種流傳，不可救藥，吾未如之何也已矣。

又一書云：《洪保》主人亦信《古文》非真，所論難者他語耳，正恐信亦不透。

馮山公與潛邱同斥《古文》之偽，而潛邱斥之若此。厥後毛西河辨《古文》非偽，而潛邱反

付以閔默，其間所以，亦大可思。

康熙三十二年癸酉，潛邱年五十八歲。

《疏證》卷八：癸酉冬，薄遊西泠，聞休寧姚際恆字立方，閉戶著書，攻偽《古文》。蕭山毛大可告余，此子之廖偁也。日望子來，不可不見。介以交余，小余十一歲。出示其書，凡十卷，亦有失有得。失與梅氏、郝氏同，得則多超人意見外。喜而手自繕寫，散各條下。

西河《與潛邱論尚書疏證書》：昨承示《尚書疏證》，此不過惑前人之說，以《尚書》為偽書耳。其於朱、陸異同，則風馬牛不及，而忽詭金谿及姚江，則又借端作橫枝矣。

又《送閻徵君歸淮安序》：予避讎之淮安，與閻君潛邱交。暨至梁、宋，復歸淮，則稍稍有言潛邱君年損而學多者。於是躬詣之，與之游。及予還舊鄉，會開制科，舉天下強才有學之士，徵車四出。其在淮，則潛邱君首應之，予得相見於京師。觀其所著書，夥頤哉，言洋洋乎！乃不見用而罷。值司寇徐公承脩命脩天下志書，聘君掌其局。既而謝去，出所辯《尚書》二十五篇，挾之遊錢塘。時潛邱亦垂老，毛髮種種，而予則歸田有年，多所論著。既而謝越七十矣。乃取所為文讀之，謂之曰：「君不知於漢北海君相去何等，若唐之孔仲遠、宋之深寧叟，則出之遠矣。」

康熙十七年戊午，舉博學鴻詞，潛邱至京師。《疏證》第四卷初成，由王山史置其一本於太華山頂，則其時《疏證》方在草創中。康熙二十二年癸亥，又淨寫《疏證》第一卷。事均詳前。至

是又十年，《疏證》八卷殆已成書。西河〈送潛邱序〉文，於戊午京師相見，僅言「觀其所著書」，而不提及《疏證》。至是年始云「出所辨《尚書》」，則西河或至是年始讀其《疏證》也。又西河〈與潛邱論尚書疏證書〉，亦僅辨朱、陸異同，不及《古文》真偽，是西河於此問題，當時亦尚未深加注意耳。又考今《疏證》，不見詬金谿、姚江語，是潛邱已以西河書而徑自削去矣。又《疏證》引姚立方，散見卷二、卷四、卷五、卷七、卷八，則潛邱《疏證》，此年或已有八卷之本。

康熙三十四年乙亥，潛邱年六十歲。

〈南雷黃氏哀詞序〉略云：康熙乙亥秋九月，得梨洲黃先生凶問。先生愛慕我，肯為我序所著書，許納我門牆。已矣，吾不獲親及先生之門矣。遂倣聶雙江故事追稱弟子。

《行述》：…自六十以後，時訪友數百里內，往來蘇、杭，竹垞及毛檢討兩先生，時時過從，商榷學問事蓋最多。

康熙三十八年己卯，潛邱年六十四歲。

《李恕谷年譜》：…己卯，至淮安訪閻百詩論學。又庚辰〈寄毛河右書〉曰：「自客歲拜別函丈，過淮上，晤閻潛邱，因論及《古文尚書》，塨曰：『毛先生有新著。』」潛邱大驚，索

閻，示之，潛邱且閱且顧其子，曰：「此書乃專難我邪？」塈曰：「求先生終定之。」潛邱強笑曰：「我自言我是耳。」已而再面析他書甚夥，毫不及《尚書》事，想已屈服矣。」

毛西河〈寄潛邱古文尚書冤詞書〉：近蠡吾李塈，寓居桐鄉，與桐之錢氏作《古文尚書》真偽之辨，列主客來問。某向亦不愜偽《古文》一說。宋人誕妄，最叵信。及惠教所著《古文尚書疏證》後，始快快。謂此事經讀書人道過，不應謬，遂置不復理。今就兩家重為考訂，就彼所辨，而斷以平日所考證，作《古文尚書定論》四卷，其中徵及潛邱，並敕鄉姚立方所著攻《古文》者，兼相質難。雖自揣生平所學，百不如潛邱。且相於數十年，誠不忍以言論牴牾，啟參差之端。祇謂聖經是非，所繫極大，非可以人情嫌畏，謬為遜讓。因削去「定論」名色，改名「冤詞」，且增四卷為八卷，再加考訂。不曰「釋冤」而曰「冤詞」，以不敢釋也。冤詞無定，潛邱定之，何如何如？

《箚記·題古文尚書冤詞》：孔穿曰：「謂臧三耳，甚難而實非。謂兩耳，甚易而實是。吾第列其冤而世釋之，釋不在我也；世不肯釋冤，而必欲冤之，冤亦不在我也。冤詞人將從難而非者乎？抑將從易而是者乎？」余則反其詞曰：「偽《古文尚書》，甚易而實是。不偽《古文尚書》，甚易而實非。人將從易而非者乎？抑將從難而是者乎？」此余所以不復與毛氏辨，而但付之閱默耳。

又曰：何休好《公羊》學，著《公羊墨守》、《左氏膏肓》、《穀梁廢疾》。康成乃《發墨守》、《鍼膏肓》、《起廢疾》。休見而嘆曰：「康成入吾室，操吾戈，以伐我乎？」余謂此自是學

海遠遜經神，故云爾。若在今日，豈其然？

毛西河在康熙三十二年癸酉，始見閻潛邱《疏證》，至是六年，始成《冤詞》。蓋引起於恕谷也。今《冤詞》中亦多引恕谷語。其先於此案並未注意，故潛邱引何邵公語相擬。然潛邱意乃以康成自居，以西河擬邵公，故曰「今日豈其然」也。潛邱自謂「但付之閔默」，而余考潛邱《疏證》，實有轉駁西河《冤詞》中語，是所謂「不復與毛氏辨」者，乃欺人語。西河《冤詞》中有擊中《疏證》弱點，潛邱乃默自追改舊稿，使後人讀之，一若《疏證》無不是，《冤詞》無不非，潛邱之計亦狡矣。潛邱卒在六十九歲，距此前五年，非無時間改其舊稿。其子詠所為《行述》，於潛邱年五十四時，引胡胐明語：「吾輩老年人讀書，只宜優柔厭飫自得之樂，徵君用力，太苦太銳，府君愈益力，十餘年中，成書云云。」則潛邱見《冤詞》後，斷無不理之理。且《疏證》中前說有誤後加改定者，亦多有之。若使潛邱肯注明因見西河《冤詞》，自知有誤，因加改定，豈不證大賢無我從善之公心雅量？當更使後人佩服。潛邱不此之務，誠可惜也。

又按：《疏證》卷二有一條：

或問：「子書尚未成，何不舉前說之誤者而悉削之？」余曰：「此以著學問之無窮，而人之不可以自是也。近見世之君子，矜其長而覆其短，一聞有商略者，輒同仇敵，余用是數困於世。」

潛邱之言若此，而獨於西河《冤詞》之指摘其書，一語不提，復於確中其短者，則削去改為，此非「自覆其短」乎？又西河於順治末年已在淮上初識潛邱，潛邱年僅二十五、六，故西河謂其「年損而學多」；及後兩人往返，先後達四十餘年。《疏證》引述平生交游相識，備極詳悉，獨於西河僅一條，見卷五下，並絕與學術著作無關，豈非其視商略如仇敵乎？而復故掩其跡，特著此條以釋後人之疑，是何其心計之工耶！

又按：《疏證》卷六、卷七兩言《潛邱箚記》「恐世不傳，仍載其說於此」，是潛邱自知《疏證》必傳，非《箚記》可比，西河《冤詞》直接與《疏證》有關，潛邱顧不以見於《疏證》，而獨載於《箚記》，又見其用心之若揭矣。

康熙四十二年癸未，潛邱年六十八歲。

《李恕谷年譜》：癸未，毛河右有書來，曰：今胐明又在吳門刻〈禹貢〉，仍與閻百詩合

夥，大暢發《古文尚書》之謬，以禾中朱錫鬯家多書，欲就其家搜朱文公、趙孟頫、吳草廬輩，至明末本朝攻《古文》者合刻一集，以與我《冤詞》相抵。其後胐明不與事，而百詩約錫鬯攜明萬曆丁丑會試第三場焦竑《廢「古文」策》來。辛余先期知其事，赴其寓同觀。焦竑襲吳澄誤說而又誤者。余因於眾中大揶揄之。百詩狼倉散去，錫鬯亦大窘而退。

攻《古文尚書》之偽一案，自南宋吳棫、朱子下迄元、明兩代，絡續有人，然考據精詳，後來居上，則必首推潛邱。西河《冤詞》歷舉朱子、吳澄、郝敬、歸有光，獨不及潛邱。猶曰：「彼妄言之，姑妄應之，其同時附和，解語雷同者，概不置辨，省詞費耳。」是其輕蔑潛邱之意，溢於言表。恕谷出示其書，潛邱語其子曰：「此書乃專難我邪？」蓋《冤詞》明駁《疏證》，而不加指明，其意甚毒。潛邱不能忍，故於《疏證》中亦絕不及西河，而曰「付之閟默」。然《冤詞》指摘《疏證》疏失處，潛邱乃追改舊稿，以求完美。若遽加發刊，而不註明因西河之指摘，則西河必更肆揶揄。然亦不能對此案不作一交代，故遂有意合刻朱子以下攻《古文》者為一集，此誠不得已而思其次之委曲心情也。乃其事又為西河所悉。此證自西河《冤詞》行世，潛邱實時時為此操心，其追改舊稿，自可想像得之。又張《譜》逐條引述《疏證》載及同時學人諸節，亦止於西河發刊《冤詞》之年，此下即不再有。然《疏證》卷五下實亦引及竹垞一條，即有關潛邱有意合

刻朱子以下攻偽《古文》一事，惟未注年月，故張《譜》未引。然配合西河此年與恕谷書，則其事亦應在《冤詞》發刊之後。是今八卷本《疏證》，既明有《冤詞》發刊後所增入者，亦自可有《冤詞》發刊後所追改也。

康熙四十三年甲申，潛邱年六十九歲。

〈墓志〉：皇四子以書幣禮致之。先生力疾赴至都中，悉索所著書，自二種《尚書》外，《四書釋地》至於三續，手校《困學紀聞》、《古文百篇》，凡八種。首付《紀聞》剞氏，餘將次第為表章，而先生不起矣。

〈行述〉：執不孝手命曰：「吾一生著書九種，已刻者，《四書釋地》、《四書釋地續》、《孟子生卒年月考》。未刻者，《重校困學紀聞》、《四書釋地又續》、《朱子尚書古文疑》、《眷西堂古文百篇》。未成者，《尚書古文疏證》、《釋地餘論》。今《紀聞》蒙殿下序而行之，餘未刻成者，汝當兢兢典守，不可妄改一字，以待傳者。」

此兩處舉潛邱著書，乃有《朱子尚書古文疑》，而無《箚記》，大可注意。所謂《朱子尚書古文疑》者，是年五月，其子詠刻於京師。〈序〉云：

家大人徵君先生，著《尚書古文疏證》若干卷，非之者亦復不少。徵君意不自安，曰：「吾為此書，不過從朱子引而伸之，觸類而長之耳。」因命詠取《語類》四十七條、《大全集》六條，彙次成編，名《朱子古文書疑》，就京師刻以行世。

是潛邱於是年力疾赴京，僅兩月而卒。《朱子古文書疑》，乃命其子詠彙次朱子語五十餘條，亦不成著述。蓋因《疏證》在追改中，乃以此上呈皇四子，以張門面。及潛邱卒僅三十六日，其子詠即以刻之京師，固因篇帙無多，易付剞劂，然其子云：「家大人著《尚書古文疏證》，非之者不少，徵君意不自安。」此即指西河、恕谷。而潛邱之意不自安，亦於其儘先刻此一卷之事而可知矣。

又按：潛邱次孫學林，詠出，刻《尚書古文疏證》成，事在乾隆乙丑之秋，上距潛邱卒已四十一年，距西河卒亦已二十九年，距恕谷卒十二年。其〈識文〉有曰：

先君子在中翰時，欲板行之，而未有成局。癸卯、己酉，學林兩至京師，先人之舊好，寥寥數人，無復贊成斯事者。丙辰以來，微秩自效，官卑俸薄，每法然抱遺書而泣。癸亥春，謁同里慶州程先生，先生雅嗜先大父書，慨然捐貲，而淮、揚士大夫更多好義者，於是閱二載而蕆事。回憶學林之憂思徘徊，無所措手者，又二十年於茲矣。

又跋曰：

仲弟學機，珍重先大父遺書，勤加手錄。

是潛邱有子有孫，《疏證》之身後付刻，事極艱難，而其子若孫於先人遺書之鄭重謹慎，則確可信徵。今《疏證》八卷中，第三卷全闕，第二卷闕第二十八、二十九、三十條，七卷闕第一百二、一百八、一百九、一百十條，卷八闕一百二十二——一百二十七條，有目僅空存者，有並目而闕者。《四庫提要》謂：「若璩歿後，傳寫佚之。」然觀其子詠《行述》，明記潛邱遺命：「諸書未刻成者，當競競典守，不可妄改一字，以待傳者。」又言：「一生著書，未成者為《尚書古文疏證》，乃潛邱生前因有追改而闕，故曰『未成』也。又詠刻《朱子古文書疑·序》明云：「《尚書古文疏證》若干卷。」不云八卷，則第三卷已先闕無書。若是傳寫佚之，不應一卷全佚。又其他各卷，亦不應整條全闕，而且所闕或有目或無目。此已詳論於《學術史》。蓋正因其子若孫謹遵潛邱「不可妄改一字」之遺命，所以有此。若是傳寫佚其一卷與諸條，學林亦當於刻書時註明，何更無一字及之？又疑潛邱生前不刻《疏證》，其用意所在，其子詠必知之。其孫學林知否不可知。據學林云「癸卯、己酉，兩至京師，先人舊好寥寥數人」云云，是詠卒必在雍正元年癸卯前，時西河方卒六年，與詠卒當相近，而恕谷猶健在，是詠之欲板行《疏證》而未

有成局，實因仍有顧忌耳。《四庫提要》又云：「編次先後，亦未歸條理，蓋猶草創之本。」不知潛邱此書，自二十歲迄於六十九，前後已逾五十年，豈得仍云草創？抑且其書前四卷，當潛邱四十八歲時，已多副本在京師，若佚其第三卷，儘可即在京師訪求。亦正因其書多有副本流傳，故潛邱自經追改，第三卷全刪去，而不欲早刻，特恐人發見其痕跡。此即潛邱自云「不欲示人以璞」也。其子詠在潛邱卒後十五年左右，終不刊行此書，亦為此故。情事宛然，夫復何疑？

張《譜》又載《潛邱箚記》傳本有二，一為其孫學林所刻，一為山陽吳玉搢所刪定。並曰：

學林綴輯其祖之殘稿，徒欲一字不遺，遂致漫無體例。

又引《茶餘客話》：

《箚記》乃未定書，零箋碎紙，投入一笥。捐館後，家人與計簿混入笥中，學林不知抉擇，將他人往還手跡，及陳言狃語、遊戲之詞，悉條舉而刻之，砆玉並陳，大失潛邱面目。余嘗刪存十之五、六，卓然可傳不朽。

今按：潛邱生平著述，《尚書古文疏證》最所珍重，《箚記》較最輕視，兩書付印同在最後。《箚記》亦未散失，其後人過於謹慎，務求一字不遺，遂遭譏評，豈《疏證》轉有傳寫之佚？可

知《提要》為猜測不可信之辭矣。

又按：方中德《古事比》前刻有〈答閻百詩徵君書〉云：

伏承手翰云：「《古事比》，奇書也，當就高明勝己之友，求其嚴加彈射，有不善者，應時改定，勿遺後人以口實。」

潛邱此書，不知在何年，然自見西河《冤詞》後，其《疏證》亦必有應時改定處可知矣。

記姚立方《禮記通論》

尚論古代學術者，每謂秦皇焚書而學術中熄，下迄漢武，乃始復隆。夷考其實，殊不盡然。昔章炳麟為《秦獻記》，粗發此意，而猶未盡。伏生《尚書》終於《秦誓》，此明為秦博士媚秦而作。《秦誓》之文曰：「若有一个臣，斷斷兮無他技，其心休休焉，其如有容。人之有技，若己有之。」又曰：「邦之杌隉，曰由一人。邦之榮懷，亦尚一人之慶。」此已戰國晚年乃至秦人統一，政府有丞相之制始有之。春秋穆公時，貴族世襲並峙，何有乎此一个臣？然則《秦誓》乃秦博士作而上託之於穆公也。《中庸》曰：「今天下，車同軌，書同文，行同倫。」又曰：「生乎今之世，反古之道，災必及夫其身。」此即李斯焚書口吻也。故舉名山則曰華嶽，其為秦時人作無疑。〈祭義〉用「黔首」字，殆亦出於秦代。漢文令博士諸生作〈王制〉，即今《戴記》所收，故有

「古者以周尺，今以周尺」之語。又曰：「史以獄成告於正。」漢有平正丞，承秦所置。此皆鄭

玄已言之。《呂氏春秋‧尊師篇》列舉古聖帝王始自神農，最為遙遠矣，而《易大傳》於神農之上

復有庖羲，則《大傳》出《呂氏》後也。然秦人焚《詩》、《書》，獨《易》為卜筮書不焚，則

《易》在當時，尚不與《詩》、《書》伍，儒言羼入者當尚少。《王制》云：「樂正崇四術，立四

教，順先王《詩》、《書》、《禮》、《樂》以造士。」稱「四術」不稱「六藝」，或猶在《王制》後也。《樂記》

仲舒、司馬遷之言不同。《易大傳》之出，當與《王制》相先後，或似當出武帝時。《樂記》

集於河間獻王。《大學》引《秦誓》，而言「平天下」，特斥「聚斂之臣」，則似當出武帝時。《學

記》屢言《大學》之教，當與《大學》略同時。此皆後世群尊以為聖經賢傳、儒教經籍，微言大

義、典章制度之所寄，而實錯落雜出於秦皇、漢武之間，則其時學術之未全燼，而別有其演化轉

變之甚大者，可勿煩詳論而知矣。或者將疑此等皆宏篇鉅著，何由產於其時，而又不得其主名之

人？則試問《呂覽》、《淮南》，此亦百家之卓越者，豈成於呂不韋、劉安之手乎？是皆產於其時而

不得其主名，則何獨於儒書而疑之？《戴記》中〈月令〉、〈明堂位〉，相傳由馬融增入。又〈曲禮〉、〈王

制〉、〈禮器〉、〈郊特牲〉、〈大傳〉、〈樂記〉、〈祭義〉，文皆有與何氏《公羊傳注》相同，而何氏並不標以「禮」

名。曹廣權疑何邵公別有所據，而纂《禮記》者亦據以增入。此亦必漢人語，而《戴記》之成今書，則尚在東

漢矣。）

有清初葉，學者疑古辨偽之風驟張，而錢塘姚際恆立方尤推巨擘。獨為《九經通論》，惜不盡

傳，其《禮記通論》則散見於杭世駿所編《續禮記集說》中。其書於《小戴》所收諸篇，逐一考

其著作之先後，辨析其思想議論之所從來，若者為儒，若者為墨，若者為道，而第其高下，判其

是非得失。雖不盡當，要異於拘常守故之見也。姚氏既不信群經盡出一源，而能辨其先後真偽，

故於後儒執《禮》解《禮》，混《周禮》、《儀禮》、《禮記》為說者，尤致掊擊。曰：「讀書而不能

知人論世，有以辨夫作者之後先，亦奚當哉？」（《續禮記集說》卷七十六〈喪大記篇〉）又曰：「禮言

不必盡同，古人文字，亦欲各出其能，不為雷同也。後儒乃欲寸寸而合之，銖銖而較之，豈不愚

哉？」（卷八十〈祭義篇〉）姚氏不信《周禮》，以為乃劉歆、王莽所偽造，故曰：「說者多以《周

禮》、〈王制〉、《孟子》三書並言，為之較量異同。此無識之士也。乃有信《周禮》疑〈王制〉，甚

至有信《周禮》、〈王制〉疑《孟子》者，尤無識之甚者也。」又曰：「《周禮》出於王莽、劉歆，

寧足敵漢文令博士所集之書？漢文令博士所集，又寧足敵《孟子》之書？〈王制〉所言，皆周制

也。其與《孟子》異者，謂《周禮》乃歆、莽所偽，此俱未可為定論。然謂以《周禮》、〈王制〉並言，為之較

周制之真，謂《周禮》乃歆、莽所偽，此俱未可為定論。然謂以《周禮》、〈王制〉並言，為之較

量異同，皆無識之士，則真確論也。晚清經師不明此意，乃謂漢儒今、古文經學分家，全本禮制。

今文家宗〈王制〉，古文家宗《周禮》，一切壁壘由此而判。既知《周禮》、〈王制〉不可合，復將

以其他一切經說，分別合之《周禮》、〈王制〉，豈不誠無識乎？漢儒說《禮》，遇不可通處，又往往以為夏、殷、周三代異禮為說，姚氏力斥之，曰：「嘗嘆鄭、孔於〈王制〉之不合《周禮》者，皆以為夏、殷禮。今於〈禮器〉亦然。孔子於夏、殷禮已無徵，而周末、秦、漢之人反能徵之。噫！愚亦甚矣。」（卷四十三〈禮器篇〉）又曰：「《記》中如舊稱《中庸》子思作，〈緇衣〉公孫尼子作，〈三年間〉荀卿作，〈月令〉呂不韋作，〈王制〉漢博士集，此其可知者。其不可知者，大抵不出周、秦、漢初人也。夫以周、秦、漢初之人，其於載籍所遺留，耳目所覩記，不過周之中葉以後為多。若文、武之制，固已邈若隔代，況能及於文、武以前孔子所嘆為不足徵者乎？鄭氏以誤信《周禮》之故，其注《禮記》，凡於《周禮》不合者，或曰殷制，或曰夏、殷、制，或曰虞、夏、殷制，……一切武斷，紊亂禮文，莫斯為甚。」（卷九〈曲禮篇〉）此皆深著漢儒無徵曲說之病也。

姚氏又曰：

〈中庸〉云：「禮儀三百，威儀三千。」皆言儀也。此〈〈禮器〉〉云「經禮三百，曲禮三千」，似放其語，然亦失之。夫經禮者，五品之人倫盡之矣，安得有三百乎？自有此說，而後之解〈中庸〉者，又據此以禮儀為經禮，威儀為曲禮，誤之誤也。然此經禮、曲禮，亦

不過謂禮之大小有如此耳，初未嘗指一書而言之也。鄭氏則以《周禮》為經禮，朱仲晦則

以《儀禮》為經禮。夫作〈禮器〉者，大抵周、秦間人，其時《周禮》未出，安得預指之？

至於《儀禮》，其書本名為《儀》，正是曲禮之類，乃反以為經禮，何耶？且必欲各憑臆見，

求一書以實之，古今陋學，洵有同慨矣。（同上）

姚氏同時萬充宗有言：「非通諸經，則不能通一經。非悟傳注之失，則不能通經。非以經通經，

則亦無由悟傳注之失。」姚氏之治《禮》，則在分析諸經而各得其通，較之萬氏所謂「以經通經」

者，其意又別焉。且姚氏不徒於《儀禮》、《周官》與《小戴》之間為之區別也，即《小戴》四十

九篇亦一一分別觀之，甚且於一篇之中，亦每就文為說，而有不務為強通者。其說〈曲禮〉云：

以解《禮》矣。（卷九〈曲禮篇〉）

前文云「大夫士之子，不敢自稱曰嗣子某」，則諸侯子未除喪，稱「嗣子某」矣。此又云

「適子孤」，是有兩稱。即一篇之中，其不合如此，況他篇他經乎？益可見其不可執《禮》

又曰：「〈曲禮〉本雜取諸說，不必紐合。」（卷十〈曲禮篇〉）其說《禮》之態度如此。雖所釋未能

全是，要可謂葛籐盡斬，蹊徑獨闢矣。故姚氏深不喜後儒解經之說。曰：

嘗謂經之有解，經之不幸也。曷為乎不幸？以人皆知有經，而不知有經也。曷各乎經解？

以其解之致悔，而經因以晦，經晦而經因以亡也。其一為漢儒之經

解焉，其一為宋儒之經解焉，其一為明初諸儒墨守排纂宋儒一家之經解焉。噫！果其為聖人復起不易之

言以著為令，可也。今之著為令者，然耶否耶？夫經解與著令，其事大不相通。

不過以一時治定功成，草草裁定，初不知聖賢真傳為何若也。乃使天下之學人，耳目心思，

卒歸於一途，而不敢或異。是以經解而著令，不又其甚焉者乎！窮變物理自然，材智日新，

寧甘久腐？苟以漢、宋諸儒久悔之經解而明辨之，則庶幾反經而經正，其在此時矣。此以

〈經解〉名篇，正是漢儒之濫觴，漢以前無之，則吾竊怪夫斯名之作俑也。（卷八十三〈經

解篇〉

姚氏此論，深可代表清初一輩學者之見解。深惡朝廷功令，思有以一變之，一也。直窮本經，不

問漢、宋，皆所揚棄，二也。當時不乏努力欲為新經解者，厥後清廷仍遵程、朱取士，不敢為大

變。而在野學者則高譽鄭、許，揭櫫漢學，以與朝廷功令相抗。雍、乾以下之學風，始與清初絕

然異趨焉。

時閻百詩遊西泠，毛西河告之曰：「此間有姚立方，子之廖倜也，不可以不見。」嘗論三人

學術，互有其同，亦互有其異。百詩辨《古文尚書》之偽，立方亦辨之，然謂《古文尚書》偽者，特剔出魏、晉以下偽造之篇文於相傳經典之外，於原來經典大體猶無損也。毛氏力辨宋儒程、朱以來義解之失，姚氏亦辨之，然謂程、朱之訓釋非經典本義，特程、朱之訓釋無當，於經典本義亦無傷也。而立方所論，猶有與閻、毛兩氏異者。如其辨《易繫》，辨《戴記》《學》、《庸》諸篇，則經典之有偽，不始於東漢之後，而已起於西漢之前矣。此其與百詩之辨偽《古文》者異也。《易繫》、《學》、《庸》諸篇，宋儒所深尊高推，以為聖經之精義在是，而自立方言之，固乃晚周先漢之沉溺於道、墨，顛倒於老、莊之徒之所為，不僅宋儒之訓釋無當，乃其本書之自有病也。此又其與西河之辨程、朱訓說者異也。由斯而論，百詩所見，不如姚氏之大；西河所論，又有遜於姚氏之精。其排擊舊說，自創新趨，立方之視二氏，尤為深沉而有力矣。同時浙人有陳乾初疑《大學》，有潘用微疑《中庸》，而立方則於《學》、《庸》並施攻駁。其辨《大學》也，自謂：「聞海昌陳乾初有駁《大學》書，惜予未之見。」（卷九十七〈大學篇〉）而所論乃頗多暗合。其略曰：

又曰：

「明明德」古無此語，……以明德為本體，明明德為功用，便墮入空虛，同於釋氏。……

單主心體，遺卻事為，與吾儒有毫釐千里之別。

聖賢之學，知行並重，未有惟言知而遺行者。今云自知止而后定、靜、安、慮而得之，則

一「知」字直貫到底，便已了畢，全無所用其行，則其所得者果何物耶？非忽然有省摸著

鼻孔乎？

又曰：

孔、孟皆言正身，……主乎踐履行事，以正心言，則專主心體上說，恐人墮入陰界。

又曰：

以正屬心則淪於虛，以誠屬意，且失理而難通矣。……意為心之所向，或為心之所發。……心發為善則善矣，心發為惡則惡矣。……然則「誠意」兼乎善惡，不可獨以誠意為善事。且唯心正然後心之所發者自無不正，當云「欲誠其意者先正其心，心正而後意誠」。乃云「欲正其心者先誠其意，意誠而後心正」，非倒說耶？……所以明儒劉念臺曾反之，以意為心之所存。夫「意」字自有一定之義，為存為發，相去懸絕，可以任人游移亂拈如是乎？亦可見〈大學〉說理未確，故致此弊。

又曰：

聖門之學，未有單重知而遺行者。……聖賢之言知，曰：「我非生而知之者，好古敏以求之者也。」曰：「多聞擇其善者而從之，多見而識之，知之次也。」皆實地用力，未有空言致知者。空言致知，非佛氏離語言文字，一惟明心見性之學而何？

又曰：

「格物」二字晦澀之甚。「物」字不知指何物，「格」字不知是何義。聖人教人，從無鶻突語。況為《大學》之首功，為平天下之要務，而顧用「格物」二字，豈可通哉？（以上所引均見卷九十七《大學篇》）

凡此所論，以《大學》為禪學，謂不當重知遺行，謂「誠意」、「格物」語自不可通，大體皆與乾初之辨相類。可徵一時風氣，其議論傾向自相符也。

立方所駁詰尤力者在《中庸》，特稱之曰「偽中庸」，其言曰：

予分出此恍以為「偽中庸」者，蓋以其為二氏之學也。然非予之私言也，實有左驗云。《禮

記》漢儒所定，〈中庸〉在第三十一篇，自劉宋戴顒，始從《記》中摘出，撰《中庸傳》二

卷。考史〈顒傳〉云：「漢世始有佛像，形製未工，父遠善其事，顒亦參焉。」唐李綽《尚

書故實》云：「佛像本外夷朴陋，人不生敬，今之藻繪雕刻，自戴顒始也。」晉、宋之世，

士人競尚佛教，顒與父首為雕塑之制，蓋深信篤敬，乃能如此。……又梁武帝撰《中庸疏》

二卷、《私記制旨中庸義》五卷，梁武之崇佛，世所共知。……至唐李翱益尊信是書，而論

說之，創為滅情復性之說。其生平篤好禪學，《五燈》載其為鼎州刺史謁藥山問道云

云。……迨至宋儒，益復從風而靡。周茂叔受學於東林禪師，東林授以《中庸》，與言《中

庸》之旨：「一理中發為萬事，末復合為一理。」茂叔受之以授程正叔，正叔嘗言之，今

《章句》載於篇端者是也。於是程門游、楊之徒多為《中庸解》，朱仲晦相承以為《章句》，

乃復抵其師說為淫於佛、老。（見《章句·序》）孰知其說殆有甚於游、楊之徒者哉？若夫橫

浦、慈湖一輩，又無論焉。近時明代相傳猶然。薛以身〈贈三峰藏〉詩云：「知君問我《參

同》處，請看《中庸》第幾章。」羅念菴習禪學者，詩曰：「何人欲問逍遙法，為語《中

庸》第一章。」徐世溥〈與克明上人書〉曰：「三乘五車，本無二諦，若求簡盡，莫過《中

庸》。」尤展成〈文序〉曰：「《中庸》『不睹不聞，無聲無臭』，尤近不二法門。」故昔人

謂熟讀三十三章，已見西來大意。觀此則大概可知矣。然則好禪學者必尚《中庸》，尚《中

又曰：

庸》者必好禪學。《中庸》之為異學，其非予之私言也，不亦明乎？……堯、舜「允執其中」之中指「理」言，此以未發為中指「心」言。指理言，則共之於人，故孔子言舜「用其中於民」。指心言，則獨用之於己，合眼低眉，參悟而已，於他人有何交涉耶？明僧蓮池《竹窗二筆》曰：「予初入道，憶子思以喜怒哀樂未發謂中，意此中即開刜以前自己也。既而參諸《楞嚴》，則云：『縱滅一切見聞覺知，內守幽閒，猶為法塵分別影事。』夫見聞泯、知覺絕，似喜怒哀樂未發，而云『法塵分別』者，何也？意，根也。法，塵也。根與塵對，未發則塵未交於外，根未起於內，寂然峭然，應是本體。不知向緣動境，今緣靜境，向法塵之粗分別也，今亦法塵之細分別也，皆影事也，非真實也。謂之幽閒，特幽勝顯、閒勝鬧耳。空刜以前自己，尚隔遠在。」按蓮池此論，予於〈大學〉云：「〈學〉、〈庸〉僅得禪之粗迹。」正指此耳。喜怒哀樂未發，禪之下乘也，北宗近之，龐居士所呵為峭然機是也。吾嘆宋儒終日觀未發氣象，祇得禪之下乘耳。要悟空刜以前自己，禪之上乘，南宗也。

又曰：

「致中和，天地位，萬物育。」此所謂說大話，裝大冒頭者也。何則？禪則其理虛無，故可以任意極言而無礙。若吾儒，則事事切實，豈可言此？言之則中和未致，天地萬物將不位、不育耶？中和既致，天地萬物如何位、如何育耶？此非虛無而何？今歷取諸佛語證之！《華嚴經》云：「法性徧在一切處。」《楞嚴經》云：「色身外泊，山河虛空，大地咸是妙明真心中物。」又云：「心徧十方，見十方空，如觀手中所持葉物。」此「天地位」注腳也。又云：「一切世間諸所有物，皆即菩提妙明元心，心精徧圓含裹十方。」此「萬物育」注腳也。《肇論》云：「天地與我同根，萬物與我同體。」又云：「懷六合於胸中，而靈鑑有餘；鏡萬有於方寸，而其神常虛。」又云：「至人空洞無象，而萬物無非我造。」此皆「天地位」、「萬物育」注腳也。

又曰：

引「魚鳶」之詩，亦一例語義。鳶魚物也，以其飛躍之上下察，而言道，……此老、莊之以氣化為道也。告子「生之謂性」，其於犬牛無別，鳶魚即犬牛類也，飛躍即生之謂

也。……唐時僧問法真禪師曰：「學人向恁處駐足？」師曰：「海闊從魚躍，天空任鳥飛。」（朱仲晦跋其後曰：「大丈夫不可無此氣象。」）德章禪師對宋仁宗曰：「空中求鳥跡，水內覓魚蹤。」覺通禪師曰：「破一微塵出大經，鳶飛魚躍更分明。」雪峰問克勤禪師，「前三三後三三」意旨何如？師曰：「水中魚，天上鳥。」淨慈寺門聯云：「魚躍鳶飛皆妙道。」般邁侍郎作佛偈曰：「窗外鳶魚活潑。」陳白沙、王陽明，禪學也。陳詩曰：「君若問鳶魚，鳶魚體本虛。我拈言外意，六籍也無書。」王詩曰：「悟到鳶飛魚躍處，工夫原不在陳編。」凡此之類，可為明證。（朱仲晦曰：「此即禪家云『青青綠竹莫匪真如，粲粲黃花無非般若』之語。」）

又曰：

《中庸》一書，自宋以來，尊信之尤者，非朱仲晦乎？而世所共尊信者，非因朱仲晦之尊信而尊信之乎？乃閱其《文集·與蔡季通》曰：「『費隱』之說，今日終日安排，終不能定。蓋察乎天地，終是說做「隱」字不得。（百種計校，再說不來。）且是所說「不知」、「不能」、「有憾」等句，虛無恍惚，如捕風係影，聖人平日之言，恐無是也。（與『未之或知』、『不可能也』不同。）」嗟乎！予閱此書，因嘆人有是心，無不皆同，第一時惑溺于師承襲

說，先入其中，又無明識以照之，遂至牢不可破，乃忽于昏沉睡夢之中，微覺醒悟，時露一星兩星，如石火電光，旋復旋息，可畏哉！渠蓋不知「偽中庸」之文，直是亂道。依「費隱」字解，末節「造端夫婦」是隱，「察天地」是隱，如此卻是隱而費了。即或謂「造端夫婦」是費，然「察天地」仍是費，如此又是費而費了。前後文理乖違不通如此。渠欲順文理解書，則思以「造端夫婦」屬費，「察天地」屬隱，所以云「百種計校再說不來」，於是不得已模糊了事，以三字注之，曰「結上文」。吁！其平居所私疑如此，乃作為《章句》之書，不露所疑之意，陽為尊信以示天下，豈非所謂失其本心哉？

又曰：

「能盡人之性。」此句先未允。夫堯、舜之世而有四凶，堯、舜之家而子皆不肖，豈能盡人之性耶？孔子於博施濟眾，於修己以安百姓，皆曰「堯、舜猶病」，此足證矣。「能盡物之性。」……夫於民且猶病，況物耶？……又檢《論語》無一「物」字，記者但曰「釣」、曰「弋」，於殷焚曰「不問馬」，則其於物固已不惜戕殺之而膜外視之矣。《孟子》書始有「物」字，其曰：「君子之於物也，愛之而弗仁。」於物曰愛，乃為仁民親親陪說，非重物也。……帝王之治天下也，唯以人為本，勢不能兼全乎物。故舜使益掌火，

益烈山澤而焚之，驅蛇龍鳥獸之害，然後民可以居，可以食；而其物之不為民害者，則又任人制射獵網罟之屬以取資焉。於是取禽獸以為飲食，取蠶絲以為衣服，取材木以為宮室。人之不能無飲食、衣服、宮室也，則自不能全物之命也。夫物之「命」且不能全，而況曰物之「性」乎？……夫物之性且不有，而況曰「盡」之乎？……故此義唯同佛氏之說。《涅槃經》曰：「一切眾生皆有佛性。」《金剛經》曰：「我應滅度一切眾生。」又曰：「所有一切眾生之類，若卵生，若胎生，若濕生，若化生，若無有，若有想，若無想，若非有想、非無想，我皆令入無餘涅槃而滅度之。」……凡此皆足以證。雖然，佛氏之說，猶未嘗言「盡其性」也。「盡物性」一語，不獨其義乖舛，且實有不通處。吾儒二氏皆不可用。何也？據盡物性者，使之順適其性，同歸於道之謂也。然則豺狼虎豹之屬，其性噬人，人亦將順適之以同歸於道乎？

又曰：

或曲解「盡物性」為處之各得其當，如仲冬斬陽木，仲夏斬陰木，獺祭魚然後漁人入澤梁，豺祭獸然後田獵。夫既已斬之，入而取以烹之，獵而取以戮之，胡云盡其性乎？且如期斬木取禽獸，是順天明以裁物，非盡物性之謂也。是王者食時用禮之政，非至誠學問心性之

功也。義隔天淵。

又曰：

「贊化育，參天地。」同為一種大話，聖賢從無此語。

又曰：

程正叔曰：「釋氏之說，纔見得些，便驚天動地。只為乍見，不似聖人見慣。如《中庸》言道，只消道『無聲無臭』四字，總括了多少？釋氏言『非黃非白，非鹽非苦』，費多少言語？」按程乃首尊《中庸》之人，今將來與釋氏並說為一理，豈非真實供狀乎？

又曰：

凡姚氏之辨〈中庸〉，其要點略具是。故曰：

大抵佛之與老，其形迹似同而指歸實別。「偽中庸」之言，旁趨於老氏，預啟夫佛氏。其言有類老者，有類佛者。有一言而以為老可者，以為佛可者，則從其形迹而論也。

《中庸》子思之言曰：「君子之道，辟如行遠，必自邇；辟如登高，必自卑。」今「偽中庸」所言，無非高遠之事，何曾有一毫卑邇來？與子思之言，不啻若冰炭。

又曰：

聖人教人，舉而近之；「偽中庸」教人，推而遠之。舉而近之者，只在日用應事接物上，如孝弟忠信，以及視聽言動之類是也。推而遠之者，只在幽獨自處，靜觀參悟上，如以「不睹不聞」起，以「無聲無臭」終是也。

又曰：

學者依孔、孟所教，則學聖人甚易，人人樂趨喜赴，而皆可為聖人。依「偽中庸」所教，則學聖人千難萬難，茫無畔岸，人人畏懼退縮而不敢前。自宋以後，《中庸》之書日盛，而《語》、《孟》日微，宜乎偽道學日益多，而真聖賢之徒日益少也。此古今世道升降一大關

又曰：

鍵，惜乎人在世中，絕不覺之，可為浩嘆！

「偽中庸」一味裝大冒頭，說大話。《孟子》曰：「言近而指遠者，善言也。」此則言遠指近，恰與相反。《語》、《孟》之言極平常，而意味深長，一字一句，體驗之可以終身行之而無盡。「偽中庸」之言，彌六合，遍宇宙，細按之，則枵然無有也。非言遠指近而何？（以上所引，分見卷八十六至卷八十九〈中庸篇〉。）

昔宋儒盛推《中庸》，而歐陽修首辨之，立方曰：「予書成後六年，閱其《文集》始見之，既喜予說之不孤，而又媿予之寡學，得見之遲也。」清儒疑《中庸》出《孟子》後，非子思作者，有崔述，尚在立方後。然歐、崔之為辨，皆不如立方之竣激。夫《大學》、《中庸》，本出於秦皇、漢武之間，不知誰何人之手。而《中庸》論性，泯人、物而齊之，以氣化為大道，其為儒、道兩家思想混合之跡，皎著無疑，且毋寧謂其道家之氣息尤濃。宋、明儒好言《中庸》，故往往陷於道、釋兩家之圍而不自知。今姚氏剖析《語》《孟》《學》《庸》而二之，實足為先秦儒學劃一較謹嚴之界線，而凡宋、明儒之所以不盡同於孔、孟者，亦可自此而顯也。

姚氏辨《學》、《庸》外，又辨《樂記》，《樂記》亦宋儒所重也。姚氏之言曰：

〈樂記〉一篇，乃漢武帝時河間獻王與諸生取《文子》、《荀子》、《呂覽》諸書湊集而成，其言多駁雜不純。大概揚之過高，反失其實；求之過遠，反昧其用。……聖賢之言禮樂，

無非從生民日用倫常上見，所以皆切實可行。秦、漢諸儒，……言禮樂，皆非禮樂之義，與聖人之言恰相反。禮樂固皆由中而出，然自有先後本末重輕之分。如「禮云樂云」、「如禮何如樂何」之類，此先後也。如「立于禮成于樂」之類，此本末也。如言治道「為國以禮」、「道之以禮」，言學問「約之以禮」、「過庭問禮」之類，而皆不及樂，此重輕也。自夫諸子繁興，異端並起，老子毀禮，喪乎禮者也。墨子非樂，喪乎樂者也。……此篇之言，如「知樂則幾」、「樂中出而禮外作」、「樂合情而禮飾貌」、「樂應天而禮配地」、「樂率神而禮居鬼」、「樂動內而禮動外」等語，皆是先樂後禮，本樂末禮，重樂輕禮，故曰「與聖人之言恰相反」也。其意欲抬高樂，卻抑下禮。祖老子之毀禮，既大失禮之義；闡墨子之非樂，併不得樂之實。禮樂交喪，罪浮老、墨，何〈樂記〉之足云哉？

又曰：

「人生而靜」四句，此《文子》引《老子》語也。（說詳《古文尚書》〈大禹謨〉〈仲虺之誥〉。）此節之說，其誤者有四。一言性也，一言知也，一言好惡也，一言天人理欲也。「人生而靜」四句，此言性之誤也。謂靜是天性，動是人欲，豈可截然如此區分？人生才墮地便是動，便是感，寧遂失卻天性，而徒有性欲乎？（宋儒因此有「纔說是性便不是性」之謬

說。）……如其說，必將常不動，常寂無感，然後可。此老氏之「致虛守靜」，釋氏之「面壁九年」也。一也。「物至知知，知誘于外。」此言知之誤也。孔子言生知、學知，孟子言良知，知豈是攘物而惡之乎?此即莊子「以有涯隨無涯殆已，已而為知者殆而已矣」、列子「無知是謂真知」之說也。……二也。「然後好惡形焉」，至「人化物也」，此言好惡之誤也。……孔子曰：「惟仁者能好人，能惡人。」孟子言平旦之氣，以好惡為相近。今遺卻本來好善惡惡之真好惡不言，而但言後起偏私之好惡，正與性欲之說同符，其勢必將至于無好無惡而後已。此即莊子「不以好惡內傷其身」之說，及釋氏絕去愛、憎二境之意也。又謂「物之感人無窮」，此語固是。然須先示以如孟子所謂「先立乎大者」之義，令學者本原之地預有主宰，臨時自不為所動搖。今不及此義，但以「人化物」為言，然則欲不化物，必將逃于空虛無人物之境而後可乎?三也。「人化物也者」二句，此言天人理欲之誤也。天是理，人是欲，則是天人不同矣。此陸象山之論，獨為有識。自餘宋儒為謬相承，動以天理人欲為言，嗚呼!其于聖賢之學，何其悖也!四也。大抵聖賢之學，皆從最初者而言。從後二氏之學，皆從後起者而言。從最初者以教人，自使人歡忻鼓舞而不自知其進于善。從後起者以教人，則不惟忌人，勢且疑己。頭頭險地，步步畏機。是故以人心為危，以人性為欲，不得不重難以制乎己，而任權挾詐以禦乎人。所以道德之意，一變為刑名法術，若再

變為虛空寂滅，而人道絕矣。斯其理勢首尾一貫，夫復奚疑？嘗謂天人之旨，心性之理，一亂于偽《尚書》襲《道經》「人心道心」之語，再亂于《樂記》引《老子》「靜性動欲」之語。加以宋儒外假儒術，而內實根柢于二氏，故于此二書之語，深信篤好，闡發詳明，以彰著于天下，而天下後世咸信之。致使異學潮漬吾儒，如油入麵，永無出理。由是天人之旨，心性之理，晦昧無餘，而猶謂之道學之傳，何哉？（卷六十八〈樂記篇〉）

姚氏又辨〈表記〉虞、夏、殷、周文質之說曰：

孔子曰：「周監于二代，郁郁乎文哉！吾從周。」又畏于匡，有「文不在茲」之嘆，而卜「天之將喪」、「未喪斯文」以自解。聖人尊周若此，重文若此，初未嘗有惡其時文勝之說也。自老子尚一切元妙清虛，惡周之文，思古之質，欲以無為變之，于是以聖智、仁義、巧利三者謂之文，而絕棄之，欲一歸于素樸。（老子曰：「絕聖棄智，絕仁棄義，絕巧棄利，三者以為文不足，故令有所屬，見素抱樸。」）……其惡文之深也，併謂殷為文之至而尊夏。其思質之深也，併謂夏為厚其子而尊虞。皆異端之說也。「夏、殷之禮，孔子尚嘆無徵，彼何人斯，乃能歷歷言其所尊、所敬、所尚諸端，如此之詳且悉耶？……夫文者，君臣、父子、夫婦、朋友之各安其倫，萬物之各得其理，而聖智、仁義、禮樂之所由著也。天地自

黃、農而後，固有日開其文之勢，而帝王之治天下，不可一日無文。孔子言唐堯之「煥乎文章」，……非唐、虞之文乎？孔子于三代獨美周文之郁郁者，誠以文至周而尤盛，非謂周有文，二代無文也。況曰「監于二代」，正監其文耳。……蓋質者，文之質也。文者，質之文也。二者不可相離。……自古帝王，未有不兼乎文質而為治者。孔子所謂「文質彬彬然後君子」是也。使虞、夏而徒有其質，不將不得為君子乎？茲語流傳失實，以至緯書諸說，分三代為忠、文、或忠、質、文，皆不經之言也。其謂周之質不勝其文，其道不勝敝，後儒因此有周末文勝之弊之說，尤大謬不然。斯文為人安其倫，物得其理，聖智、仁義、禮樂之所由著，雖歷千古而無弊。周法之弊，在于諸侯強，王室微，非文勝也。……孔子序《書》述《詩》，作《春秋》，傳《論語》，皆在定、哀之世。《孟子》七篇，闡明聖道，出于戰國。凡此者，其文之為功于天下萬世者何如？……而謂之文勝之弊乎？……老、莊惡文思質（莊子曰：「文滅質然後民始惑亂。」），游虛蹈無，棄絕聖智、仁義、禮樂而文始亡。……故謂周之文勝而敝者，是即老、莊之徒厭惡其時之孔、孟而為是言也。然則奈何以吾儒之書而存是言也乎？（卷九十〈表記篇〉）

其他如論〈禮運〉，則曰「乃道家的脈」；論〈禮器〉，則曰「乃當時之儒而雜老氏之教者」。他不

備舉。要之姚氏所論，近之浙人如陳乾初、潘用微、毛西河，遠之湘西如王船山，河北如顏習齋、李恕谷，一時議論意氣，率多近似。此亦學術風會之變，雖豪傑之士有不能自外者。惟姚氏抉出《小戴記》文字出於秦、漢，非先秦儒家之真，則陳、潘兩家言之未盡，而毛、王、顏、李有所不知。其言或有過當處，要之《戴記》文字最早亦當出荀卿後。六家之論，余《學術史》已有敘列，故復約記姚說，資並覽焉。

續記姚立方《詩經通論》

立方又有《詩經通論》，其〈自序〉有曰：

《詩》之為教獨大，《易》、《詩》、《書》皆夫子前所有。閒嘗竊窺之，《易》與《書》之外，不復有《易》與《書》。即夫子《春秋》之外，亦不復有《春秋》。後世之史，固與《書》異體。揚雄《太玄》、王通《元經》，直妄作耳。是彼三經者，一傳不再。惟《詩》也，旁流而為騷、為賦。直接之者，漢、魏、六朝為四言、五言、七言，唐為律。以致復旁流為么麼之詞曲。雖同支異派，無非本諸大海。其中於人心，流為風俗，與天地而無窮，未有若斯之甚者也。

六經之教，惟《詩》為大，斯惟立方獨發之。然觀清代，學不逮古亦莫如詩。不僅遜於漢、唐、宋、明，即元亦不如。蓋詩者，性靈之教。滿族統治強於蒙古。故中國人之性靈窒塞，亦惟清為甚。詩人傑出，兩百四十年，寥寥可數，厥以此也。

立方又云：

釋《詩》獨難。自東漢衛宏始為〈詩序〉，首惟一語，本諸師傳。雖不無一二宛合，而固滯膠結、寬泛填湊，諸弊叢集。其下宏所自撰，尤極踳駁。宋晁說之、程泰之、鄭漁仲，皆起而排之，而朱仲晦亦承焉。自為《集傳》，武斷自用，尤足惑世。因嘆前之遵〈序〉者，《集傳》出而盡反之。後之駁《集傳》者，又盡反之而仍遵〈序〉。更端相循，靡有止極。予以為《傳》、《箋》可略。毛〈傳〉古矣，惟事訓詁，與《爾雅》略同，無關經旨。鄭《箋》鹵莽滅裂，世多不從。惟〈序〉則昧者尊之，《集傳》則今世宗之。予謂漢人之失在於固，宋人之失在於妄。《集傳》紕繆不少，其大者尤在誤讀夫子「鄭聲淫」一語。妄以鄭詩為淫，且及於衛，及於他國。其流之弊，必將併《詩》而廢之。王柏之言曰：「今世三百五篇，豈盡定於夫子之手？」明程敏政、王守仁、茅坤從而和之。季札觀樂，與今《詩》次序同。《左傳》列國大夫所賦詩，多《集傳》目為「淫奔」者。乃以為失次，及漢攙入，

同於目不識丁。他何言哉？

立方之〈詩經論旨〉又曰：

康成《詩》固非長，《禮》亦何長之有？苟使真長於《禮》，必不以《禮》釋《詩》矣。

人謂鄭康成長於《禮》，《詩》非其所長，多以三《禮》釋《詩》，故不得《詩》之意。予謂

立方此書，成於康熙四十四年。清廷之盛尊朱子，乃在雍正朝。儒生怵於朝廷之文字獄，不敢反功令，乃尊漢抑宋，尊鄭抑朱，其風煽於後。立方亦諸生，然年五十乃曰：「向平婚嫁畢而遊五嶽，余婚嫁畢而注九經。」遂屏絕人事，以十四年之力而成《九經通論》。又著《庸言錄》，雜論經、史、理學諸子。是立方雖非遺民，要亦不務仕進。其為學，乃平視漢、宋，自出心眼。惜其書無刻本，不傳於世。乾、嘉學者風氣不同，遂少稱述。若非毛西河言之閣百詩，並世殆將不知其人；若非張穆為《潛邱年譜》，後世亦將不能言其梗概矣。是誠大可惋惜之事也。

竊謂清儒自負在釋經，然皆腐心故紙堆中，與性靈無涉，故於《詩》尤為遜。僅務反宋，一意尊漢，毛《傳》、鄭《箋》之外，又旁及齊、魯、韓三家。師法即門戶，訓詁即大義。文學性靈，渺不相涉。

立方《詩經論旨》又曰：

詩何以必加圈評，得無類月峰、竟陵之見乎？曰：非也。予以明詩旨也。知其辭之妙而其義可知，知其義之妙而其旨亦可知。詩之為用，與天地而無窮，《三百篇》固始祖也。苟能別出心眼，無妨標舉，忍使千古佳文遂爾埋沒乎？爰是嘆賞感激，不能自已，加以圈評，抑亦好學深思之一助爾。

乾、嘉以下，皆以經學視《詩》。及同治朝滇南有方玉潤，作為《詩經原始》。因其人僻在邊裔，未染蘇、皖經學家習氣，乃亦能繼立方之後，以文學視《詩》。清代兩百四十年，則亦僅此兩人而已。然朱子《詩集傳》，亦正為能以文學視《詩》，故使立方、玉潤，同走此路，而有同異。自民初以來，提倡白話詩，則如立方所云由其辭以賞其義旨者，詩辭既所厭惡，義旨亦無可賞。而近人言文學，又特賞男女戀愛，又必尊民間草野。故既鄙斥宋儒，而又必循晦翁《集傳》而更進一層，一若凡《詩》均能說成是民間之自由戀愛而後快。立方所謂「詩之為用，與天地而無窮」者，不三百年，而其用固已窮矣。蓋今人之尊洋抑己，更甚於乾、嘉之尊漢抑宋，此皆內心鬱結，激發而為門戶，而皆失其性靈之真。余讀清初諸儒書，如亭林、船山諸家，竊謂賞其性靈，當尤更重於求其旨義。旨義有辨，而性靈則同。如立方蓋亦性靈中人也。較之潛邱，遠為勝之。潛邱可

謂之讀「書」人，然不能為讀「詩」人。乾、嘉以下，殆皆為讀「經」人，非讀詩人。今以後人，殆亦將不能讀詩，故余讀立方之《詩經通論》而不禁有深嘅也。

本篇《禮記》部分，成於民國二十六年三月，刊載於是年六月《國學季刊》六卷二期。《詩經》部分，增補於六十六年之九月，前後相距，亦四十年矣。

王白田學述

朱子學之流衍，大要可分三方面言之：一曰性理修養之學，一曰經史考據之學，一曰章句注釋之學。陸、王心學，僅就第一方面與朱樹異，其第二、第三方面，皆致輕蔑不重視。迄於晚明，王學為害，士不讀書，理學已成弩末。亭林、梨洲為學重點，顯然自性理轉入經史，重啟讀書一路。船山僻在湖湘，亦同此傾向。桴亭最守理學舊矩矱，然經史學成分亦重，並亦旁涉詩文集部。呂晚村生於明莊烈帝崇禎二年，陸稼書生於崇禎三年，於諸遺老中為晚輩，可謂乃遺民，非遺老。惟晚村獲交於黃梨洲、張楊園，得聞理學家緒言，其學則一本朱子四書，不免為章句注釋之學。稼書追隨晚村，然晚村立志為遺民，稼書則進身清廷為循吏。晚村棄諸生之年，即稼書舉鄉試之年。此兩人治學途徑相似，而立身志節不同。自此以下，理學益衰。而有畢生專治朱子學，可為

宋、明六百年理學作殿軍者，則為白田王懋竑予中。白田生於清康熙七年戊申，滿族入主已逮二十四年，其心情意氣，自不能與明遺民相提並論。其時學風，正是經史考據學漸盛，性理修養學日退，而清廷方提倡朱學，一承元、明，奉為科舉功令之準繩。白田於康熙五十七年成進士，已五十一歲矣。其前六年，康熙五十一年，清廷特升朱子配享孔廟，續修《朱子全書》。前一年，康熙五十六年，《御纂性理精義》成。後五年，雍正元年，白田奉特旨進見，以教授改官翰林，入上書房行走。翌年，雍正二年，陸稼書從祀兩廡。雍正七年，曾靜案發，呂晚村戮屍。白田之卒，在乾隆之六年。故白田乃以經史考據之業治朱子，而亦不脫章句注釋之圈套，此其大較也。

白田治朱學之最大成績，在其《朱子年譜》一書。最先為《朱子年譜》者，乃朱子門人李果齋方子。魏了翁為之序，與黃勉齋所為《行狀》並傳。然其後《年譜》寖有增改。明正德丙寅，婺源戴銑更為《實紀》。及嘉靖壬子，李古沖默仍更名《年譜》。逮清康熙庚辰，洪璟重刻其兄去蕪所為《朱子年譜》而序之曰：

朱子門人李果齋氏，嘗敘次朱子言行。明世宗時，李古沖從而修之，以舊譜為多出洪、宣、景間諸人所改竄。是豈果齋之譜不復見於世歟？古沖在嘉靖之朝，姚江之學方盛，其以果齋之譜為多所改竄非舊本者，不過如序中所稱果齋嘗辨朱、陸異同，從而疑其書之未能盡

善。而不知果齋親見朱子辨正象山，豈嘗有晚年定論之說？其亦據實而直書之，不可謂著書立說者之不當出於此也。然古沖所修，亦有出於果齋之所未逮。如大修荒政，條奏諸州利病諸書，與陳龍川來往，及毀秦檜祠事，皆絕有關係，不可以略者。家兄去蕪，嘗輯兩家之譜，而參以朱子從學延平，及與張敬夫中和三變之書，合為一編。其書舊刻於金陵，因序述而傳之。題曰重刻，仍其舊也。

《朱子年譜‧後序》曰：

康熙庚辰三十九年，白田年已逾三十，其為《朱子年譜》，當受洪氏影響。白田門人喬汲，為其師

異學爭鳴，往往取其早年論議與己稍合者，著為《晚年定論》，又為《道一編》。《年譜》不可不作。向有李氏、洪氏兩本，皆訛舛滲漏，淄澠莫辨，先生憂之。遂據李、洪二本，缺者增之，誤者刊之，並擇朱子晚歲論學切要語以附於後。比之《閑闢錄》、《學蔀通辨》，意則同，而纂訂加詳。未第時，即編是書。厥後成進士，入館閣，汲於都門侍側，每退食之暇，必手朱子書而紬繹之。迨歸田里，《年譜》屢易其稿，直至易簀前數日，釐正乃成。蓋數十年精力，皆積於此矣。

喬〈序〉在乾隆二十四年己卯，尚有王安國〈序〉在乾隆十七年壬申。其文曰：

自洙泗徂而群言亂，有宋朱子集濂、洛之大成，於是道之晦者復明，如日再中。明中葉以降，異論復起，或踵宋僧宗杲故智，取朱子門人所記早歲未定之言，與己意近似者，易置先後，以愚誑後人。晚近學者，深造之力既百不逮古人，又急人知，喜其說之便於放言高論，明知其疵而嗜之，以致真偽之辨，垂五百餘年未定。甚有平日服習於朱子之道者，激於草廬吳氏調停之說，乃亦截取《語錄》所述早歲未定之言，附會於離問學而尊德性者，汲汲辯言，謂「吾朱子何嘗不足於是」，以為庶幾可以競勝於非朱子之徒，而不知適為惑世誣民者助之薪而張其燄。白田先生讀朱子書數十年，其所得之精微，見於《文集》中與友人辯論諸書。又以明李默古冲所定《朱子年譜》，多刪改原編，與《晚年定論》、《道一編》暗為表章，而陰移其宗旨。乃取朱子《文集》、《語類》，條析而精研之，更博求所述諸儒之緒論，師友之淵源，與夫同志諸子爭鳴各家之撰著，曲暢旁通，折衷於勉齋黃氏所作《朱子行狀》，以正年月之後先，旨歸之同異，訂為《年譜》四卷。其間辨論之迹，考據所由，別為〈考異〉四卷。又以朱子自序〈中和舊說〉，謂讀程子書，渙然冰釋，自乾道己丑之春。復取己丑以後論學切要之語，分年編次，為〈附錄〉二卷。然後

朱子生平，其為學誨人，本末次第，瞭如指掌。其有裨於聖道，良非淺鮮，豈特於朱子有功已哉？先生歿後十年，子箴傳出以授梓，而屬為之序。先生學朱子之學，自處閭門里巷，一言一行，以至平生出處大節，舉無愧於典型。其成是書，求《年譜》原本不可得，不得已，筆削偽本以反其朔，而窮年考訂，歿而後出，其斤斤致慎又如此。

白田為此書，不及自為序，故備引王、喬兩序如上。方是時，清廷一意提倡朱學，而在野學術界則有厭薄功令、主張復古之風。《白田草堂存稿》卷十九〈新修寶應學記〉有曰：

論者以為今之學與古大異，即自宋以來，且有不盡合者。以故學僅同於官署，而於古者所云皆廢不復講。余綜其實，則固不然。國家取士，懸五經、四子以為準式，而一本於程、朱之訓注。士子之所講習，無不自於此。而經義之文，固不離於章句誦說之習。然其所稱道者，則堯、舜、禹、湯、文、武、周公、孔子以及曾子、子思子、孟子之格言大訓，而周、張以後，演繹敷暢微言奧義，亦具載於其中。苟能推而明之，驗之於心，體之於身，以達於天下國家之大，則與古之學者無以或異。而今特以為口耳之資，譁世取寵之具。至其行事，往往謬戾而不合，且畔越焉。則非所以教者不至，而士之學者，徇乎其名，而忘乎其實也。

知其時，在野學者固已於朝廷功令一意尊朱有不滿。乾、嘉以下漢、宋門戶分張，實即是此種意氣激盪之成果，而白田則無寧是站在政府一邊。雍正即位，白田以一府學教授奉特旨召見，授翰林編修，在三阿哥書房行走，亦以講正學而獲在朝顯貴之舉薦，見清廷之宏揚朱學，而終亦無以平息在野之反對。《白田草堂存稿》卷八有〈偶讀私記〉一篇，謂：

詳策問之意，雖並舉程、朱之說，而有大不滿於朱子者。凡今之講學家類如此。

此策問之內容，今已無考。惟白田既舉策問之說而詳加闡辨，又為之直執其心意，可以想見當時反朱學之風氣，不僅已潛滋暗漲，亦復隨地吐露；惟與爭朱、王門戶者用意又別，此則論學術思想，所以必參會之於時代現實，乃可深曉於其消長起伏之所由也。

又《存稿》卷二十四有〈和星渚日昃之離〉詩前後共二十四首，其中一首云：

黃氏節鈔文集語，平湖隨筆遍丹黃。儒門規矩依稀在，同是流傳一瓣香。

平湖指陸稼書，白田認其與黃東發依稀同是儒門規矩，瓣香流傳，則白田之同情稼書可見。至於當時一般學術風氣，亦可於本題其他各詩之感慨中見之。乃余考白田奉特旨召見改官翰林之年，即戴震東原之生年。越後乾隆二十一年，東原館於王春圃安國家教其子石臞念孫。春圃自其父祖

奕世相傳講理學，觀其為白田〈朱子年譜序〉，其尊朱子甚至。而東原屢不得志於科場，屢次參加會試不第，卒以賜進士出身入四庫館，而以經學考據名掩一代。激而曰：「使戴某在，終不許朱子再喫孔廟冷豬頭肉。」語見同時章實齋引述。其為《孟子字義疏證》，乃謂宋儒言理，不啻「以意見殺人」，復使人不能置辨。清末章太炎謂其激於曾靜之獄《大義覺迷錄》一書之頒布而然。而在春圍邀館其家時，尚在東原始草〈緒言〉前十三年，距《孟子字義疏證》成書尚二十年。儻春圍早知東原往後議論，決不延其教子。而石臞與其子伯申引之，父子兩世治字義訓詁，絕不涉及漢、宋門戶與夫經學、理學之是非得失，亦因家教、師教，乃有絕不相通者，故寧默置不談。今為拀而出之，亦可見當時學術思想界之激盪流變，其事不可逆料。而學者之內心，與夫風氣之時尚，又當分別而觀。所以知人之必貴於論世也。

白田治朱子學，所信重固在義理，而其探討之方法與途徑，則一如當時之學風，主要在考據與注釋之兩者。《存稿》卷十一〈答朱湘淘書〉有曰：

弟少小時，亦嘗讀洛、閩之書，略有志於學，而無嚴師友教督之。重以世故汩沒，奔走不暇，其於涵養省察、克己窮理，未嘗有一日之功。迨今老病昏忘，凡所記憶，都已廢棄。顧胸中昏昧雜擾，無凝定收斂之力，少深潛純一之味。應事接物，混混然與庸俗人無異。顧

以數年來繙閱朱子《文集》、《語類》，以考之《大學中庸章句》、《或問》、《論語孟子集註》，略有窺於立教之指，似與長兄所論有不盡合者。

又曰：

弟生平惟以考訂異同解釋為事，於此略有所窺，不敢自隱。

又卷二十〈頒朱子書謝恩呈看詳〉有曰：

惟我文公之出，論其道，實孔子以後一人。比其功，亦生民以來未有。乃刪脩纂輯之作具有成書，而文章議論之垂未曾裁定。《全集》、《別集》、《續集》之不無煩雜，池錄、饒錄、建錄之或有混淆。詮次者博采廣搜而未考其前後，編次者件分條繫而未辨其異同。間入他文，且增贅語。勉齋、果齋之承學，誰能不負其傳？西山、鶴山之勃興，亦祇無失其舊。因循既久，散軼莫釐。至於四書之訓說最多，尤生平精力所寄，而諸家之抄撰不一，乃後世學術所關。《集編》止於《學》、《庸》，略而未備；《纂疏》及於陳、蔡，擇焉不詳。雲峰之《通》，頗為紛外；道川之《釋》，未極刪除。彼何、王、金、許之云，尚疑醇醨之異味；況胡、楊、蕭、陳之輩，何止黑白之殊觀？制雖重於膠庠，說或同於燕郢。致使外伺

者得窺閒隙，並令墨守者轉見瑕疵。橫肆觝排，公行刪削。譏摸索之影響，誚辨析以支離。

考亭之書，幾為厲禁；尼山之旨，別入旁門。

此一節備述朱子《文集》、《語類》之內部本身涵有不少問題，而元、明以來懸朱子四書為功令，如《四書大全》之類，其中所涵問題更多。前一項重在考訂異同，後一項重在文義解釋，實則此兩項工夫，歸根只是一項。非仔細解釋文義，即亦無以辨別其異同也。

《存稿》卷十三〈與朱宗洛書〉有曰：

病中閱《語類・論學》數卷，多有可疑。即葉味道錄，以朱子語格之，亦閒有不然。程子《遺書》，朱子已謂其「傳誦道說，玉石不分」。況朱子《語類》十倍於程子，又不經門人高弟子手。勉齋於池錄〈金去偽〉，猶多擬議。後來者但以增多為美，而不復問其何人，安可盡信耶？竊謂學朱子之學者，宜詳加區別。即未必盡當，亦可以俟後人之訂正。歐陽公云：「六經非一世之書，固與天地無終極而存。」朱子之書，殆與六經同。則疏通證明，豈無望於後起之賢乎？薛文清公嘗引其端而未竟其旨，今其書尚略可考，其必有申明之者也。

白田之意，於《語類》，尤當下考訂疑辨之功。惟其尊朱之甚，故欲於朱子之一言一語、一字一句，莫不深細考訂，詳審解釋。而於此深細考訂、詳審解釋中，自不免有所疑、有所辨。薛敬軒最號於朱子能墨守篤信，已有此意。白田既篤信朱子，其於朱子書，尤如《文集》《語類》，所下考訂解釋工夫，則固遠超敬軒之上。亦值其時經學考據之風已熾，白田以時人之治經學者治理學，乃得此成績，而惜乎其亦無繼起。其實朱子書中所值考訂疑辨者尚多，而白田終為能以考據治朱學之唯一人物，此亦一可憾事也。

《存稿》卷十〈與方靈皋書〉有曰：

弟近年來，於朱子《文集》、《語類》皆嘗考訂，而《年譜》較正為多。

其實此兩事亦即一事。欲於《年譜》有較正，則必於《文集》、《語類》有考訂。姑舉數例言之。《存稿》卷七有〈朱子答江元適書薛士龍書考〉一篇。朱子〈答江書〉有曰：「出入於老、釋者十餘年，近歲以來，獲親有道，始知所向之大方。」白田考定此書在甲申，「獲親有道」，指李延平。而陳清瀾《學部通辨》謂朱子「四十前皆出入釋、老之學」，乃不載〈江書〉，可知其誤。《正學考》既覺其誤，而仍不載〈江書〉，則亦無據。其〈答薛士龍書〉，白田考定在壬辰，書中有云：「馳心空妙之域者二十餘年。」王辰朱子年四十三，陳清瀾據以為朱子四十後始悟老、釋之非，

白田據〈答江元適書〉駁之，又謂〈答薛書〉「二十餘年」「二」字為衍文。嗣又謂以癸酉見延平，至壬辰適二十年，概言之故曰「二十餘年」，「二」字非指佛學亦未然。今按：〈答薛書〉云：「熹自少愚鈍，事事不能及人。顧嘗側聞先生君子之餘教，粗知有志於學，而求之不得其術。蓋舍近求遠，處下窺高，馳心空妙之域者二十餘年，比乃困而自悔，始復退而求之於句讀文義之間，謹之於視聽言動之際，而亦未有聞也。」據書中「比乃」之語，自當下數至壬辰，不得謂「二十餘年」之「二」字乃衍文。所謂「馳心空妙之域」者，乃承「舍近求遠，處下窺高」言，故曰「求之不得其術」，亦不指老、釋。白田又曰：

朱子悟老、釋之非在再見延平後，《與汪尚書》、《許順之》、《李伯諫書》確然可考。《通辨》不載〈江書〉，而僅以「馳心空妙」一語斷之為四十以前出入老、釋，誤之甚矣。辨之自《正學考》始，余因而申之，然皆不免小誤。信乎古書之不易考，而立說之未可以輕也。

於是白田又旁考〈答陳正己〉、〈何叔京〉、〈汪尚書〉、〈李伯諫〉、《許順之》各書，以及《語類》鄭可學、輔廣錄各條，以證〈答江書〉之所云。又旁考〈答程欽國〉、〈許順之〉、〈何叔京〉、〈張敬夫〉、〈羅參議〉、〈石子重〉、〈程允夫〉、〈曾裘父〉、〈林擇之〉、〈劉子澄〉、〈陳師德〉各書，以及〈觀列子偶書〉諸篇，以證〈答薛書〉之所云。又附〈與呂士瞻書〉、〈方賓王書〉二篇，並及

《語類》楊道夫、葉賀孫、陳淳、沈僩、廖德明錄各條，說明朱子對延平教人「於靜中體認大本未發時氣象」一語之意見。關於此一問題，白田頗贊陳清瀾之《通辨》。自陽明作為《朱子晚定論》，同時羅整菴雖持異議，卻未深入詳作探討。直至陳氏《通辨》始為翻案，極得晚明學術界重視。白田為駁正《通辨》「朱子四十以前皆出入釋、老之學」一語，繁稱博證，牽連會通，一篇文字至於盈卷，此為向來理學家集中所少見。一般理學家運思構想，皆為義理探索，極少能如白田，一似考訂經史，實事求是，遙同於後起乾、嘉漢學家所謂「樸學」之軌轍。而白田以後，乏人繼起，理學中此一門徑，不全是。如辨〈中和舊說〉之年歲問題，即大堪商榷。惟白田此篇所論，亦終於闃寂，此則大可惜也。

又《存稿》卷六〈玉山講義考〉，專為辨正李果齋所云「晚年始指示本體令人深思而自得之」一語。又因《玉山講義》兼及《答陳器之》、《林德久》兩書，又牽及《答方賓王》、《答或人》兩書，又及《語類》呂燾錄余國秀問一條，認為此條所錄斷斷非朱子語。因而疑及《文集．答余國秀書》，乃曰：

考《文集》〈答方賓王〉、〈胡季隨書〉，皆門人代答，而朱子為之刊正者。則他書亦多有之，不必朱子一一親答也。又有問目甚長，而批示止數語，各付其人，家中未必盡存底本；其

後或從各家搜訪以來，其中不能必無訛誤。如答余國秀語，答問都不相值，其訛誤自顯。

然則《文集》尚有不可盡據者，況《語錄》乎？呂燾所錄，斷不可信。故勉齋先生謂不當

以隨時應答之語易生平手筆之書，而薛敬軒先生亦屢言當以朱子手筆之書為主，蓋以此也。

此處指出《語類》、《文集》多有不可盡據者。而黃勉齋謂當信平生手筆之書，此亦不盡然。有答

某書在前，答某語在後，朱子思想見解先後有變，則《語類》所收，其可信價值或有更出《文集》

手筆之書之上。此自勉齋至白田所猶未及細論也。白田此篇末又引《語類》沈僩錄一條，乃與呂

燾錄同聞而別出。以沈錄與呂錄對勘，得失自見，而呂錄之不可據亦益明。此則即就《語類》各

條而考訂其異同也。

《存稿》卷十二《重答朱湘淘書》有曰：

〈定性說〉未詳何年，亦是中年之作。《文集‧雜著》中如〈中庸首章說〉、〈觀過說〉、〈君

子所貴乎道者〉三說，皆顯與《章句集註》相背，其或未定之論，其或他人之作，皆未可

知。〈太極說〉絕不及太極陰陽五行，並疑題目之誤。其編次龐雜，殆不可辨。如浙本以南

軒〈仁說〉，為朱子〈仁說〉，此有《南軒集》可據以正其誤。其他無據者，安可以辨乎？

《語類》中楊方、包揚兩錄，昔人已言其多可疑。而其他錄，訛誤亦多。即以同聞別出言

之，大意略同，而語句全別，可知各記其意，而語句全別，可知各記其意，而多非朱子之本語矣。今雖讀朱子之書，而於《文集》之龐雜、《語類》之訛誤，尚不能以盡辨，而謂能發明朱子尊德性、道問學之全功以顯今傳後，其自處太高，而自任亦太重矣，不幾於僭且妄乎？

白田《朱子年譜》後附〈考異〉四卷，莫非就《文集》、《語類》，考訂異同，闡訓文義，以定李、洪兩譜之得失。又附〈論學切要語〉二卷，亦皆就《文集》、《語類》中摘取，而此兩卷中亦附〈考異〉。可見白田對朱子《文集》、《語類》，隨處加以考訂闡釋，以求其會通合一之精神與努力不懈之所至矣。

不僅如此，白田對朱子其他著作，亦同樣加以考訂闡釋工夫，而隨處有其發現。《存稿》卷一有〈易本義九圖論〉，認此九圖非朱子作。其言曰：

朱子於《易》，有《本義》、有《啟蒙》，其見於《文集》、《語錄》講論者甚詳。而此九圖，未嘗有一語及之。九圖之不合於《本義》、《啟蒙》者多矣，門人豈不見此九圖，何以絕不致疑？

又曰：

嘗反覆參考，九圖斷斷非朱子之作，而數百年以來，未有覺其誤者。蓋自朱子既沒，諸儒多以其意改易《本義》，流傳既久，有所竄入，亦不復辨。馬端臨《文獻通考》載陳氏說，《本義》前列九圖，後著揲法（疑即〈筮儀〉），學者遂以九圖、揲法為《本義》原本所有。後之言《本義》者，莫不據此，而不知《本義》之未嘗有九圖、揲法也。

又考

《儀禮》與〈筮儀〉不同，而曰：

意，而盡失其本指。

朱子豈不見《儀禮》者，〈筮儀〉亦斷非朱子之作。後之人以《啟蒙》依放為之，又雜以己

又有

〈易本義九圖論後〉，詳列《本義》、《啟蒙》流傳諸本異同，而曰：

自理宗寶慶以後，朱子之學大行，諸門人亦為世所尊信。凡其所作，無有擬議之者。流傳既久，不復可別。

又曰：

朱子復古《周易》，而門人蔡節齋為《訓解》，已大變其例。（節齋《訓解》今不傳，其更改次

序，見鄱陽董氏所述。）以《易》為卜筮作，而門人林正卿以為設教。（見勉齋黃氏〈答書〉

中。）蓋不待七十子喪，而大義已乖矣。

又曰：

天台、鄱陽本皆列九圖、〈五贊〉、〈筮儀〉。朱子〈與呂子約書〉，明云〈五贊〉附《啟蒙》

後，《語錄》亦云《啟蒙．五贊》，則《本義》之〈五贊〉，為後來所增入，非朱子之舊。

又《存稿》卷十二〈書重答湘淘書後〉，據《文集》董叔重問，疑叔重所引乃《本義》原本，而今

本則後人誤改。此皆白田對朱子《易本義》一書所下之考訂與疑辨也。

又《存稿》卷二為〈家禮考〉、〈家禮後考〉、〈家禮考誤〉三篇，皆辨《家禮》非朱子之書。

其言曰：

《家禮》載於〈行狀〉，其〈序〉載於《文集》，其成書之歲月載於《年譜》，其書亡而復得

之由載於《家禮．附錄》，自宋以來遵而用之，其為朱子之書幾無可疑者。乃今反覆考之，

而知決非朱子之書也。

又曰：

按《文集》、《語錄》，皆言〈祭說〉、〈祭儀〉，成於壬辰以前，而其後亡之。確然可據。若《家禮》則未有一語及之，其為附託無疑。竊怪朱門諸公，何以不一致辨於此？

又曰：

《性理大全・家禮注》，廖子晦、陳安卿皆有刊本。《家禮》決非朱子書，以《文集》、《語錄》考之，略無所據。而究其所從來，則沉淪詭祕，而無確然可據之實，乃朱門諸公絕不致疑，而相率尊而信之，此所謂不待七十子喪而大義已乖者，於是尚何論哉？

白田乃一仔細審慎之人，惟此辨則甚大膽。其後夏炘心伯《述朱質疑》，亦承白田以考據治朱學，而於白田此辨特加糾正，余已詳其說於《朱子新學案》，此不贅。至於今傳《家禮》，是否即是朱子沒後所復得為廖、陳所刊行之原本，是否其後續有偽羼及改動，此則關於版本內容問題，白田未經提及。

白田不僅對相傳朱子著作如《易本義》前九圖及《家禮》等書盡其考訂辨偽之工作，並於朱子語認為有誤，亦坦率加以辨正。《存稿》卷一〈尚書雜考〉，謂：

《史記‧儒林傳》：「秦時焚書，伏生壁藏之。」《漢書‧儒林傳》同。劉歆〈移太常書〉云：「孝文皇帝使晁錯受伏生，而故《尚書》初出於屋壁，朽折散絕。」以此參考，則伏生書出於屋壁，斷斷無疑。孔安國〈書大序〉云：「伏生失其本經，口以傳授。」衛宏〈定古文尚書序〉云：「伏生老不能正言，使其女傳言教錯。」朱子始疑〈書序〉之偽，而於此偶不致察，故有「暗誦者偏得其所難，而考文者反得其所易」之語。

白田又兼及對於朱門弟子之批評，卷十一〈答朱湘淘書〉，謂：

《尚書》考訂，志之十年，至今未克成編。懶惰成癖，君子所棄。記嘗見《黃氏日鈔》言蔡《傳》最為精密，無復異同。此語未盡然。息齋余氏有《蔡傳疑》一書，今未見之，《大全》略有數條耳。一得之愚，間有所及，而未敢輕出。此事大不易，正不知何時得成就其書也。

是白田於蔡《傳》與朱子異同，亦必有說，惜今其書不傳，未可詳稽。

又《存稿》卷十一〈與喬星渚、朱宗洛論學問之道〉一節謂：

「學問之道無他，求其放心而已矣。」《語錄》有兩說。銖錄，大雅、伯羽、壯祖錄同；賀

孫錄，當錄同。銖錄在丙辰以後，賀孫錄在辛亥以後，當錄在戊申，大雅戊戌以後，伯羽庚戌。疑當以銖錄為定。賀孫錄有兩條，唯當錄與之合，而賀孫錄又有一條，又與銖錄合，故知前兩條非定論。近來據雙峰語，必以賀孫錄為定論，是皆懲象山之失，而未深求《孟子》之意、《集註》之旨也。

折衷。又曰：

　此處以《集註》為據，分別《語錄》各條之從違。而朱子弟子如黃勉齋、饒雙卿諸人語亦得有所饒氏引勉齋說，世以勉齋為朱子嫡傳，競信其說，於《集註》之旨反有所違戾而不復顧。

又曰：

　《或問》「盡心知性事大」，《語類》賀孫錄、淳錄、砥錄，又賀孫錄、謨錄、道夫錄凡六條，反似《集註》為未定之論。讀之不能無疑。後讀《文集·答朱飛卿書》，乃知《或問》為初說，《語錄》為中間所改之說，其後卒定從初說，故《集註》與《或問》同。非《文集》所載明白，無以斷斯疑。

此處又以《或問》、《集註》與《語類》各條比較異同，而從《文集》獲得其結論。凡此等所討論，皆係理學家共同探究之心性問題，而白田則一本之於文字闡釋，並考定其年歲先後，比較異同，而歸於一是。《存稿》卷十三〈答朱宗洛書〉謂：

常欲以《文集》、《語錄》，一一考其前後，而極異同之趣。其中可疑者，亦各疏於其下，以待後人之考證。此不過言語文字之間，而於學問源流，實大有關係。今已衰且病，度不足以了此，望足下與星兄，共有以成之。

又曰：

陽明《晚年定論》之所以惑世誣民者，在顛倒歲月先後，而詆《四書章句集註》為未成之書。今將力攻其失，而不悟其覆轍，可乎？

此見白田治朱子學之主要用力所在。考據訓釋，本亦朱子所重視，而清儒分立漢、宋門戶，必謂考據為實學，義理為空談，不知朱子本已縮此二者而一之，惟傳其學者各有偏長，固不當專以考據歸漢學也。

白田治朱子書，亦旁及於考史。其考史，亦一依朱子書為主。《存稿》卷三〈孟子序說考〉，

謂：

朱子《綱目》一依《通鑑》，而《序說》、《集註》則從《史記》。考沈莊仲所錄朱子語，以編年當從《通鑑》，伐燕當從《史記》，而齊宣王當為齊湣王，此為晚年定論。《大全》不載其語，諸儒亦無及此者，故據《史記》、《戰國策》、《荀卿》及《汲冢紀年》、《古史》一一疏通證明之，俾後之讀《孟子》者有考焉。

又曰：

新安陳氏謂《孟子》以齊湣王為齊宣王，乃傳寫之訛，略如《語錄》之說，而不引《語錄》為證。又謂無所折衷，姑以《綱目》為據。《綱目》朱子初年所修，多出於門人之手，後來欲更定而未及。《序說》則在其後，未可據此以疑《序說》。

又《存稿》卷五〈讀史漫記〉謂：

《通鑑》多載《孔叢子》語，朱子《孝經刊誤‧後跋》嘗辨其誤，而《綱目》仍《通鑑》之舊，蓋未及正。《綱目》成於壬辰，而《刊誤》之作在丙午，相距十有四年，故前後所見

此論梁惠、襄、齊宣、湣年代，以後清儒考辨尚多，至余《先秦諸子繫年》，可謂始得定論。欲有意於考古，豈能即依朱子語為斷？白田所辨，可謂朱子意如此，非古代史實即如此也。至論《綱目》，白田似未見全謝山《鮚埼亭集》。篇中比論《通鑑》與《綱目》處尚多，茲不備引。

又卷三〈書楚辭後〉謂：

原之被放，在懷王十六年，洪說或有所考。諫懷王入秦者，據〈楚世家〉乃昭雎。朱子《辨證》，謂逸合張儀詐懷及誘會武關二事為一，失之不考。又謂洪氏解「施黃棘之枉策」，引襄王為言，與上下文絕不相入，而於《序說》及〈哀郢註〉仍本之者，蓋偶失之。

此則據《史記》疑朱子。惟其釋《楚辭》各篇，亦多未愜。

又卷四〈論陶長沙侃〉，謂「余讀朱子〈乞加封陶威公狀〉」云云，是亦本朱子而加考辨也。

又卷六〈記邵氏聞見錄語〉，亦備引《語類》、《文集》為論。此見白田考史論史，率多從朱子語觸發引伸，非能從史籍自有超卓潛深之研究，此乃治考據學者一通病。乾、嘉以下清儒治經，自標以為漢儒之經學，然於古經籍大義乃及漢儒通經致用之精神，渺不相涉，既已漫失其綱宗，徒於

散末處枝節分別，以考以辨，用力雖勤，而所得實嶨。此亦如講理學者，競務空言，不尊實學，高心空腹，亦復何補？惟措心於義理之精微，而能弗忘經史之實學。有意於經史之考證，而能會通於義理之大全。內而心性，外而治平，本末兼顧，一以貫之，自宋迄清，惟朱子能達此標準。

白田專以考據治朱子，衡其所得，宜自有一限量也。

與白田生同時、同里開、同為潛心朱子學者，有朱澤澐湘淘。嘗言：

世之名朱學者，其居敬也，徒矜持於言貌，而所為不覘不聞者離矣。其窮理也，徒泛濫於名物，而所為無方無體者昧矣。於是有舍德性而言問學，以為朱子固如是者。不知從來道問學莫如朱子，尊德性亦莫如朱子。故知居敬、窮理只是一事，窮即窮其所存之心，存即存其所窮之理，非有二也。

湘淘有《止泉文集》，集中有〈與白田書〉五通，白田覆書見《存稿》卷十一者凡三通，又卷十二為〈重答朱湘淘書〉，乃在湘淘卒後追答，而所答湘淘之原書則不見於《止泉集》，蓋已遺失矣。

《存稿》卷十七有〈祭朱湘淘文〉，卷二十四有〈題湘淘秋林讀詩圖〉詩，詩後綴一贊，曰：

深潛純一之味，收斂凝定之神，此生平之所用力，學問緣之以為本根。常閉戶而精思，中

絲絲其若存。追古人於千載，脫去世俗之埃塵。固獨有所逌然而自得，不在於語言文字之紛紜。

是知止泉之所用力，蓋與白田有微異其趣者。湘淘子宗洛，從學於白田。《存稿》卷十三有〈答朱宗洛書〉，謂：

「主靜」之說，前與尊公先生往復論難，卒不能合。大抵此等向上地位，與吾人相去甚遠，未可以意見窺測。今但以《文集》、《語錄》求之，略見彷彿，非敢自立一論也。程子曰：「敬則自虛靜，不可把虛靜喚做敬。」朱子之論本此，而發明尤詳。如曰：「言靜則偏了，而今且只道敬。」又曰：「若言靜，便入於釋氏之說也。」又曰：「道理自有動時，自有靜時，不可專去靜處求。所以伊川說，只用敬，不用靜，便說得平。也是他經歷多，故見得恁地正而不偏。」此其大指亦曉然矣。朱子教人專以《四書集註章句》，而《集註章句》未嘗有「主靜」一語。《大學或問》發明敬者聖學所以成始成終，最詳且盡。只言「主敬」，不言「主靜」也。「主靜」之說，出於周子。朱子作〈濂溪祠記〉凡四，未嘗一及「主靜」。以此為證，更大煞分明矣。尊公先生謂必從主敬以透主靜消息，以愚見妄論之，則既曰主敬，又曰主靜，心有二主，自相攫挐，非所以為學。又主敬之上更有主靜一層，未免頭上

安頭，是「太極」之上又有「無極」，「上天之載」之上又有「無聲無臭」，恐其卒歸於虛無

寂滅而已。朱子以靜為本（見南軒書），必曰主靜（見廣仲書）之論，皆在己丑、庚寅間，壬

辰、癸巳以後，則已不主此說。其或隨人說法，因病與藥，亦有以靜為說者，非學問之通

津也。至於從居敬以透主靜消息，則反覆朱子之書，未有所據，故未敢以為信然耳。

即此可覘白田、止泉兩家論學相歧之點。白田多在文字語言上用功，偏近道問學一邊。止泉規以

向內用心，偏近尊德性一邊。若專從語言文字上考求，則誠如白田之說。但若轉就實際用功上分

辨，則止泉之說亦未可厚非。朱子常以「向尊德性一邊偏了」規象山，而其賞重象山者亦在此。

朱子又常以「向道問學一邊偏了」自規，而治王學者遂舉以為朱子之晚年定論。止泉與無錫顧昀

滋交好，又曾親至共學山居，其學風有近於東林之高、顧。《文集》中有〈朱子未發涵養辨〉，若

專以此為說，白田亦未能加之以非難。然兩人學風亦畢竟有其相近處。止泉有《朱子聖學略》一

書，其工夫亦在彙合朱子《語類》《文集》，分別考定其年歲先後，而後加之以闡述。惟所闡述，

比較側重心性修養。然其書之體貌，則固已不似宋、明理學家著作，而實近於清儒經史實證之學

之所為。學術隨時代而轉變，止泉、白田兩氏之闡揚朱學，亦復如是。厥後變而益遠，如阮芸臺

釋「敬」，幾於謂敬在事不在心，不知明道固言：「我寫字時一心在寫字上，但亦不是要字好，即

此是敬。」則敬固在事，同時亦在心。寧有心不在而事得敬之理？惟一心在寫字上，未必即是敬，

又須要能並不要字好，始有當於明道心中「敬」字之境界。今止泉謂「從主敬透主靜消息」，證之

濂溪《太極圖說》自註「無欲故靜」，寫字時不是要字好，此即無欲之靜也。則止泉之意，亦如謂

由一心在寫字上再透到不是要字好，既主一，又無欲，此始是敬，亦即是靜。於濂溪、明道乃及

朱子之說，並無違失。若必謂不是要字好，只一心在寫字上，其序則逆。人當實下工夫時，必先

求一心在寫字上，再透到不是要字好，其序則順。白田種種駁議，或尚未獲止泉內心之所欲云也。

大抵白田釋朱子，多得之於文字言語，而亦頗有未得其心之缺憾，此則讀白田書者不可不知。

　　其他有關白田、止泉兩氏說朱學，已詳余舊著《中國近三百年學術史》，茲不贅。

記鈔本戴東原《孟子私淑錄》

戴東原氏《緒言》、《孟子字義疏證》兩書先後異同，余之《近三百年學術史》論之已詳，最近又得照曠閣鈔本《孟子私淑錄》，題休寧戴震撰。書分三卷，卷上十一條，卷中四條，卷下八條，大體相當於《緒言》之上、下二卷。《私淑錄》上、中二卷即《緒言》之上卷，《私淑錄》卷下與《緒言》卷下略同，而缺《緒言》卷中各條。量其成書，當在《緒言》之後，《字義疏證》之前，正為兩書中間之過渡作品也。

知《私淑錄》成書在《緒言》後者，緣兩書相同，其字句偶異，皆以《私淑錄》為審當，故知《私淑錄》乃《緒言》之改定本也。姑舉數例如下：

《緒言》卷上「問朱子本程子『性即理也』一語」條：（《安徽叢書》本頁十三）

記鈔本戴東原《孟子私淑錄》

《近思錄》程子云：「人生而靜以上不容說，纔說性時，便已不是性也。」朱子云：「人生而靜以上是人物未生時，只可謂之理，未可名為性，所謂『在天曰命』也，纔說性時便是人生以後，此理已墮在形氣（《私淑錄》作「氣質」）之中，不全是性之本體矣，所謂『在人曰性』也。」宋儒剖析至此，皆根於理、氣之分，以善歸理，以惡歸形氣（《私淑錄》無此二十三字）。然則孟子乃追溯人物未生、未可名性之時而曰性善，若就名為性之時，已是人生以後，已墮在形氣之中，烏得斷之曰善？（《私淑錄》此下有小注一節：程子云：「孟子言性當隨文看，本以告子『生之為性』為不然者，此亦性也，被命受生以後，謂之性耳。後不同，繼之以『犬之性猶牛之性，牛之性猶人之性與』，然不害為一。若乃孟子之言善者，乃極本窮源之性。」）由是觀之，將天下古今性上聖之性不失其性之本體，自上聖而下，語人之性皆不是性（《私淑錄》作「皆失其本體」）。孔子以不是性者言相近（《私淑錄》作「以不全是性之本體者言相近」），乃論性不論氣不明（《私淑錄》無此八字）；孟子以未可名性者言性善，乃論性不論氣不備（《私淑錄》無此八字，有「於孔子不敢顯言不明而直斥孟子不備」十六字，下又增小注一節，凡二百零七字）。

又《緒言》卷上「問知覺運動不可概人物而目為蠢然同」條：（《安徽叢書》本頁十六

氣之自然潛運，飛潛動植物皆同，此生生之機原於天地者也，而其本受之氣與所資以生之氣（《私淑錄》作「所資以養者之氣」，下兩見均同）則不同。

又《緒言》卷下「問荀子之所謂性」條：（《安徽叢書》本頁一）

杞柳湍水之喻，胥是物也，其視仁義，視善不善，歸之有思（《私淑錄》作「欲」）。有為以後事，而其保此性也，主於無思無為（《私淑錄》作「無為自然」）。

復有證者，《字義疏證》有仍《緒言》而微易其文者，按之《私淑錄》亦然，故益知《私淑錄》應在《緒言》後。例如《緒言》卷上「問《易》曰『形而上者謂之道』」條：（《安徽叢書》本頁二）

凡上所舉，其小有異同處，皆《私淑錄》下語較審當，故知《私淑錄》為《緒言》改定本。

凡曰「謂之」者以下所稱解上（此六字《疏證》作「以下所稱之名辨上之實」十字，《私淑錄》同《疏證》）。又《易》「形而上者謂之道，形而下者謂之器」，亦（《疏證》「亦」作「本」，《私淑錄》同）非為道器言之。

又「形而下猶曰形以後」句注，《詩》：「下武維周。」鄭《箋》云：「下」猶「後」也。」（《疏證》引鄭《箋》上有「如千載而上千載而下」九字，《私淑錄》亦同。）

又六經、孔、孟之書，不聞理、氣之分，而宋儒㑊言之，又以道屬之理（《疏證》作「遂以陰陽屬形而下」，《私淑錄》同），實失道之名義也。

又如《緒言》卷上「問宋儒嘗反覆推究先有理抑先有氣」條：（《安徽叢書》本頁五）

聖人而後盡乎人之理，盡乎人之理非他，人倫日用盡乎其必然而已矣。語陰陽而精言其理，猶語人而精言之至於聖人也，期於無憾無失之為必然，乃要其後，非原其先，乃就一物而語其不可議議，奈何以虛語夫不可議議指為一物與氣渾淪，而成主宰樞紐其中也？

《私淑錄》於「語陰陽而精言其理」句下改成：

推而極於不可易之為必然，乃語其至非原其本，宋（《疏證》作「後」）儒從而過求，徒以語其至者之意言思議，目為一物（《疏證》作「視如有物」），謂與氣渾淪而成，主宰樞紐其中（《疏證》無此六字），聞之者因（《疏證》無「因」字）習焉不察，莫知其異於六經、孔、孟之言也。

按：《緒言》此條《疏證》無有，而《私淑錄》改定語則又見《疏證》卷上「問自宋以來謂得於

天而具於心」條下。

又《私淑錄》卷上「問朱子云道者事物當然之理」條為《緒言》所未有，而其文有見於《疏證》者，如：

證者，如：

生於陸者入水而死，生於水者離水而死，生於南者習於溫而不耐寒，生於北者習於寒而不耐溫，此資之以為養者，彼受之以害生。天地之大德曰生，物之不以生而以殺者，豈天地之失德哉！故語道於天地，道之實體，即理之精微，《易》言（此十一字《疏證》作「舉其實體實事而道自見」十字）「一陰一陽之謂道」、「立天之道曰陰與陽，立地之道曰柔與剛」是也。質言之此道，精言之即此理（《疏證》無此十一字，此下一大節並見《疏證》卷下「道」字條）。

此皆《私淑錄》一書在《緒言》、《字義疏證》之間，為其過渡作品之證也。而比觀三書，則《私淑錄》大體仍與《緒言》為近，而與《字義疏證》為遠。何者？《疏證》卷上辨論「理」、「欲」諸條，東原極自鄭重，《緒言》、《私淑錄》皆無之，一也。

又《緒言》卷中「問孟子答公都子」條：（《安徽叢書》本頁九）

孟子所謂善者，初非無等差之善。（《私淑錄》此處有「非盡人生而為堯、舜也」九字。）自聖人至於凡民，其等差凡幾，則其氣稟固不齊，豈得謂非性有不同？然存乎人者皆有仁義之心，其趨於善也利，而趨於不善也逆其性而不利。所謂「人無有不善，水無有不下」，善乃人之性，下乃水之性也。（《私淑錄》此處有「而非以善概之於物」八字。）所謂故者，以私為本，去其利乃性之本然也，順而非逆，是以利也。（按：「孟子答公都子」一問，《私淑錄》無之，此一節乃并入「問宋儒以氣為理」條下。）

今按：《緒言》此條，《疏證》已散入別條中，上引數語，略見《疏證》卷中「問《論語》言性相近」條下，其文曰：

孟子道性善，言必稱堯、舜，非謂盡人生而堯、舜也。（按：此用《私淑錄》語。）自堯、舜而下，其等差凡幾，則其氣稟固不齊，豈得謂非性有不同？（按：此上同，此下異。）然人之○○○○○○○○○心知，於人倫日用，隨在而知惻隱、知羞惡、知恭敬辭讓、知是非，端緒可舉，此之謂性善。於其知惻隱，則擴而充之，仁無不盡；於其知羞惡……

以上所舉，《緒言》、《私淑錄》皆就人性之利逆言，《疏證》則就端緒與擴充言，此又《私淑錄》

近《緒言》而與《疏證》為遠之證二也。

今按：《緒言》草創在乾隆三十四年己丑，完成在三十七年壬辰，及四十一年丙申，程易疇曾影寫之。（以上論證具詳《學術史》。）是其時尚未有《疏證》，亦當未有《私淑錄》。東原〈丁酉與段若膺書〉云：

　東原遺墨）

僕自十七歲時，有志聞道，謂非求之六經、孔、孟不得，非從事於字義、制度、名物，無由以通其語言，為之卅餘年，灼然知古今治亂之源在是……觀近儒之言理，吾不知斯民之受其禍之所終極矣。……今人以不出於私即謂之「理」，由是以意見殺人咸自信為理矣，聊舉一字言之，關乎德行行事匪小。僕自上年三月初獲足疾，至今不能出戶，又目力大損，今夏纂修事似可畢，定於七、八月間乞假南旋就醫，覬一書院糊口，不復出矣。竭數年之力，勒成一書，明孔、孟之道，餘力整其從前訂於字學、經學者。（《安徽叢書》所收

此書在正月十四日，據其暢論「後儒以意見為理而生民受其禍」一節，正是《疏證》卷下各條所極論，而東原云「聊舉一字言之」，又曰「乞假南旋」、「竭數年之力，勒成一書」，是其時《疏證》似尚未成書也。又同年四月廿四日一書乃謂：

僕生平論述最大者為《孟子字義疏證》一書，此正人心之要，今人無論邪正，盡以意見誤名之曰「理」，而禍斯民，故《疏證》不得不作。

是《疏證》成書應在正月至四月間。東原以《疏證》示彭尺木，尺木來書討論，東原復之，亦在四月。惟陸朗夫《復東原言理欲書》則云「春杪接書，舉近儒理欲之辨」云云，不知其時《疏證》已有成書否。大抵《疏證》成書定在正月中旬〈與段若膺書〉之後，在四月杪〈再與段書〉之前，而《私淑錄》既未及理欲之辨，則其書應在丁酉四月前，在程易疇影抄《緒言》後。大抵在丙申一年間，而惜不能的知其為何時也。

東原自言十七歲即有志聞道，求之卅餘年，考其著述，先〈原善〉三篇，嗣擴大為三卷，又為《緒言》三卷，又刪並為《私淑錄》三卷，又增訂為《孟子字義疏證》三卷，前後綿歷逾二十年，用心不可謂不深。惜乎並世人，徒詫其為轎夫之強力，而不能識其為轎中人之安坐。而東原平日言談亦不免矜勝誇上，故惟章實齋能賞之，而復疑其人心術之不正。又以《水經注》一案招來身後謗議，雖雅重東原者不能為昭雪。然就書論之，要為近世傑作，乾、嘉以來，未有能駕出其右者。縱言思之偏尚不免乎多瑕纇，而終自不掩其精光。若使東原得永其壽，學與年進，磨礱芒角，蹈於中和，袚濯染習，一臻平正，其修辭立說，必有異矣。東原既成《疏證》，《緒言》、

《私淑錄》皆其所棄，身後遂泯沒不顯。《緒言》猶有程易疇影抄，並得刊於伍氏《粵雅堂叢書》中，後世尚多知之，《私淑錄》則更無道者。余得此稿，已值故都淪陷，方謀脫身遠行之資，以書估索價昂，遂錄副藏行篋中，攜之入湘，遵海轉滇，頃又挾而入蜀。特為刊出以廣其傳，庶於東原晚年學思精進轉變之跡，窺考有籍，而為粗識其涯略如此。

此稿刊載於民國三十一年三月四川省立圖書館《圖書集刊》創刊號

附《孟子私淑錄》

問：《論語》曰：「性相近也，習相遠也。」朱子引程子云：「此言氣質之性，非言性之本也；若言其本，則性即是理，理無不善，孟子之言性善是也，何相近之有哉？」據此，似《論語》所謂性，與孟子所謂性者，其指各殊。孔子何以舍性之本，而指氣質為性？且自程、朱辨別孰言氣質、孰言理，後人信其說，以為各指一性，豈性之名果有二歟？

曰：性一而已矣。孟子以閑先聖之道為己任，其要在言性善，使天下後世曉然於人無有不善，斯不為異說所淆惑。人物之生分於陰陽氣化，據其限以所分謂之命，據其為人物之本始謂之性。後儒求其說而不得，於是創言理、氣之辨，其於天道也，先歧而二之。苟知陰陽氣化之為天道，則知性矣。

問：何謂天道？

曰：古人稱名，道也，行也，路也，其義交互相通。惟「路」字專屬途路，《詩》三百篇多

以「行」字當「道」字。大致道之名義，於行尤近，謂之氣者指其實體之名，謂之道者指其流行之名。道有天道、人道，天道以天地之化言也，人道以人倫日用言也。是故在天地則氣化流行，生生不息，是謂道；在人物，則人倫日用，凡生生所有事，亦如氣化之不可已，是謂道。《易》曰：「一陰一陽之謂道。」此言天道也。《中庸》曰：「率性之謂道。」此言人道也。

問：《易》曰：「形而上者謂之道，形而下者謂之器。」程子云：「惟此語截得上下最分明，元來只此是道，要在人默而識之，後儒言道多得之此。」朱子云：「陰陽氣也，形而下者也。所以一陰一陽者理也。道即理之謂也。」朱子此言，以道之稱，惟理足以當之。今但曰「氣化流行，生生不息」，非程、朱所目為形而下者歟？

曰：氣化之於品物，則形而上下之分也，形乃品物之謂，非氣化之謂。《易》又有之：「立天之道曰陰與陽。」直舉陰陽，不聞辨別所以陰陽，而始可當道之稱，豈聖人立言皆辭不備哉？一陰一陽，流行不已，夫是之謂道而已。古人言辭，「之謂」、「謂之」有異。凡曰「之謂」，以上所稱解下。如《中庸》：「天命之謂性，率性之謂道，修道之謂教。」此為性、道、教言之，若曰：「性也者，天命之謂也；道也者，率性之謂也；教也者，修道之

謂也。」《易》：「一陰一陽之謂道。」則為天道言之，若曰：「道也者，一陰一陽之謂

也。」凡曰「謂之」者，以下所稱之名，辨上之實。如《中庸》：「自誠明，自明

誠謂之教。」此非為性、教言之，以性、教區別「自誠明」、「自明誠」二者耳。《易》：

「形而上者謂之道，形而下者謂之器。」本非為道、器言之，以道、器區別其「形而上」、

「形而下」耳。「形」謂已成形質，形而上，猶曰形以前；形而下，猶曰形以後。(如「千載

而上」、「千載而下」，《詩》：「下武維周。」鄭《箋》云：「『下』猶『後』也。」) 陰陽之未成形

質，是謂形而上者也，非形而下明矣。器言乎一成而不變，道言乎體物而不可遺。不徒陰

陽非形而下，如五行水、火、木、金、土有質可見，固形而下也，器也；其五形之氣，人

物咸稟受於此，則形而上者也。《易》言：「一陰一陽。」〈洪範〉言：「初一曰五行。」

《中庸》言：「鬼神之為德。」舉陰陽即賅五行、賅鬼神，舉五行亦賅陰陽、賅鬼神，而

鬼神之「體物而不可遺」，即物之不離陰陽五行以成形質也。由人物遡而上之，至是止矣。

六經、孔、孟之書，不聞理、氣之辨，而宋儒創言之，遂以陰陽屬形而下，實失道之名義

也。

問：宋儒論陰陽，必推本太極云：「無極而太極，太極動而生陽，動極而靜，靜而生陰，靜

極復動，一動一靜，互為其根，分陰分陽，兩儀立焉。」朱子云：「太極生陰陽，理生氣也。陰
陽既生，則太極在其中，理復在氣之內也。」又云：「太極形而上之道也，陰陽形而下之器也。」
雖「形」字借以指氣，洵有未協，「而上」、「而下」，及「之謂」、「謂之」，亦未詳審，然「太極」、
「兩儀」出於孔子，非即理、氣之辨歟？

曰：後世儒者，紛紛言太極，言兩儀，非孔子贊《易》太極、兩儀之本指也。孔子曰：
「《易》有太極，是生兩儀，兩儀生四象，四象生八卦。」曰儀，曰象，曰卦，皆據作
《易》言之耳，非氣化之陰陽，得兩儀四象之名。《易》備於六十四，自八卦重之，故八卦
者，《易》之小成，有天、地、山、澤、雷、風、水、火之義焉。其未成卦畫，一奇以儀
陽，一偶以儀陰，故稱兩儀。奇而遇奇，陽已長也，以象太陽；奇而遇偶，陰始生也，以
象少陰；偶而遇偶，陰已長也，以象太陰；偶而遇奇，陽始生也，以象少陽。伏羲氏觀於
氣化流行，而以奇偶儀之象之。孔子贊《易》，蓋言《易》之為書，起於卦畫，非漫然也，
實有見於天道，一陰一陽，為物之終始會歸，乃畫奇、偶兩者，從而儀之，故曰：「《易》
有太極，是生兩儀。」既有兩儀，而四象八卦以次生矣。孔子以「太極」指氣化之陰陽，
承上文「明於天之道。」言之，即所云「一陰一陽之謂道」。萬品之流形，莫不會歸於此。

「極」有「會歸」之義，「太」者，無以加乎其上之稱；以兩儀、四象、八卦指《易》畫。

後世儒者，以兩儀為陰陽，而求太極於陰陽之所由生，豈孔子之言乎？謂氣生於理，豈其

然乎？況《易》起卦畫，後儒復作圖於卦畫之前，是伏羲之畫奇偶，不惟未備，抑且未精，

而待後人補苴罅漏矣。

問：宋儒之言形而上、下，言道、器，言太極、兩儀，今據孔子贊《易》本文，疏通證明之，

洵於文義未協，其見於理、氣之辨也，求之六經，中無其文，故借太極、兩儀、形而上、下之語，

以飾其說，以取信學者歟？

曰：舍聖人立言之本指，而以己說為聖人所言，是誣聖也；借其語以飾吾之說，以求取信，

是欺學者也。誣聖、欺學者，程、朱之賢不為也。蓋見於陰陽氣化，無非有迹可尋，遂以

與品物流行同歸之粗，而空言乎理，似超迹象，以為其精。是以觸於形而上、下之云，太

極、兩儀之稱，恍然覺寤理、氣之辨如是，不復詳審文義。學者轉相傳述，於是《易》之

本指，其一區別陰陽之於品物，其一言作《易》之推原天道，是生卦畫者，皆置不察矣。

問：朱子云：「道者日用事物當然之理，皆性之德而具於心。」其於「達道五」舉孟子所言

「父子有親，君臣有義，夫婦有別，長幼有序，朋友有信」以實之。又〈答呂子約書〉云：「陰陽也，君臣父子也，皆事物也，人之所行也，形而下者也，萬象紛羅者也。是數者各有當然之理，即所謂道也，當行之路也，形而上者也，沖漠無朕者也。」如是言道，故於《易》稱「一陰一陽」，《中庸》舉「君臣、父子、夫婦、昆弟、朋友之交」，皆似語未備。且其目之為性、目之為道者，已屬純粹以精，故於「修道」不可通，以「修」為「品節之」而已。至「修身以道，修道以仁」，修道與修身並言，兩「修」字不得有異，但云「能仁其身」而不置解。其舉孟子之言，實「天下之達道五」也。在孟子稱「教以人倫」，是親、義、序、別、信，明屬修道之教，既曰「率性之謂道」，如後儒之云，率其仁之性，率其義之性，豈可通哉！然《易》稱「立人之道，曰仁與義」，後儒殆通於此而閡隔於彼歟？

曰：日用飲食之謂道，亦如陰陽氣化之為道也，據其實而言謂之事，以本諸身、行之不可廢謂之道。天地無心而成化，非得理、失理之可議也。生於陸者入水而死，生於水者離水而死；生於南者習於溫而不耐寒，生於北者習於寒而不耐溫。此資之以為養者，彼受之以害生。天地之大德曰生，物之不以生而以殺者，豈天地之失德哉！故語道於天地，道之實體，即理之精微，《易》言「一陰一陽之謂道」，言「立天之道曰陰與陽，立地之道曰柔與

剛」是也。質言之此道，精言之即此理。人之心知有明闇，當其明則不失，當其闇則有差

謬之失。故語道於人，人倫日用為道，「率性之謂道」，「修身以道」，「天下之達道

五」是也，此所謂道不可不修者也，「修道以仁」，及「聖人修之以為教」是也。人倫日用

之事，實責諸身，觀其行事，身之修不修乃見，故曰「修身以道」；道之責諸身，往往易

致差謬，必協乎仁，協乎義，協乎禮，然後於道無憾，故曰「修道以仁」。（舉仁以賅義、禮，

便文從略，故下即詳及之。）此道之實事與理之精微，分而為言，質言之此道，精言之循而得

理，斯乃道之至，所謂「中節之為達道」，所謂「君子之道」、「聖人之道」也。「中節之

為達道」者，中正不失，推之天下而準也。君臣、父子、夫婦、昆弟、朋友之交，五者之

為達道，但舉實事而已。智、仁、勇以行之，而後中正不失，然而即謂之「達道」者，達

諸天下而不可廢也。彼釋氏棄人倫以成其自私，不明乎此也。《易》列仁義以配天之陰陽、

地之柔剛，在天、地質言之，而在人必精言之。然則人倫日用，固道之實事，行之而得，

無非仁也，無非義也；行之而失，猶謂之道，不可也。古人言道恆賅理，言理必要於中正

不失，而「道」、「理」二字對舉，或以道屬動，理屬靜，如《大戴禮記》孔子之言曰：「君

子動必以道，靜必以理。」道謂用其心知之明，行之乎人倫日用而不失；理謂雖不見諸行

事，湛然存其心而不放。或道生統，理生分；或道賅變，理主常，此皆虛以會之於事為，

而非言夫實體也。以君臣、父子、夫婦、昆弟、朋友之交五者為形而下，為萬象紛羅，不謂之道，是顯指《中庸》「天下之達道五」而背之，而別求諸「沖漠無朕」，惟老、釋謂萬事為幻，謂空妙為真則然。奈何以老、釋之言，衡論《易》、《中庸》之言，而粗視君臣父子哉！彼釋氏之棄人倫而不顧，率天下之人同於禽獸者，由不知此為達道也。

問：宋儒嘗反覆推究，先有理抑先有氣，（問先有理後有氣之說。）朱子曰：「不消如此說，而今知得他合下是先有理後有氣邪？後有理先有氣邪？皆不可得而推究。然以意度之，則疑此氣是依傍這理行，及此氣之聚，則理亦在焉。蓋氣則能凝結造作，理卻無情意、無計度、無造作，只此氣凝聚處，理便在其中。且如天地間，人物草木禽獸，其生也莫不有種，定不會無種了，白地生出一箇物事，這箇都是氣。若理則只是箇淨潔空闊底世界，無形迹，他卻不會造作，氣則能醞釀凝聚生物也。」又譬之二物渾淪，不害其各為一物，（朱子云：「理與氣決是二物，但在物上看，則二物渾淪，不可分開，各在一處，然不害二物之各為一物也。」及主宰、樞紐、根柢之說，（陳安卿云：「二氣流行萬古，生生不息，不成只是空氣，必有主宰之者，理是也。」）為男女萬物生生之本，（饒仲元云：「極者至極之義，樞紐根柢之名，聖人以陰陽五若在理上看，則雖未有物，而已有物之理，然亦但有其理而已，未嘗實有是物也。」）目陰陽五行為空氣，以理為之主宰，行闔闢不窮，而此理為闔闢之主，男女萬物生生不息，而此理為生生之本。」）抑似實有見者非歟？

問：後儒言理與古聖賢言理異歟？

曰：非也，陰陽流行，其自然也。精言之，通乎其必然不可易，所謂理也。語陰陽而精言其理，猶語人而精言之曰聖人耳。聖人而後盡乎人之理，非原其本。宋儒從而過求，人倫日用盡乎其必然不可易之為必然，乃語其至，徒以語其至者之意言思議，謂與氣渾淪而成，主宰樞紐其中。聞之者因習焉不察，莫知其異於六經、孔、孟之言也。況氣之流行，既為生氣，則生氣之靈，乃其主宰，如人之一身，心君乎耳目百體是也，豈待別求一物，為陰陽五行之主宰樞紐？下而就男女萬物言之，則陰陽五行乃其根底，乃其生生之本，亦豈待別求一物為之根底，而陰陽五行不足生生哉！

曰：然。舉凡天地、人物、事為，不聞無可言之理者也，《詩》曰「有物有則」是也。就天地、人物、事為，求其不易之則，是謂理。後儒尊大之，不徒曰天地、人物、事為之則，而轉曰「理無不在」，以與「氣分本末」，視之如一物然，豈理也哉！就天地、人物、事為，求其不易之則，以歸於必然，理至明顯也。謂「理氣渾淪，不害二物之各為一物」，將使學者皓首茫然，求其物不得，合諸古賢聖之言，牴牾不協。姑舍傳注，還而體會六經、《論語》、《孟子》之書，或庶幾矣。

問：古人言天道、天德、天理、天命何以別？

曰：一陰一陽，流行不已，生生不息，主其流行言則曰「道」，主其生生言則曰「德」；道其實體也，德即於道見之者也。天地之大德曰生，天德不於此見乎！其流行，生生也，尋而求之，語大極於至鉅，語小極於至細，莫不各呈其條理，失條理而能生生者未之有也。故舉生生即賅條理，舉條理即賅生生，信而可徵曰「德」，徵而可辨曰「理」，一也。孟子言孔子集大成，不過曰：「始條理者，智之事也；終條理者，聖之事也。」聖人之於天道至孔子而極其盛，條理得也。知條理之說者，其知理之謂矣。天理不於此見乎！凡言「命」者，受以為限制之稱，如命之東，則不得而西，故理義以為之限制而不敢踰謂之命，氣數以為之限制而不能踰亦謂之命。古人言天之所定，或曰天明，或曰天顯，或曰明命，蓋言乎昭示明顯曰「命」，言乎經常不易曰「理」，一也。天命不於此見乎？

問：理之名起於條理歟？

曰：凡物之質，皆有文理（亦呼「文縷」。理、縷，語之轉耳），粲然昭著曰文，循而分之，端緒不亂曰理。故理又訓「分」，而言「治」亦通曰理。「理」字偏旁從玉，玉之文理也。蓋

氣初生物，順而融之以成質，莫不具有分理，得其分則有條理而不紊，是以謂之條理。以植物言，其理自根而達末，又別於幹為枝，綴於枝成葉，根接土壤肥沃以通地氣，葉受風日雨露以通天氣，地氣必上至乎葉，天氣必下返諸根，上下相貫，榮而不瘁者，循之於其理也。以動物言，呼吸通天氣，飲食通地氣，皆循經脈散布，周溉一身，血氣之所循流轉不阻者，亦於其理也。「理」字之本訓如是，因而推之，虛以明乎不易之則曰理。所謂則者，匪自我為之，求諸其物而已矣。《詩》曰：「天生烝民，有物有則。民之秉彝，好是懿德。」孔子曰：「作此詩者，其知道乎！」孟子申之曰：「故有物必有則，民之秉彝也，故好是懿德，天下之民無日不秉持為經常者也，是以云『民之秉彝』。凡言與行得理之謂懿德。得理非他，言之而是，行之而當為得理；言之而非，行之而不當為失理。好其得理，惡其失理。於此見理者，人心之同然也。

問：理為人心之同然，其大致可得聞歟？

曰：孟子有言：「規矩方圓之至也，聖人人倫之至也。」此可以察理矣。夫天地之大，人物之蕃，事為之條分委曲，苟得其理矣，如直者之中懸，平者之中水，圓者之中規，方者之中矩，夫然後推諸天下萬世而準。《易》稱：「先天而天弗違，後天而奉天時。天且弗

違，而況於鬼神乎！」《中庸》稱：「考諸三王而不謬，建諸天地而不悖，質諸鬼神而無疑，百世以俟聖人而不惑。」皆言乎天下之理得也。惟其為人心之同然，故一人以為不易，天下萬世以為不易也。所以為同然者，人心之明之所止也。尊是理而遂謂天地陰陽不足以當之，必非天地陰陽之理則可；天地陰陽之理，猶聖人之聖也，尊其聖而謂聖人不足以當之，可乎？（以上卷一。）

問：宋儒以氣為理所湊泊附著，（朱子云：「人之所以生，理與氣合而已。天理固浩浩不窮，然非是氣，則雖有是理，而無所湊泊，故必二氣交感，凝結生聚，然後是理有所附著。」）又謂理為生物之本，（朱子云：「理也者，形而上之道也，生物之本也。氣也者，形而下之器也，生物之具也。是以人物之生，必稟此理，然後有性；必稟此氣，然後有形。」）人與禽獸得之為性也同，而致疑於孟子。（朱子言『人所以異於禽獸者幾希』，不知人何故與禽獸異？又言『犬之性猶牛之性，牛之性猶人之性與』，不知人何故與牛、犬異？此兩處似欠中間一轉語，須著說是形氣不同，故性亦少異始得。恐孟子見得人性同處，自是分曉直截，卻於這些子未甚察。」）今據《易》之文證明一陰一陽，即天道之實體；其為氣化，未為品物，乃孔子所稱形而上；及既為品物，乃孔子所稱形而下。然則古賢聖所謂性，專就氣稟言之歟？

曰：氣化生人生物以後，各以類孳生久矣，然類之區別，千古如是也，循其故而已矣。在

氣化分言之，曰陰陽，曰五行，又分之，則陰陽五行，雜糅萬變。是以及其流行，不特品類不同，而一類之中，又復不同。孔子曰：「一陰一陽之謂道，繼之者善也，成之者性也。」人物各成其性，明乎性至不同也。語於善成與天地繼承不隔，語於性則以類區別，各如其所受。六經中言「性」統舉人物之全，見於此，人物之生，本於天道。陰陽五行，天道之實體也。《大戴禮記》曰：「分於道謂之命，形於一謂之性。」分於道者，分於陰陽五行也。一言乎分，則其所受有偏全、厚薄、清濁、昏明之不齊，不特品類不同，而一類之中，又復不同是也。各隨所分而形於一，各成其性不同，由分於道不能齊也，以限於所分，故曰天道，而曰天命者，人物咸本於天道，而成性不同，由分於道不能齊也，以限於所分，故曰天命。從而名其稟受之殊曰性，因是日用事為皆由性起，故曰「率性之謂道」。身之動應無非道也，故曰「不可須臾離，可離非道」。「可」如「體物而不可遺」之「可」，君子不使其身動應或失，故雖有事之戒慎恐懼，而不敢肆，事至庶幾少差謬也。然性雖不同，大致以類為之區別，故《論語》曰：「性相近也。」此就人與人相近言之者也。然則犬之性猶牛之性，牛之性猶人之性與？」明乎其必不可混同言之也。孟子道性善，言必稱堯、舜，以人皆可以為堯、舜謂孟子曰：「凡同類者舉相似也，何獨至於人而疑之，聖人與我同類者。」言同類之相似，則異類之不相似明矣，故詰告子「生之謂性」曰：「然則犬之性猶牛之性，牛之性猶人之性與？」此就人與人相近言之者也。

之性善，非盡人生而堯、舜也。自堯、舜至於凡民，其等差凡幾，則其氣稟固不齊，豈得

謂非性有不同？然存乎人者皆有仁義之心，其趨於善也利，而趨於不善也逆其性而不利，

所謂「人無有不善，水無有不下」，善乃人之性，下乃水之性，而非以善概之於物。所謂故

者以利為本，出於利，乃性之本然也，順而非逆，是以利也。然孟子固專言人之性善，且

其所謂善者，初非無等差之善，即孔子所云「相近」；孟子所謂「苟得其養，無物不長；

苟失其養，無物不消」，所謂「求則得之，舍則失之」，或相倍蓰而無算者，不能盡其才者

也」，即孔子所云「習至於相遠」；孟子所謂「梏之反覆」，「違禽獸不遠」，即孔子所云「下

愚之不移」。宋儒未審其文義，遂彼此閡隔。在天道為陰陽五行，在人物分而有之以成性，

由成性各殊，故材質各殊。材質者，性之所呈也，離材質惡覩所謂性哉！故孟子一則曰「非

才之罪」，再則曰「非天之降才爾殊」（才、材，古字通用），人之材得於天獨全，故物但能遂

其自然，人能明於必然。孟子言聖人與我同類，又言犬馬之不與我同類，是孟子就人之材

之美斷其性善明矣。材與性之名，一為體質，一為本始，所指各殊，而可即材之美惡以知

其性，材於性無所增損故也。合《易》、《論語》、《孟子》之書言性者如是，成就其分陰陽

五行以成性為言，奈何別求一湊泊附著者為性，豈人物之生，莫非二本哉！返而求之，知

其一本，或庶幾焉。

問：朱子本程子「性即理也」一語，釋《中庸》「天命之謂性」，申之云：「天以陰陽五行，化生萬物，氣以成形，而理亦賦焉，猶命令也。於是人物之生，因各得其所賦之理以為健順五常之德，所謂性也。」其釋《孟子》云：「以氣言之，知覺運動，人與物若不異也；以理言之，則仁義禮智之稟，豈物之所得而全哉！告子不知性之為理，而以所謂氣者當之，蓋徒知知覺運動之蠢然者，人與物同，而不知仁義禮智之粹然者，人與物異也。」兩解似相閡隔。其作《中庸或問》有云：「雖鳥獸草木之生，僅得形氣之偏，而不能通貫乎全體，然其知覺運動，榮瘁開落，亦皆循其性，而各有自然之理焉。至於虎狼之父子，蜂蟻之君臣，豺獺之報本，雎鳩之有別，則其形氣之偏，又反有以存其義理之所得。」合觀朱子言性，不出「性即理也」之云，故云「告子不知性之為理」。既以性屬之理，理即其所謂「仁義禮智之稟」，天地、人物、事為，不聞無可言之理，故釋《中庸》合人物言之，以物僅得形氣之偏，故釋《孟子》言「豈物所得而全」言「仁義禮智之粹然者，人與物異」。《或問》一條於兩注可謂融矣。程子云：「論性不論氣不備，論氣不論性不明。」故朱子言性，專屬之理，而又及形氣之偏，皆出於程子也。程、朱之說，謂「理無不善，而形氣有不善」，故以孟子道性善，歸之本原；以孔子言性相近，下而及於荀子言性惡，揚子言善惡混，韓子三品，悉歸氣質之性。是荀、揚、韓皆有合於孔子。（朱子答門人云：「氣質之說，起於張、程，韓退之〈原性〉中俱說三品，但不曾分明說是氣質之性耳。孟子說性善，說得本原處，下面不曾說得

氣質之性，所以亦費分疏。諸子說性惡與善惡混，使張、程之說早出，則許多說話，自不用紛爭。）又以告子之說為合於荀、揚，（朱子於告子杞柳之喻云：「告子言人性本無仁義，必待矯揉而後成，如荀子性惡之說也。」於湍水之喻云：「告子因前說而小變之，近於揚子善惡混之說。」）合於孔子。（程子云：「凡言性處，須看立意如何。且如言人性善，性之本也。生之謂性，論其所稟也。孔子言性相近，若論其本，豈可言相近？只論其所稟也。告子所云固是，為孟子問他，他說便不是也。」）使告子明云氣質之性，孟子將不辨之歟？孔子言性相近，亦未明云氣質之性，（程子云：「性一也，何以言相近？此只是氣質之性，如俗言性急、性緩之類。性安有緩急？此言性者，生之謂性也。」）將與告子、荀子諸人同歟？此宋儒之說，雖極完備，彌啟後人之疑。《近思錄》程子云：「人生而靜以上不容說，纔說性時，便已不是性也。」朱子云：「人生而靜以上是人物未生時，只可謂之理，未可名為性，所謂在天曰命也。纔說性時，便是人生以後，此理已墮在氣質中，不全是性之本體矣，所謂在人曰性也。」然則孟子乃追遡人物未生，未可名性之時，而曰性善；若就名為性之時，已是人生以後，已墮在形氣之中，惡得斷之曰善？（程子云：「孟子言性當隨文看，本以告子『生之謂性』為不然者，此亦性也，被命受生以後，謂之性耳，故不同。繼之以『犬之性猶牛之性，牛之性猶人之性與』，然不害為一。若乃孟子之言善者，乃極本窮源之性。」）由是言之，將天下古今，惟上聖之性，不失其性之本體；自上聖而下，論人之性，皆失其本體。孔子以不全是性之本體者言性相近，孟子以未可名性者言性善。於孔子不敢顯言不明，

而直斥孟子不備。(朱子云：「孟子說性善，是論性不論氣；荀、揚而下，是論氣不論性。孟子終是未備，所以不能杜絕荀、揚之口。然不備但少欠耳，不明則大害事。」陳器之云：「孟子時，諸子之言性，往往皆於氣質上有見，而逕指氣質作性，但能知其形而下者耳。故孟子答之，只就義理上說，以攻他未曉處。氣質之性，諸子方得於此，而孟子所以不復言之。義理之性，諸子未通於此，孟子所以反覆詳說之。程子之說，正恐後學死執孟子義理之說，而遺失氣質之性，故併二者而言之曰：『論性不論氣不備，論氣不論性不明。』程子之論舉其全，孟子之論所以矯諸子之偏。」)宋儒剖析至此，愈令人惑。學者習聞宋儒之說完備剖析，以孔子所言者一性，孟子所言者一性，任其閡隔，不復求通。苟還而體會《易》、《論語》、《中庸》、《孟子》，於傳注洵疑惑不解矣。宋儒之所以失者安在？

曰：「性」之名，自古及今，雖婦人孺子，亦矢口舉之不謬者也，本盡人可知之通名也，儒者轉過求失之。如飛潛動植，舉凡品物之性，皆就其氣類別之。人物分於陰陽五行以成性，舍氣類更無性之名。醫家用藥，在精辨其氣類之殊，不別其性，則能殺人。使曰：「此氣類之殊者，已不是性。」良醫信之乎！試觀之桃與杏，取其核而種之，萌芽甲坼，根幹枝葉，為華為實，形色臭味，桃非杏也，杏非桃也，無一不可區別。由性之不同，是以然也。其性存乎核中之白（即俗稱桃仁、杏仁者），形色臭味，無一或闕也。凡植禾稼卉木，畜

中國

鳥獸蟲魚，皆務知其性；知其性者，知其氣類之殊，乃能使之碩大蕃滋也。何獨至於人，而指夫分於陰陽五行以成性者，曰：「此已不是性也。」豈其然哉！天道，陰陽五行而已矣。人物之性，分於道而有之，成其各殊者而已矣，其不同類者各殊也，其同類者相似也。

孟子曰：「如使口之於味也，其性與人殊，若犬馬之與我不同類，則天下何嗜皆從易牙之於味也。」又言：「動心忍性。」是孟子矢口言之，亦即別於氣類，盡人而知之性。孟子言性，曷嘗自歧為二哉！於告子「生之謂性」，必致辨者，成則各殊，徒曰「生」而已矣，將同人於犬牛，而不察其殊。告子聞孟子詰之，不復曰「生」者，成則各殊，非見於「仁義禮智之粹然者人與物異」而語塞也，犬與牛之異，又豈屬「仁義禮智之粹然者」哉！況朱子言：「性之本，物與人同，至形氣之偏，始物與人異。」是孟子又舍其理，而就形氣以為言矣。

且謂告子「徒知知覺運動之蠢然者，人與物同」，在告子既以知覺運動者為性，何不可直應之曰「然」？斯以見告子亦窮於知覺運動不可概人物而目為蠢然同也。觀孟子以氣類之殊詰告子，知孟子未嘗謂性之為理亦明矣。

問：知覺運動不可概人物而目為蠢然同，其異安在？

曰：凡有生即不隔於天地之氣化。陰陽五行之運而不已，天地之氣化也，人物之生本乎是，

由其分而有之不齊，是以成性各殊。知覺運動者，統乎生之全言之也。由其成性各殊，是以得之以生，見乎知覺運動也亦殊。氣之自然潛運，飛潛動植皆同，此生生之機，原於天地者也。而其本受之氣，與所資以養者之氣則不同。所資以養者之氣，雖由外而入，大致以本受之氣召之。五行有生克，遇其克之者則傷，甚則死，此可知性之各殊矣。本受之氣及所資以養者之氣，必相得而不相逆，斯外內為一。其得於天地之氣本一，然後相得不相逆也。氣運而形不動者，卉木是也，凡有血氣者，皆形能動者也，由其成性各殊，故形質各殊，則其形質之動，而為百體之用者，利用不利用亦殊。知覺云者，如寐而寤曰覺，心之所通曰知，百體皆能覺，而心之知覺為大。凡相忘於習則不覺，見異焉乃覺。魚相忘於水，其非生於水者，不能相忘於水也，則覺不覺亦有殊致矣。聞蟲鳥以為候，聞雞鳴以為辰，彼之感而覺，覺而聲應之，又覺之殊致有然矣。若夫虎狼之父子，蜂蟻之君臣，其自然之知覺，合於人之所謂理義者矣，而各由性成。人則無不全也，全而盡之無憾者，聖人也，知之極其量也。知覺運動者，人物之生；知覺運動之所以異者，人物之殊其性，孟子曰：「心之所同然者，謂理也，義也，聖人先得我心之所同然耳。」於義外之說，必致其辨，以人能全夫理義，故曰性善，言理之為性，非言性之為理。人之生也，分於陰陽五行以成性，而其得之也全。聲色臭味之欲，資以養其生；喜怒哀樂之情，感而

至乎物；美惡是非之知，思而通於天地鬼神。凡日用事為皆性為之本，而所謂人道也。上之原於陰陽五行，所謂天道也。言乎天地之化曰天道，言乎天地之中曰天德。耳目百體之所欲，血氣資之以養者，原於天地之中者也。故在天為天德，在人為性之德，然而非有二也。仁義之心，原於天地之中者也。故在天為天道，在人為性，而見於日用事為人道。比而合之，以解天下之惑，俾曉然無疑於理義之為性；害道之言，庶幾可以息矣。

就天地之化而語於無憾，曰天地之化者也。故在天為天德，在人為性之德，然而非有二也。凡達諸天下而不可廢者，未有非性使之然者也。古人言性，但以氣稟言，未嘗明言理義為性，曰仁義。凡達諸天下而不可廢者，未有非性使之然者也。

可知也。至孟子時，異說紛起，以理義為聖人治天下之具，害道之言，皆由外理義而生。人但知耳目之於聲、目之於色、鼻之於臭、口之於味之為性，而不知心之於理義，亦猶耳目鼻口之於聲色臭味也，故曰：「至於心獨無所同然乎？」蓋就其所知，以證明其所不知，舉聲色臭味之欲，歸之於耳目鼻口；舉理義之好，歸之心，皆內也，非外也。

孟子明人心之通於理，與耳目鼻口之通於聲色臭味，咸根諸性而非後起。後儒見孟子言性，則曰理義，則曰仁義禮智，不得其說，遂謂孟子以理為性，推而上之，以理為生物之本，匪徒於道、於性不得其實體，而於理之名亦失其起於天地、人物、事為不易之則，使人茫

然求其物不得矣。

附《孟子私淑錄》

問：聲色臭味之欲，亦宜根於心。今專以理義之好，為根於心，於「好是懿德」固然矣，抑聲色臭味之欲，徒根於耳目鼻口歟？心君乎百體者也，百體之能，皆心之能也，豈耳悅聲、目悅色、鼻悅臭、口悅味，非心悅之乎？

曰：否。心能使耳目鼻口，不能代耳目鼻口之能。彼其能者，各自具也，故不能相為。人物受形於天地，故恆與之相通。盈天地之間，有聲也，有色也，有臭也，有味也，舉聲色臭味，則盈天地間者，無或遺矣。外內相通，其開竅也，是為耳鼻口。五行有生克，生則相得，克則相逆，血氣之得其養、失其養繫焉，資於外足以養其內，此皆陰陽五行之所為。外之盈天地之間，內之備於吾身。外內相得無間，而養道備。民之質矣，日用飲食，自古及今，以為道之經也。血氣各資以養，而開竅於耳目鼻口以通之，既於是通，故各成其能而分職司之。孔子曰：「少之時，血氣未定，戒之在色。及其長也，血氣方剛，戒之在鬥。及其老也，血氣既衰，戒之在得。」血氣之所為不一，舉凡身之嗜欲，根於血氣明矣，非根於心也。孟子曰：「理義之悅我心，猶芻豢之悅我口。」非喻言也。凡人行一事，有當於理義，其心氣必暢然自得；悖於理義，心氣必沮喪自失。以此見心之於理義，一同乎血氣之於嗜欲，皆性使然耳。耳目鼻口之官，臣道也；心之官，君道也。臣效其能，而君正

其可否。理義非他，可否之而當，是為理義。聲色臭味之欲，察其可否，皆有不易之則，故理義者，非心出一意以可否之。若心出一意以可否之，何異強制之乎！因乎其事，察其不易之則，所謂「有物必有則」，以其則正其物，如是而已矣。

問：人物分於陰陽五行，其成性各不同。人之生也，稟天地之氣，則亦肖乎天地之德，物之得於天者，非稟氣而生，遺天地之德也。而孟子道性善，但言人之異於禽獸，概舉之，獨人之性善，其故安在？

曰：耳目鼻口之官，各有所司，而心獨無所司，心之官統主乎上以使之，此凡血氣之屬皆然。其心能知覺，皆懷生畏死，因而趨利避害，凡血氣之屬所同也。雖有不同，不過於此有明闇耳。就其明闇以制可否，不出乎懷生畏死者，物也。人之異於禽獸不在是。禽獸知母而不知父，限於知覺也，然愛其生之者，及愛其所生，與雌雄牝牡之相愛，同類之不相噬，習處之不相齧，進乎懷生畏死矣。一私於身，一及於身之所親，皆仁之屬也。私於身者，仁其身也，及於身之所親者，仁其所親也。本天地生生之德，發乎自然有如是。人之異於禽獸，亦不在是。人物分於氣化，各成其性，一陰一陽，流行不已，生生不息。觀於生生，可以言「仁」矣。在天為氣化之生生，在人為其生生之心，是乃「仁」之為德也，

非別有一物以與人而謂之「仁」。由其生生有自然之條理，惟條理所以生生。觀於條理之秩

然有序，可以言「禮」矣。失條理則生生之道絕。觀於條理之截然不可亂，可以言「義」

矣。亦非別有其物，而謂之「禮」，謂之「義」。合而言之，舉義可以賅禮，曰「立人之道，曰

仁與義」是也。舉禮亦可以賅義，而舉仁貴全乎禮義。《論語》曰「克己復禮為仁」是也。

若夫條理之得於心，為心之淵然而條理則名「智」。故智者，事物至乎前，無或失其條理；

不智者異是。《中庸》言：「修道以仁。」連舉義又連舉禮而不及智，言以達德行達道，舉

智仁勇而不及禮義，互文也。禮義有憾，由於不智。告子曰：「食色性也」，非外

也；「義外也」，非內也。」即其「生之謂性」之說，同人於犬牛，而不察其殊也。彼以自然

者，為性使之然，以義為非自然，轉制其自然，使之強而相從。老聃、莊周、告子及釋氏

皆不出乎以自然為宗。惑於其說者，以自然直與天地相似，更無容他求，遂謂為道之至高。

宋之陸子靜、明之王文成，及才質過人者，多蔽於此。孟子何嘗以自然者非性使之然哉！

以義亦出於自然也，故曰：「惻隱之心，人皆有之；羞惡之心，人皆有之；恭敬之心，人

皆有之；是非之心，人皆有之。」孟子之言乎自然，異於告子之言乎自然。蓋自然而歸於

必然，必然者不易之則也，非制其自然，使之強而相從也。天下自然而無失者其惟聖人乎？

孔子言：「從心所欲不踰矩。」從心所欲者，自然也；不踰矩者，歸於必然也。「必然」之

與「自然」，非二事也。就其自然明之盡，而無幾微之失焉，是其必然也；如是而後無憾，

如是而後安，是乃古賢聖之所謂自然也。彼任其自然而失者無論矣。貴其自然，靜以保之，

而視問學為用心於外，及乎動應，如其材質所到，亦有自然不失之處，不過材質之美，偶日

中一二，若統計行事，差謬多矣。且一以自然為宗而廢問學，其心之知覺有所止，不復日

益，差謬之多。不求不思，以此終其身而自尊大，是以君子惡其害道也。老聃、莊周、告

子、釋氏之說，同人於禽獸者也。聖人之教，使人明於必然，所謂「考諸三王

而不謬，建諸天地而不悖，質諸鬼神而無疑，百世以俟聖人而不惑」，斯為明之盡。人與物

咸有知覺，而物之知覺不足與於此。人物以類區分，而人所稟受，其氣清明，遠於物之不

可開通。禮義者，心之所通也，人以有禮義，異於禽獸，實人之智大遠乎物。然則天地之

氣化，生生而條理，生生之德，鮮不得者，惟人性開通，能不失其條理，則生生之德，因

之至盛。物循乎自然，人能明於必然，此人物之異。孟子以「人皆可以為堯、舜」，斷其性

善在是也。（以上卷二。）

問：荀子之所謂性，亦孟子之所謂性，孟子知性之全體，其餘皆不知性之全體，故惟孟子與

孔子合。然指為性者，實古今所同謂之性。至告子所謂性，朱子謂一似荀子言性惡，一似揚子言

所謂性相似歟？

善惡混，一似釋氏言作用是性。今以荀、揚不與釋氏同，則告子不得與荀、揚同矣，豈獨與釋氏

問：告子、釋氏指何者為性？

曰：然。老聃、莊周之書，其所貴焉者咸此也。杞柳、湍水之喻，胥是物也。其視仁義視善不善，歸之有欲有為以後事，而其保此性也，主於無為自然，即釋氏云「不思善，不思惡時，認本來面目」是也，實一說而非有三說。

曰：神氣形色，古賢聖一視之，修其身、期於言行無差謬而已矣。故孟子曰：「形色天性也，惟聖人然後可以踐形。」人物成性不同，故形色各殊。人之形，官器利用，大遠乎物，然而幾如物之蠢然，是不踐形也；於人之道無憾無失，斯為踐形耳。老聃、莊周、告子、釋氏，其立說似參差，大致皆起於自私，皆以自然為宗。彼視一身之中，具形氣以生，而神為之主宰，因貴此神，以為形氣之本，究之神與氣不可相離，故老子曰：「一生二，二生三，三生萬物，萬物負陰而抱陽，沖氣以為和。」其言乎天地間也，曰：「有物混成，先天地生。」從此而分陰陽，一生二也；陰陽與此而三，二生三也。言乎人物，三者咸具，

陰也陽也，沖氣以為和，即主宰之者也。彼見於氣可言有，神存乎其有而不可謂有，又不

可謂無，然不離氣者也，故曰「沖氣」。上之原於「有物混成，先天地生」之道，不離氣而

別於氣，故曰：「道之為物，惟恍惟忽，忽兮恍兮，其中有象。恍兮忽兮，其中有物。」

莊子言神之主宰於身，則曰：「若有真宰，而特不得其朕。」曰：「其有真君存焉，如求

得其情與不得，無益損乎其真。」繼之曰：「一受其成形，不亡以待盡，與物相刃相靡，

其行盡如馳，而莫之能止，不亦悲乎！」言此神受形而生，則不去以待，形化而有血氣，

乃有情欲，皆足以戕之，趨於速斃者也。又曰：「終身役役，而不見其成功，苶然疲役而不

知其所歸，可不哀邪！」言求諸外者，徒勞其神者也。又曰：「人謂之不死，奚益？其形

化，其心與之然，可不謂大哀乎！」言人壽有修短，雖不死之日，不知保此心，為形君之

神，至與形俱斃也。釋氏「人死為鬼，鬼復為人」之說，與莊子此條同。老氏言「長生久

視」，釋氏言「不生不滅」，語似異，而以死為返其真，視形體為假合，從而空之，不過恐

害其神之自然，指歸不異也。（告子同於釋氏，以神識為性，釋氏謂之曰「真空」，謂之曰「作用」。

謂真空則能攝眾有而應變，謂即此識情便是真空妙智，謂湛然常寂，應用無方；用而常空，空而常用；

用而不有，即是真空；空而不無，即成妙有。故言「空是性」，又言「作用是性」。釋氏書中，問如何是

佛？曰：「見性為佛。」如何是性？曰：「作用為性。」如何是作用？曰：「在目目見，在耳目聞，在

鼻臭香，在口談論，在手執捉，在足運奔，遍見俱該法界，收攝在一微塵，識者知是佛性，不識喚作精魂。」此皆「生之謂性」之說也。固無取乎善惡之分。其顯然道破處，如云「不思善、不思惡時認此本來面目」，即告子「性無善無不善」宗旨。後世禪家不云不思善而渾其語，如《傳燈錄》云：「饑來喫飯困來眠。」即《老子》所云：「上士聞道，勤而行之；中士聞道，若存若亡；下士聞道大笑之，不笑不足以為道。」彼饑食困眠，聞之即可大笑，此即「致虛極，守靜篤」，即「勤而行之」也。致虛未極，守靜未篤，乃「若存若亡」也。其說大都主於一切空之，便妙用無方。老聃、莊周、告子、釋氏立言不同，而同出一轍如是。）宋時如陸子靜、楊敬仲，及明王文成諸人，其言論皆如此。（子靜之言曰：「收拾精神，自作主宰，萬物皆備於我，何有闕欠？當惻隱時，自然惻隱；當羞惡時，自然羞惡；當寬裕溫柔時，自然寬裕溫柔；當發強剛毅時，自然發強剛毅。」又曰：「惡能害心，善亦能害心。」敬仲之言曰：「目能視，所以能視者何物？耳能聽，所以能聽者何物？口能噬，鼻能臭，所以能噬、能臭者何物？手能運用，足能步趨，心能思慮，所以能運用、步趨、思慮者何物？」王文成之言曰：「聖人致知之功，至誠無息，其良知之體，皦如明鏡，妍者妍，媸者媸，隨物見形，而明鏡曾無留染，所謂『情順萬事而無情』也。『無所住以生其心。』佛氏曾有是言，未為非也。明鏡之應，妍者妍，媸者媸，一照而皆真，即是『生其心』處。妍者妍，媸者媸，一過而不留，即『無所住』處。」又曰：「『本來面目』，即吾聖門所謂『良知』。隨物而格，是致知之功，即佛氏之『常惺惺』，亦是常存他本來面目耳。體段工夫，

大略相似。」文成釋「格物」為「扦禦外物」。）在老聃、莊周、告子直據己見而已。故告子言「無善無不善」，言「無分於善不善」，言「義外」者，後人因孟子嘗辨之，則以此為善，己無可復加，為仁義禮智皆備，且所稱者出《中庸》、《大學》、《孟子》之書，以飾其說，學者不可不辨別疑似也。

問：邵子云：「神無方而性有質。」又云：「性者道之形體，心者性之郛郭。」又云：「人之神即天地之神。」合其言觀之，所謂道者，指天地之神無方也。所謂性者，指人之神有質也。此老聃、莊周、告子、釋氏之所謂道、所謂性，而邵子亦言之，何也？

曰：邵子之學，深得於老、莊，其書未嘗自諱。以心為性之郛郭，謂人之神，宅此郛郭之中也。朱子於其指神為道、指神為性者，皆轉而以理當之。邵子之書有曰：「道與一，神之強名也。」幾以道為不足當神之稱矣。其書又曰：「神統於心，氣統於腎，形統於首，」又曰：「氣則養性，性則乘氣，故氣存則性存，性動則氣動也。」此即導養之說，指神之炯炯而不昧者為性，性之絪縕而不息者為命，神乘乎氣，而資氣以養也。（王文成云：「夫良知一也，以其妙用而言謂之神，以其流行而言謂之氣。」立說亦同。）形氣交而神主乎其中，三才之道也。」此以神周乎一身，而宅於心為之統會也。

問：張子云：「由太虛有天之名，由氣化有道之名；合虛與氣，有性之名；合性與知覺，有心之名。」別性於知覺，其所謂性，似同於程子云「性即理也」。與邵子指神為性者有異。（陳器之云：「仁義禮智者，義理之性也；知覺運動者，氣質之性也。有義理之性，而無氣質之性，則無異於枯死之物，故有義理以行乎血氣之中，有血氣以受義理之體，合虛與氣有氣質之性，而無義理之性，則義理必無附著；合性與知覺，有心之名。」）然以虛指理，古賢聖未嘗有是稱，不幾猶釋氏言「空是性」歟？

曰：釋氏所謂「空是性」者，指神之本體。又言「作用是性」，則指神在形質之中，而能知覺運動也。張子云：「神者太虛妙應之目。」是其所謂虛，亦未嘗不以為神之本體。而又曰：「天之不測謂神，神而有常謂天。」然則「由太虛有天之名」者，以神而有常為言。

釋氏有見於自然，故以神為已足；張子有見於必然，故不徒曰神，而曰神而有常。此其所見近於孔、孟，而異於釋氏也。然分理、氣為二，視理為如一物，故其言理也，求其物不得；就陰陽不測之神以言理，以是為性之本源，而目氣化生人生物曰：「游氣紛擾，合而成質者，生人物之萬殊。」則其言「合虛與氣」，虛指神而有常，氣指游氣紛擾，乃雜乎老、釋之見，未得性之實體。惟「由氣化有道之名」一語，合於《易》言「一陰一陽之謂道」。又曰：「神天德，化天道。」道以化言是也，德以神言非也。彼釋氏自貴其神，

亦以為足乎天德矣。張子之書又有之曰：「氣有陰陽，推行有漸為化，合一不測為神。」

聖人復起，不易斯言。邵子言：「形可分，神不可分。」語可參觀。以人物驗之，耳目百

體會歸於心，心者，合一不測之神也。如耳目鼻口之官，是「形可分」也，而統攝於心，

是「神不可分」也。夫天地間有陰陽，斯有人物。於其推行謂之化，於其合一謂之神，天

道之自然也。於其分用為耳目百體，於其合一則為心。是故就天地言，化

其事也，神其能也。事、能俱無憾，天地之德也。人之血氣本乎天，人之心知配乎神，血

氣心知無失，配乎天地之德無憾無憾，夫是之謂理而已矣。由化以知神，由化與知以知德。

天之生物也使之一本，而以性專屬之神，則目形體為假合；以性專屬之理，則謂「纏說性

時，已不是性」，皆二本故也。

問：宋儒言「稟理然後有性，稟氣然後有形」，雖虛揣以為說，謂「理氣渾淪，不害二物之各

為一物」，實求其物，不得若老聃、莊周、告子、釋氏之言。夫性則確有指實，不過區別於形氣之

中，言其主之者耳。日形，日氣，日神，三者求之一身，儼然如三物，凡血氣之屬，未有或闕者

也。荀子謂「性者天之就」，雖專屬形氣之自然，固不遺夫神，而以為非天之就也。其稱性也，兼

以惡概之，而伸其重學崇禮義之說。何以論荀子，則日「不知性之全體」而已；論告子、釋氏，

則斷為異說，何也？

曰：性者分於陰陽五行，品物區以別焉，各為之本始，統其所有之事、所具之能、所全之德而名之，非以知覺運動者名之。《易》言「成之者性」是也。其一身中，分而為言曰形、曰氣、曰神者，材也，《易》言「精氣為物」是也。心為形君，耳目百體者，氣融而靈。心者，氣通而神。告子貴其神而不知性者也，其「不動心」，神定而一無責焉之為不動也。性可以根柢言，材可以純駁清濁言，則其材亦殊。成是性，斯為是材。神可以主宰樞紐言，思可以敏鈍精得失言，知可以淺深精粗言，皆根於性而存乎材者也。理譬之中規中矩也，氣通而神，是以能思，資於學以導其思，以極其知之量，古賢聖之教也。荀子不知性之全體，而其說至於重學崇禮義，猶不失為聖人之徒，特未聞道耳。老聃、莊周、告子、釋氏，以自然為宗，不知性之區別，而徒貴其神，去其情欲之能害是者，即以為已足，與古賢聖立教，由博學審問慎思明辨以求無差謬者異。是故斷之為異說，不得同於荀子也。

問：周子《通書》有云：「聖可學乎？曰可。有要乎？曰有。請問焉？曰：一為要，一者，無欲也。無欲則靜虛動直。靜虛則明，明則通；動直則公，公則溥。明通公溥，庶矣哉！」此與

老氏「為道日損」，釋氏「六用不行，真空妙智」之說，及陸子靜言「人心至靈，此理至明，人皆有此心，心皆具是理」，王文成言「聖人致知之功，至誠無息，其良知之體，皦如明鏡」者，立言不殊。後儒於周子則以為切要之指，莫敢違議，於老、釋、陸、王則非之，何也？

曰：周子之學，得於老、釋者深，而其言渾然與孔、孟相比附，後儒莫能辨也。朱子以周子為二程子所師，故信之篤，考其實，固不然。程叔子撰《明道先生行狀》，言：「自十五、六時聞周茂叔論道，遂厭科舉之業，慨然有求道之志，未知其要，泛濫於諸家，出入於老、釋者幾十年，返求諸六經然後得之。」其不得於周子明矣！且直字之曰周茂叔，其未嘗師事亦明矣！見周茂叔後乃出入於老、釋。張橫渠亦訪諸釋、老之書累年，朱子年四十以前猶馳心空妙。宋儒求道，往往先以老、釋為借階，雖終能覺寤老、釋之非，而受其蔽，習於先入之言不察者亦不少。周子論學聖人主於「無欲」，王文成論致知主於「良知」之體，皆以老、釋廢學之意論學，害之大者也。

問：程子、朱子以性為「足於己」，其語學則曰「復其初」，（程子云：「聖賢論天德，蓋自家元是天然完全自足之物，若無所汙壞，即當直而行之；若小有汙壞，即敬以治之，使復如舊。」朱子於《論語》首章、於《大學》「明明德」，皆以「復其初」為言。）「復其初」之云，出莊周書，《莊子‧繕性》篇曰：「繕

性於俗學，以求復其初，滑欲於俗知，以求致其明，謂之蔽蒙之民。」又曰：「文滅質，博溺心，然後民始惑亂，無以返其性情，而復其初。」）無異釋氏所謂「本來面目」。然孟子亦曰：「大人者，不失其赤子之心者也。」豈彼以神言，此以理言，不嫌於語同而指歸異歟？

曰：孟子言性善，非無等差之善，不以性為「足於己」也。主擴而充之，非「復其初」也。人之形體，與人之心性，比而論之，形體始乎幼小，終於長大。方其幼小，非自有生之始，即攖疾病小之也。今論心性而曰其初盡人而聖人，自有生之始即不汙壞者鮮，豈其然哉！形體之長大，資於飲食之養，乃長日加益，非復其初；心性之資於問學，進而賢人聖人，非復其初明矣。形體無虧闕，故可以長大，而天傷者失其可長大者也。赤子之心，皆有仁義禮智之端，可以擴充，而不充之者，失其能充之心者也。人物分於陰陽五行以成性，而與天地等量，是以守己自足，主於去情欲以勿害之，不必問學以充之。宋儒或出焉，或入人異於物者，其性開通，無不可以牖其昧而進於明，較其材質，等差凡幾。古賢聖知人之得於天有等差，是以重問學，貴擴充。老聃、莊周、告子、釋氏，謂得之以性皆同其神，焉，故習其說者不得所據，多流於老、釋。讀古人書，所慎尤在疑似，此亦當辨之大端也。

問：神為形氣之主宰，莊子謂：「一受其成形，不亡以待盡。」釋氏「人死為鬼，鬼復為人」

之說同此。在古人制祭祀之禮，以人道事鬼神，而傳稱「鬼猶求食」，及「伯有為厲」；又宇宙間

怪見不一，愚夫婦亦往往耳聞目見，不得不惑於釋氏所云。而言仙者，又能盜氣於天地間，使其

神離血氣之體以為有。故其言性也，即神之炯炯而不昧者；其言命也，即氣之絪縕而不息者。有

所指實也如是。老聃、莊周、告子、釋氏靜以會夫一身，見莫貴於此。今以形、氣、

神統歸之材，而曰性可以根柢言，神可以主宰、樞紐言，理則譬之中規中矩，不以神先形氣，不

以理為主宰、樞紐、根柢。老、釋之說，宋儒之說，指歸不同而失同，何也？

曰：孔子言：「原始要終，故知死生之說，精氣為物，游魂為變，是故知鬼神之情狀。」

人物分於陰陽五行以成性，成是性斯為是材以生，可以原始而知也。形敝氣散而死，可以

反終而知也。其生也，精氣之融，以有形體。凡血氣之屬，有主則能運動，能運動則能知

覺。知覺者，其精氣之秀也。人之知覺，能通乎天地之德，因行其所知，底於無失，斯無

往非仁，無往非禮義矣。《左氏春秋》曰：「人生始化曰魄，既生魄，陽曰魂。」魂魄非

他，其精氣之能知覺運動也，是以又謂之神靈。曾子言「陽之精氣曰神，陰之精氣曰靈」

是也。至於形敝氣散而精氣猶凝，是謂游魂，言乎離血氣之體也。「精氣為物」者，氣之精而

凝，品物流行之常也；「游魂為變」者，魂之游而存，其後之有敝有未敝也。變則不可窮

詰矣。彼有見於游魂為變，而主其一偏，昧其大常，遂以其盜天地生生之機者為己之本體。彼之以神先形氣，聖人所謂「游魂為變」中之一端耳。在老、釋就一身分言之，有形氣，有神識，而以神識為本。推而上之，以神為有天地之本，遂求諸無形無象者為實有，而視有形有象為幻。在宋儒以形氣、神識同為己之私，而理得於天。天之生物也，使之一本，於理、氣截之分明，以理當其無形無象之實有，而視有形有象為粗。老聃、莊周、告子、釋氏義與性為二本，宋儒以理與氣質為二本，老聃、莊子、告子、釋氏以神與形體為二本。然而荀子推崇禮義，宋儒推崇理，於聖人之教不害也，不知性耳。老聃、莊子、告子、釋氏守己自足，不惟不知性而已，實害聖人之教者也。

問：程叔子撰《明道先生行狀》云：「泛濫於諸家，出入於老、釋者幾十年，返求諸六經，然後得之。」呂與叔撰《橫渠先生行狀》云：「范文正公勸讀《中庸》，先生讀其書雖愛之，猶以為未足，於是又訪諸釋、老之書，累年盡究其說，知無所得，返而求之六經。」《朱子語類》廖德明錄癸巳所聞云：「先生言，一、二、三年前見得此事尚鶻突，為他佛說得相似，近年來方看得分曉。」（癸巳，朱子四十四歲。）朱子《答汪尚書書》云：「熹於釋氏之說，蓋嘗師其人，尊其道，求之亦切至矣。然未能有得。其後以先生君子之教，校乎前後緩急之序，於是暫置其說而從事於

吾學。其始蓋未嘗一日不往來於心也，以為俟卒究吾說，而後求之，未為甚晚。而一、二年來，心獨有所自安，雖未能即有諸己，然欲復求之外學，以遂其初心，不可得矣。」考朱子慕禪學在十五、六時，年二十四見李愿中，教以看聖賢言語，而其後十餘年有《答何京叔》二書，意見乃與釋氏不殊，信彼為有實得，此為支離，反用聖賢言語指其所得於釋氏者。及五十內外，所見漸定，不惑於釋氏。合觀程子、朱子、張子皆先入於老、釋，究之能覺窹其非，何也？

曰：四君子皆志賢聖之志者也，其學本乎求是，故於此於彼，期在自得，不在虛名。考之六經，茫然不得性道之實體，則必求諸彼矣。求諸彼而其言道、言性確有指實，且言夫體用一致也似神，能靡不周。（如說性周法界，淨智圓妙，體自空寂。）故朱子嘗馳心空妙，冀得之以為衡鑑事物之本，極其致，所謂「明心見性」，不過「六用不行」，彼所以還其神之本體者，即本體得矣，以為如此，便混無欠闕矣。實動輒差謬。在彼以自然為宗本，不論差謬與否。而四君子求是之心，久之亦知其不可持以衡鑑事物，故終能覺窹其非也。夫人之異於物者，自「志學」以至「從心所欲不踰矩」，皆見夫天地、人物、事為有不易之則之為必然，者，人能明於必然，百物之生遂其自然也。孔、孟之異於老聃、莊周、告子、釋氏而博文約禮，以漸致其功。彼謂「致虛極，守靜篤」，「為道日損，損之又損，以至於無」，

至於「道法自然」，無以復加矣。孟子而後，惟荀子見於禮義為必然，見於不可徒任自然，而不知禮義即自然之極則。宋儒亦見於理為必然，而以理為「太極」，為「生陽生陰」，為「不離陰陽，仍不雜於陰陽」，指其在人物為性，為「不離氣質，仍不雜於氣質」。蓋不知理者，自然之極則也。視理儼如一物，加以主宰、樞紐、根柢之說，一似理亦同乎老、釋所指者之於人為「本來面目」。就彼言神識者，轉之以言乎理，尊理而重學，遠於老聃、莊周、告子、釋氏矣。然以彼例此而不協乎此，故指孔、孟所謂道者非道，所謂性者非性，增一怳忽不可得而推究之主宰、樞紐、根柢，因視氣習曰「空氣」，視心曰「性之郭郭」。是彼奉一自然者之神，居此空氣之上、郭郭之中；此奉一必然之理，居此空氣之上、郭郭之中也。苟知有物必有則，不以則與物二視之，庶幾於孔、孟之言道、言性者始可通。物者指其實體實事之名，則者稱其純粹中正之名。實體實事，罔非自然而歸於必然，天地、人物、事為之理得矣。自然之極則是謂理，宋儒借階於釋氏，是故失之也。凡習於先入之言，往往受其蔽而不覺，宋儒言道為氣之主宰、樞紐，如彼以神為氣之主宰、樞紐；以理能生氣，如彼以神能生氣也；以理墮在形氣之中，變化氣質，則復其初，如彼以神受形氣而生，不以形物欲累之，則復其初也。皆改其所指為神識者以指理。其終遠於老、釋，而近於孔、孟，則彼以「自然」為指歸，此以「必然」為指歸也。（以上卷三。）

讀姜白巖《尊行日記》

清儒戴東原論宋、明理學，深斥程、朱，越後戴望為《顏氏學記》，嘗謂其說本諸習齋。近人因疑東原思想淵源於清初之顏、李。余舊著《近三百年學術史》，疑其說無據，頗加駁論。然謂東原思想未必本之於顏、李，此一說也。謂東原生前，絕未聞顏、李緒論，此又一說也。余固謂東原思想，不必本諸顏、李，然亦未謂東原生前，絕未見顏、李書，絕未聞顏、李緒論。蓋學者著書流傳是一事，後人治其學，稱引其書，闡述其遺說，則屬另一事。近人因顏、李之學，稍後稱引者少，遂謂其學不顯，一若其書絕少流傳，世無見者，遂疑東原之或可得聞顏、李之遺說於程縣莊。此則混並兩事而一說之，實無證以見其必然也。余近讀清儒姜炳璋所著《尊行日記》手稿，有「乙亥乾隆二十年，三月十八日，於江西友人魯絜非處，假得顏習齋《四存編》一條，此下即

摘要錄述《四存》大意。下月又備記恕谷父洞初與習齋交游，及命其子恕谷從學事。是姜氏固亦曾見顏、李書，而不以治顏、李學名。兩人與程縣莊同時，然則豈必縣莊乃為獨見顏、李之書者？魯氏交游於姚惜抱，姜氏與錢竹汀、紀曉嵐同年成進士，姚、錢、紀三人，皆與東原熟稔，東原又何必獨於縣莊所而獲聞顏、李之說乎？又按：恕谷與方望溪交好，絜非治古文辭，亦可因《望溪集》而探討及於顏、李。書籍之流布，學人之窺尋，如水銀瀉地，如獵犬逐兔，安知其所必循之塗轍哉？且是時顏、李書流傳至江西，又何獨於北京首善之區，人文薈萃，乃必不得接聞於顏、李之遺說，獲見於顏、李之遺書乎？然則東原若見顏、李書，固不必定自縣莊也。

《尊行日記》又有為柴子亭石作書上鄞令宗公，推薦全謝山修《鄞志》，書中有曰：「謝山跡弛之才，英鋒四出，固當事未甚許可者也。」又曰：「尊意未免慎重其間者，亦以謝山往往不理於口。生竊觀其著《耆舊集》時，痛斥張東沙之偏狗、王一辰之穢略。凡故家子弟，投金而欲附其祖父之詩文者，輒以為人不足取，詩不足傳，悉麾去之，亦以此取怨於人。大抵平居影響之間，不無招謗。而著作傳後之事，極其堅忍。」是謝山當日在鄉里，似譽評亦不甚美。此亦博學奇才，時所難免。東原早年，被逐於宗黨，遂襆被至京，此後絕不返故里。其事之詳不可知。汪容甫在江都，亦極招鄉里非議。戴、汪皆高才尚氣，而少孤赤貧，其傲岸自樹，藉以自洩其內鬱不平之

氣，而以招來里閈俗人之譏排，此自無傷於其治學立身之大節。戴氏之可議，在其成學立名之後，

如「婺源老儒」之稱，如《大典・水經注》之發現，此則固不當與早年鄉評一例而論也。

偶讀《尊行日記》，輒於有關討論東原學行，而誌其所感如此。

錢竹汀學述

竹汀晚年著《十駕齋養新錄》，同時阮元芸臺為之序，有曰：

學術盛衰，當於百年前後論升降焉。元初學者，不能學唐、宋儒者之難，惟以空言高論易立名者為事，其流至於明初《五經大全》，易極矣。中葉以後，學者漸務於難，然能者尚少。我朝開國，鴻儒碩學，接踵而出。乾隆中學者，更習而精之，可謂難矣，可謂盛矣。

國初以來諸儒，或言道德，或言經術，或言史學，或言天學，或言地理，或言文字音韻，或言金石詩文。專精者固多，兼擅者尚少。惟嘉定錢辛楣先生能兼其成。由今言之，蓋有九難。先生講學上書房，歸里甚早。人倫師表，蹈履粹然，一也。深於道德性情之理，持

論必執其中，實事必求其是，二也。潛研經學，傳注疏義，無不洞徹原委，三也。正史雜史，無不討尋，訂千年未正之譌，四也。精通天算，三統上下，無不推而明之，五也。校正地志，於古今沿革分合，無不考而明之，六也。於六書音韻，觀其會通，得古人聲音文字之本，七也。於金石無不編錄，於官制史事，考覈尤精，八也。詩古文詞，早歲久主壇坫，冠冕館閣，九也。元嘗服膺曾子十篇矣，曰：「難者弗辟，易者弗從。」若立一說，標一旨，即名為大儒，恐古聖賢，不若是之易也。

阮氏此序，實可為當時推重竹汀為學之代表。竹汀身後，《潛研堂集》刊行，段玉裁槩堂為之序，所言亦無以大異乎阮氏。在竹汀亦自言之曰：

宣尼之言曰：「君子博學於文。」顏子述夫子之善誘，則曰：「博我以文。」子思作〈中庸〉曰：「博學之，審問之。」《孟子》之書曰：「博學而詳說之。」聖人刪定六經，以垂教萬世，未嘗不慮學者之雜而多歧也，而必以博學為先。然則空疏之學，不可以傳經也審矣。（〈抱經樓記〉，時年六十。）

則竹汀固自以博學標學的也。空疏之學，為竹汀之所斥。然博學尤貴有的。竹汀又曰：

知德性之當尊，於是有問學之功。豈有遺棄學問而別為尊德性之功者哉？（〈策問〉）

捨問學而言尊德性，固為竹汀所不許。然道問學正以為尊德性，則捨德性而言問學，更尤為竹汀所不許也。阮氏列舉九難，首之曰「人倫師表，蹈履粹然」，次之曰「深於道德性情之理」。以此為竹汀揄揚，可謂知先後之序矣。

在阮〈序〉中，尤可注意者，乃在無一辭涉及漢學、宋學之分野。竹汀論學，即不認有此分野也。故曰：

濂溪氏之言曰：「實勝，善也。文勝，恥也。」儒者讀《易》、《詩》、《書》、《禮》、《春秋》之文，當立孝弟忠信之行。文與行兼修，故文為至文，行為善行。處為名儒，出為良輔。程、張、朱皆以文詞登科，唯行足以副其文，乃無媿乎大儒之名。聖賢施教，未有不以崇實為先。（〈崇實書院記〉）

此以濂溪、二程、張、朱為能崇實學，故無媿乎大儒之名，則曷嘗有菲薄宋儒道學之見存其心中乎？

惟竹汀極不喜《宋史》於〈儒林〉外別標〈道學傳〉之名，特為文爭辨，有曰：

自史遷以經師相授受者為〈儒林傳〉，而史家因之。洎宋，洛、閩諸大儒講明性道，自謂直接孔、孟之傳。嗣後儒分為二，有說經之儒，有講學之儒。《宋史》乃創為〈道學〉，列於〈儒林〉之前，以尊周、二程、張、邵、朱六子，而程、朱之門人附見焉。去取予奪之例，可謂嚴矣。愚讀之而不能無疑。以為周、程、張、朱五子，宜合為一傳，而於論贊中著其直接聖賢之宗旨，不必別之曰「道學」也。自五子而外，則入之〈儒林〉可矣。若是則五子之學尊，而五子之道乃愈尊。五子不必辭儒之名，而諸儒自不得並於五子。（〈跋「宋史」〉）

是竹汀特反對《宋史》之別標〈道學傳〉以列於〈儒林〉之前，非反對周、程、張、朱之創為道學也，故曰：「五子之學尊，而五子之道乃愈尊。」又曰：「諸儒自不得並於五子。」其軒輊顯然矣。學者固當尋五子之學以究其道，非謂此五子者，乃不得預於學問之門，不得列於道統之傳也。竹汀又曰：

史家之例，以列傳為重，其列於〈儒林〉、〈文苑〉者，皆其次焉者也。元人不通史法，乃特創〈道學〉之名，欲以尊異程、朱諸人。後來無可充〈道學〉者，而無識之輩，競以〈儒林〉為榮。愚意當總題之曰「人物」，但以時代為次，不分優劣。既違古式，又息爭端。

《〈鄞縣志局與同事書〉，時年六十。》

此為與人論修志書，不僅欲廢「道學」之名，並亦主去「儒林」之目。此皆論史法，非於道學、儒林爭優劣，尤顯然矣。而竹汀之於朱子，則尤致其佩仰之情。故曰：

孔、孟已遠，吾將安歸？卓哉紫陽，百世之師。主敬立誠，窮理致知。由博返約，大醇無疵。山高海深，日麗星垂。浩然元氣，入人心脾。慶元黨禁，守正靡移。立德不朽，斯文在茲。（〈朱文公三世像贊〉）

此文直以朱子為孔、孟後一人，而曰「斯文在茲」、「百世之師」，可謂是至高無上之讚辭矣。所以然者，豈不以朱子窮理致知由博返約之教，特於竹汀之為學有深契乎？故又曰：

文公窮理精而好學篤，故不為過高之論。若金溪諸子，則以為支離而不足學矣。（《十駕齋養新錄》）

竹汀又特為此條標題曰「朱文公議論平實」，此又見其平日論學特所嚮慕之一端。又《竹汀日記鈔》卷三〈策問〉有一條云：

孔、孟之書，儒者童而習之。孟子道性善，性之善，於親親敬長見之，所謂良知良能也。而宋儒乃謂「性中曷嘗有孝弟來」，其似異而同之故，果何在歟？明儒主良知者，又與孟子之意異，果有當於聖學否？宣尼四教，不越文、行、忠、信。學問之後繼以思辨。非徒思也。紫陽以窮理為致知，此為聖學真傳。而或者轉譏學問為支離，毋乃與孔、孟之旨相刺謬乎？

今按：竹汀長吳郡紫陽書院，始自乾隆五十三年戊申，上距雍正六年戊申竹汀生年，適花甲一周，竹汀年已逾六十。其長紫陽凡十六年，此條〈策問〉不知在何年，要之已在竹汀之晚歲，而以朱子為聖學真傳，則與前引兩條無異趣。其不滿於陸、王，亦與上引《養新錄》一條相發。此皆竹汀晚年之見也。《潛研堂集》又特為王白田作傳，是竹汀之心香一瓣所在可知矣。然竹汀論學，特戒詆毀之爭，又不喜門戶之見。故曰：

論學術不為非聖悖道之言，評人物不為黨同醜正之心。（《養新錄》）

又曰：

歐羅巴之俗，能尊其古學；而中土之儒，往往輕議古人。（〈贈談階平序〉，年五十二。）

斯可謂情見乎辭矣。又曰：

今之學者，讀古人書，多訾古人之失。與今人居，亦樂稱人失。人固不能無失，然試易地以處，平心而度之，吾果無一失乎？吾求吾失且不暇，何暇論人哉？理之所在，各是其所是，各非其所非，世無孔子，誰能定是非之真？（〈奕喻〉）

又曰：

大抵好詆毀人者，必非忠信篤敬之士。於古人且不能容，況能容同時之善士乎？（《養新錄》）

又其評《論衡》有曰：

其書殆所謂小人而無忌憚者。〈問孔〉之篇，掎摭至聖；〈自紀〉之作，訾毀先人。（〈跋「論衡」〉）

又曰：

又曰：

　安石心術不正，即在好非議古人。（《養新錄》）

　今海內文人學士，窮年累月，肆力於鉛槧，孰不欲託以不朽，而每若有不敢必者。予謂可以兩言決之，曰「多讀書」、「善讀書」而已矣。胸無萬卷書，臆決唱聲，自矜心得，縱其筆鋒，亦足取快一時。而溝澮之盈，涸可立待。此固難以入作者之林矣。亦有涉獵今古，聞見奧博，而性情偏僻，喜與前哲相齟齬。說經必詆鄭、服，論學先薄程、朱。雖一孔之明非無可取，而其強詞以求勝者，特出於門戶之私，未可謂之善讀書也。（〈嚴久能「娛親雅言」序〉）

又曰：

　不讀書而鑿空師心，既為竹汀所深斥；而好立門戶，竹汀又謂之不善讀書。必祛此二弊，而後竹汀論學之淵旨乃可見。故又曰：

　聖人議論公而度量大。王者知此，可無乏才之嘆；儒者知此，必無門戶之爭。（《養新錄》）

與今人爭名，命之曰「躁」，人其嫉之；與古人爭名，命之曰「妄」，天其忌之。（〈名箴〉）

其與人論《史記》有曰：

自王子師詆子長為謗史，宋、元、明儒者訾議尤多，僕從未敢隨聲附和。蓋讀古人書，誠愛古人，而欲尋其用意之所在，不肯執單詞以周內文致也。（〈與梁燿北論「史記」書〉）

又其論吳廷珍《新唐書糾謬》有曰：

《新史》舛謬固多，廷珍所糾，非無可采。但其沾沾自喜，衹欲快其胸臆，則非忠厚長者之道。（〈跋「新唐書糾謬」〉，時年四十七。）

觀於上引，竹汀為學，主於持論執中，實事求是，決不願見學術界有輕肆詆毀菲薄前人之風，更不願有門戶出入主奴之私爭。此在當時學術界中，洵可謂一特立獨出之人物。

余讀《十駕齋養新錄》，有一條云：

朱文公〈與陳同甫書〉云：「欲賢者百尺竿頭，進取一步，不作三代以下人物，省得氣力為漢、唐分疏，即更脫灑磊落。」

此條僅錄朱子語，更不自下一辭。竊意在當時，漢、宋門戶意氣已一時坌起，竹汀孤懷獨抱，明照炯然，既不願與時人競肆辨詰，亦不願為古人一一分疏，誠所謂「省得氣力」「脫灑磊落」。朱子此言，在竹汀必極有所感慨，故備錄之，而更不自著一語，則尤值後人讀其書者之神往也。此條在〈餘錄〉，已在竹汀七十六後之晚年，其對當時學術異同上之情懷，亦大可想見矣。

然竹汀論學，雖不喜立門戶，啟觝爭，亦非為鄉愿無所是非之謂。故曰：

學問乃千秋事，訂譌規過，非以訾毀前人，實以嘉惠後學。

又曰：

去其一非，成其百是，古人可作，當樂有諍友。（〈答王西莊書〉）

其為〈答問〉，《論語》之部，申古注、辨朱子《集註》者不少。又其〈讀大學〉篇，並有「信先儒不如信經之愈」之說。又曰：

《禮記》出於漢儒，而後世尊之為經。子思之學出於曾子，曾子書亦不傳。曾子、子思之微言所以不終墜者，實賴漢儒會萃之力。後之人詆諆漢儒，摘其小失，屏斥之。得魚、兔

而忘筌、蹄,其亦弗思甚矣。(〈論「子思子」〉)

後之儒者,廢訓詁而談名理,目記誦為俗生,訶多聞為喪志,其持論甚高,而實便於束書不觀、游談無根之輩。有明三百年學者,往往蹈此失。聖朝文教日興,好古之士始知以通經博物相尚。若崑山顧氏、吳江陳氏、長洲惠氏父子、婺源江氏,皆精研古訓,不徒以空言說經。其立論有本,未嘗師心自用,而亦不為一人一家之說所囿。故嘗論宋、元以來言經學者,未有如我朝之盛者也。(〈與晦之論「爾雅」書〉)

此書所主,則曰「通經博物」;所斥,則曰「束書不觀、游談無根」。既不許「師心自用」,亦不欲「為一人一家所囿」。其所輕則為有明三百年學者,而所重則在清初以下諸儒。謂其直接宋、元以來,此頗與顧亭林之說為近。阮氏序《養新錄》特舉《五經大全》為說,似與竹汀所自言者有辨。竹汀論學辨虛、實,阮氏又以難、易說之。博學實學自為難,意氣空言則自為易,然竹汀似未有譏斥元儒之意也。竹汀所舉清儒,首亭林,此必有會於亭林「經學即理學」之說,而措辭尤為持平。其曰吳江陳氏,乃陳啟源長發,作為《毛詩稽古》三十卷,亦清初一經儒也。其特可注

意者，即竹汀論經學，亦與清儒一般言經學者有不同。其言曰：

《易》、《書》、《詩》、《禮》、《春秋》，聖人所以經緯天地者也。上之可以淑世，次之可以治身。於道無所不通，於義無所不該。而守殘專己者，輒奉一先生之言以為依歸，雖心知其不然，而必強為之辭。又有甚者，吐棄一切，自誇心得，笑訓詁為俗儒，詞博聞為玩物。於是有不讀書而號為治經者，並有不讀經而號為講學者。（抱經樓記）

又曰：

此所謂經緯天地，上以淑世，次以治身，此始為治經宗旨，非必以學漢儒說經為治經宗旨也。

又曰：

自宋、元以經義取士，守一先生之說，敷衍傅會，並為一談，而空疏不學者，皆得自名經師。間有讀漢、唐注疏者，不以為俗，即以為異，其弊至明季而極。（臧玉林「經義雜識」序）

此亦與亭林之見相同，乃指陳宋、元以下之學弊，固不以宋、元儒之言性理道學為學弊。亦固不謂經學經師則即以能讀漢、唐注疏為能事已畢也。

三《禮》之有鄭《注》，所謂懸諸日月不刊之書也。宋儒說經，好為新說，棄古注如土苴，

獨《儀禮》為樸學，空談義理者無從措辭。而朱晦菴、黃勉齋、楊信齋諸大儒又崇信之。

故鄭氏專門之學，未為異義所汨。至元興敖君善出，乃詆以疵多醇少。其所撰《集說》，

雖云采先儒之言，其實自逞私意，非有所依據也。然自敖氏之說興，綴學者

厭注疏之繁而樂其易曉，往往舍古訓而從之。（《儀禮管見・序》）

此文指出經學上有尊古注與空談義理好為新說之兩途。然如朱子，後人奉以為宋儒言義理之大宗，

亦崇信鄭《注》。言《禮》不能屏理不談，言理亦不能捨《禮》不問。余為《朱子新學案》，備著

其說於《朱子之禮學》篇。清儒如焦循里堂，乃謂「漢儒言《禮》不言理，宋儒言理不言《禮》」，

此乃門戶之見，非學術之真。竹汀所分辨，可謂明晰。阮氏序竹汀《養新錄》，特舉難、易之辨，

而不分漢、宋，特指其流弊始於元儒，殆即據竹汀之斥敖氏以為言也。又竹汀言漢儒專家之學，

僅舉鄭氏，至於上推西京，與一宗《公羊》，盛推今文，皆是此下推波助瀾之言，當非竹汀所許。

竹汀又特論鄭玄之為人，有曰：

讀古人之書，必知其人而論其世。鄭君兼通六藝，集諸家之大成，厥功偉矣。荀慈明委蛇

臺司，未有匡時之效，視北海之確乎不拔者，相去遠矣。有濟世之略，而審時藏器，合於

無道則隱之正，此大儒出處，所由異乎逸民者流與！（《鄭康成年譜・序》）

竹汀以此推尊康成，較之並時漢學家專尊家法，相去誠不可以道里計。

竹汀又舉宋儒孫明復而闡論其治經之意，有曰：

予謂先生立言，主乎明道。當宋盛時，談經者墨守注疏，有記誦而無心得。有志之士，若歐陽氏、二蘇氏、王氏、二程氏，各出新意解經，斷以矯學究專己守殘之陋，而先生實倡之。觀其〈上范天章書〉，欲召天下鴻儒碩老，識見出王、韓、左、穀、公、杜、何、毛、范、鄭、孔之右者，重為注解。俾六經廓然瑩然，如揭日月，以復虞、夏、商、周之治，其意氣可謂壯哉！元、明以來學者，空談名理，不復從事訓詁，制度象數，張口茫如，則又以能習注疏者為通儒矣。夫訓詁、名理二者，不可得兼，然能為於舉世不為之日者，其人必豪傑之士也。（《重刻孫明復小集・序》）

是則以能習注疏為通儒，亦特是元、明學弊後始然。而通經貴在明道，貴在能復三古之治，貴在能自有心得，不僅憑於注疏之墨守。其所讚嘆於宋儒治經之意趣者又如何乎？此又何嘗有絲毫尊漢抑宋之意存其胸中？其〈送俞楠園教授蘇州序〉，極稱宋儒胡安定之教法，又引朱子之言以為闡

說。又其〈跋「四書纂疏」〉，辨白趙潤孫未仕元代，謂：「關係格庵名節，恐為攻道學者藉口，故不可不辨。」此尤足為竹汀並不贊許當時學術界攻擊宋儒道學之風一明證。此跋成於竹汀六十八之年，尤見其為晚年思想也。

竹汀又直陳當時言經學者之失，有曰：

近代言經術者，守一先生之言，無所可否，其失也妄。唯好學則不妄，唯深思則不俗，可以言道。（〈贈邵冶南序〉，時年四十四。）穿鑿傅會，自出新意，而不衷於古，其失也妄。唯好學則不妄，唯深思則不俗，可以言道。是則治經求以明道，而通經明道，則既貴有學，尤貴能思。豈僅暖暖姝姝於漢儒一家之言，所謂家法師承者所能膺此好學深思之名，以任此道之寄乎？

竹汀又言之，曰：

儒者之學，在乎明體以致用。《詩》、《書》、執禮，皆經世之言也。《論語》二十篇，《孟子》七篇，論政者居其半。當時師弟子所講求者，無非持身處世、辭受取與之節。而性與天道，雖大賢猶不得而聞。儒者之務實用而不尚空談如此。今讀先生是書，指陳利病，洞達古今，其言要而不煩，其道簡而易行，蓋賈誼《新書》、崔寔《政論》、仲長統《昌言》之亞也。

若夫勦聖賢之格言，著語錄以惑世，而經史不講，先生於〈距偽〉篇中，業大聲疾呼之矣。

（《世諱·序》，時年五十七。）

此文直斥宋儒以下之語錄，主張經世實用，經史實學，而不滿於宋以下語錄之多言性與天道，其意略似顧亭林。與空言經學者不同，與分漢、宋疆界以言經學者尤不同。竹汀極慕亭林，其為《養新錄》，亦效亭林之《日知錄》，惟博學多聞為相似，而經世實用若為微遜。然此乃時代限之，亦殆才性有辨。竹汀要為有此意，與同時之尊漢抑宋，專在注疏與家法爭是非短長者絕不類，此當為之抉發也。

竹汀又論《易》學有曰：

古之聖賢，求《易》於人事，故多憂患戒懼之詞；後之儒者，求《易》於空虛，故多高深窈妙之論。（〈與程秀才書〉）

此又竹汀論學，一本之於人事與義理，不以漢、宋為疆界，不以注疏為終極也。

當竹汀之世，論學者已樹漢、宋之壁壘，而又為經、史分門庭。若論史學，則必群推竹汀為巨擘。然竹汀論學，固常盛推經術，其言已如上引。而竹汀之論史，亦與時風眾趨有不同。其〈與

則曰：

邱岦心書〉，論征誅與禪讓，而謂「儒者立言，當為萬世生民慮」。其自為《廿二史考異》作序

予弱冠時，好讀乙部書。通籍以後，尤專斯業。史非一家之書，實千載之書。袪其疑，乃能堅其信；指其瑕，益以見其美。拾遺規過，匪為齮齕前人，實以開導後學。而世之考古者，拾班、范之一言，摭沈、蕭之數簡，兼有竹素爛脫，豕虎傳譌，易「斗分」作「升分」，更「日及」為「白芨」，乃出校書之陋，本非作者之譽。而皆文致小疵，目為大創。馳騁筆墨，夸耀凡庸，予所不能效也。更有空疏措大，輒以褒貶自任。強作聰明，妄生疻痏。不問年代，不揆時勢。強人以所難行，責人以所難受。陳義甚高，居心過刻。予尤不敢效也。惟有實事求是，護惜古人之苦心，可與海內共白。（《廿二史考異‧序》，時年五十三。）

是竹汀實一本其平日所揭櫫之論學宗旨以治史，在其心中，並不見有經學、史經之鴻溝，更亦絕無以史學名家，求與當時經學相抗衡也。嘗稱方正學有曰：

予獨愛其論人之患，「莫過於自高，莫甚於自狹，莫難於不得其源」三語。先生之學，正以

未嘗自高，而所得益深。世徒見其舍生取義，浩然與日星河嶽爭光，而不知至大至剛之氣，

直養無害，如水之有源，自在流出。非有所矯強憤激而為之，斯為聖賢素位之學。（跋方正

學「溪喻草稾」墓本）

竊謂竹汀之論學，亦一如其論人。勿自高，勿自狹，而貴乎得其源。其評班史《古今人表》曰：

為人莫之尚者，此皆自高又自狹，而不得其源之為患也。凡沾沾以一業自名專家，以

此表為後人詬病久矣。予獨愛其表章正學，有功名教，識見夐非尋常所能及。觀其列孔子

於上聖、顏、閔、子思、孟、荀於大賢，孔氏弟子列上等者三十餘人。而老、墨、莊、列

諸家降居中等。《論語》篇中人物，悉著於表，而他書則有去取。後儒尊信《論語》，其端

實啟於此。古賢具此特識，故能卓然為史家之宗。徒以文章雄跨百代推之，猶淺之為丈夫

矣。（跋「漢書古今人表」）

此即著史學之本源也。曰正學，曰名教，古今以史學名家而能識此意者復有幾人？又曰：

太史公修《史記》以繼《春秋》，成一家言。其述作依乎經，其議論兼乎子。班氏父子因其

例而損益之，遂為史家之宗。（《史記志疑‧序》，時年六十。）

此其推奉《史記》以為史學宗主，而曰「述作依乎經，議論兼乎子」，「繼《春秋》，成一家言」。言不煩而意無窮，所謂得其本源而弗自狹者，俱在是矣。然固不見有自高之意存乎其間也。又曰：

做官時少，做人時多。做人時少，做鬼時多。徐健菴《通鑑》，多采善言。（《養新錄》）

以如此意態讀史，以如此意態評人史書，可謂迥不猶人。試問古今以史學名家而能具此胸襟、抱此意態者復有幾人？竊謂竹汀之為學，固不限於史。其成學之所至，亦不得僅以史學名。其學浩博無涯涘，不得已而必為之名，則不如直承清初諸大儒如亭林之儔而名之曰「經史實學」，庶乎近是。此猶是清儒學風未大變時之所有也。江藩著《漢學師承記》，亦以竹汀列名其間，不知竹汀固未嘗以漢學自居。當時以漢學相號召者，復有竹汀胸襟意趣之髣髴否？江氏之稱竹汀又曰：「嘗謂自惠、戴之學盛行於世，天下學者但治古經，略涉三史。三史以下茫然不知，得謂之通儒乎？所著《二十二史考異》，蓋有為而作。」此言亦無徵。謂竹汀乃通儒之學，則然矣；謂其治史乃有為而作，此則仍是經學、史學分門別戶之見為之作祟，斷無當於竹汀為學之意也。同時章學誠，欲標史學與戴震經學相代興，而貽書竹汀，極陳其義，謂：「天壤之大，豈絕知音？鍼芥之投，寧無暗合？」（《章氏遺書‧上辛楣宮詹書》）此亦未免門戶之見，好啟爭詬。今《潛研堂集》中不見有復書，是竹汀固不以實齋為知音也。

竹汀於經史外，又注意文章之學，嘗為秦蕙田《味經窩類稿》作序，有曰：

錫山秦公，以通經砥行為東南多士倡。錫山自高、顧諸君子講學東林，遺風未墜。尊甫給諫公，潛心性理，學養尤邃。公目擩耳染，聞道最早，顧不欲居講學之名。嘗曰：「先聖之蘊，具於六經，舍六經安有學哉？」及其出而為文，光明洞達，浩乎沛乎，一如其意之所欲言而止。譬之堂堂之陳，正正之旗，所向無敵，而不為佻巧詭遇之計。昔人稱昌黎以六經之文為諸儒倡，今公之文，非六經之法言不陳，非六經之疑義不決，折衷百家，有功後學，所謂「吐詞為經，而蘄至於古之立言者」，唯公有焉。嘗慨秦、漢以下，經與道分，文又與經分，史家至區「道學」、「儒林」、「文苑」而三之。夫道之顯者謂之文，六經子史，皆至文也。後世傳《文苑》，徒取工於詞翰者列之；而或不加察，輒嗤文章為小技，以為壯夫不為。是恥縠帨之繡，而忘布帛之利天下；執穠秕之細，而豐菽粟之活萬世也。（《味經窩類稿·序》）

此其論學，實欲匯道學、儒林、文苑而一之。經術、性理、文章，皆通儒實學所宜備，又豈當時爭門戶，分漢、宋，別經、史者之所與知乎？故曰：

讀孔、孟之書，修程、朱之行，而學韓、歐之文，能自樹立不因循。（〈饒陽縣新建文昌閣記〉）

竹汀之論文，在當時亦為特出。嘗曰：

為文之旨有四：曰明道，曰經世，曰闡幽，曰正俗。有是四者，而後以法律約之，夫然後可以羽翼經史，而傳之天下後世。（〈與友人書〉）

此書乃與友人論桐城方氏所稱「古文義法」。竹汀極不喜方氏，謂方所得者，古文之糟粕，非古文之神理。又有〈跋「方望溪文」〉一篇，譏望溪以時文為古文。然竹汀雖不喜方氏，於方氏所推尊之歸有光，則亦所佩服。嘗謂：

震川歸先生之文，近代之韓、歐陽也。（《歸震川先生年譜·序》，時年六十。）

此其持論執中，實事求是之意，於此亦見一斑。較之因薄唐、宋經學，遂並韓、歐陽之文章而忽之者，意量相去，邈乎遠矣。又曰：

讀書談道之士，以經史為菑畬，以義理為溉灌，胸次瀟然，天機浩然，有不能已於言者，

而後假於筆以傳。多或千言，少或寸幅，其言不越日用之恆，其理不違聖賢之旨，詞雖今，猶古也。文之古，不古於襲古人之面目，而古於得古人之性情。性情之不古若，微獨貌為秦、漢者非古文，即貌為歐、曾，亦非古文也。《半樹齋文稿・序》，時年六十九。）

論文本義理性情，最為名通。其論詩，亦如其論文。有曰：

詩有四長：曰才，曰學，曰識，曰情。放筆千言，揮灑自如，詩之才也。含經咀史，無一字無來歷，詩之學也。轉益多師，滌淫哇而遠鄙俗，詩之識也。人心有感，天籟自鳴，雖村謠里諺，非無一篇一句之可傳，而不登大雅之堂者，無學識以濟之也。胸羅萬卷，采色富瞻，而外強中乾，讀未終篇，索然意盡者，無情以宰之也。有才而無情，不可謂之真才；有才情而無學識，不可謂之大才。尚稽千古，兼斯四者，代難其人。《春星草堂詩集・序》，時年五十八。）

又曰：

上）

得古人之性情，而不襲其面目；兼古人之門徑，而不局於方隅。此真才人、大才人也。（同

329
錢竹汀學述

又曰：

予不喜作詩，尤不喜序人之詩。以為詩者志也。非意所欲言而強而為之，妄也；不知其人志趣所在，而強為之辭，贅也。韓子之言曰：「物不得其平則鳴。」吾謂鳴者出於天性之自然。金石絲竹匏土革木，鳴之善者，非有所不平也。歐陽子之言曰：「詩窮者而後工。」吾謂詩之最工者，周文王、召康公、尹吉甫、衛武公，皆未嘗窮。晉之陶淵明，窮矣，而詩不常自言其窮，乃其所以愈工也。（《李南澗詩集·序》）

又曰：

昔嚴滄浪之論詩，謂：「詩有別材，非關乎學；詩有別趣，非關乎理。」秀水朱氏譏之云：「詩雖小技，其原本經史，必也萬卷儲，始足供驅使。」二家之論，幾乎枘鑿不相入。予謂皆知其一而未知其二者也。滄浪比詩於禪，沾沾於流派，較其異同，詩家門戶之別，實啟於此。究其所謂別材、別趣者，只是依牆傍壁，初非真性情所寓，而轉蹈於空疏不學之習。一篇一聯，時復斐然，及取其全集讀之，則索然盡矣。秀水謂詩必原本經史，固合於子美「讀書萬卷，下筆有神」之旨。然使無真材、逸趣以驅使之，則藻采雖繁，臭味不屬，

又何以解祭魚、點鬼、疥駱駝、掉書袋之誚乎？夫唯有絕人之才，有過人之趣，有兼人之學，乃能奄有古人之長，而不襲古人之貌，然後可以自成為一大家。（《甌北集·序》，時年六十三。）

竹汀論詩文，率具如是。當時經學漢學家，能知玩情肆意於詩歌文章之林囿者，固已少矣。然竹汀之論詩文，即必源本於性情，植根於經史，而尤關心於教化。乃特不喜於自明以下之小說。其言曰：

古有儒、釋、道三教，自明以來，又多一教曰小說。小說演義之書，未嘗自以為教也，而士大夫農工商賈，無不習聞之。以至兒童婦女不識字者，亦皆聞而如見之。是其教，較之儒、釋、道而更廣也。釋、道猶勸人以善，小說專導人以惡。姦邪淫盜之事，儒、釋、道書所不忍斥言者，彼必盡相窮形，津津樂道。以殺人為好漢，以漁色為風流。喪心病狂，無所忌憚。子弟之逸居無教者多矣，又有此等書以誘之，曷怪其近於禽獸乎！世人習而不察，輒怪刑獄之日繁，盜賊之日熾，豈知小說之中於人心風俗者，已非一朝一夕之故也。

（〈正俗〉）

此一理論，實可見竹汀論文之又一面，此其所以為通儒實學也。今若謂清儒治漢學，皆是故紙堆中學問，則竹汀固不爾。平心論之，當時所奉漢學魁傑，其實亦不盡爾。如惠棟定宇，其所著述，自諸經外，別有《後漢書補注》十五卷，此關史學；又有《王漁洋精華錄訓纂》二十四卷，此關文學。竹汀比之任淵之注山谷，李壁之注荊公。又有《太上感應篇注》二卷，謂其「箋注古雅，自成一子，於吾儒明善寡過、敬身畏天之學，豈小補哉。」（《重刊太上感應篇箋注・序》，時年七十。）又曰：「今士大夫多尊崇漢學，實出先生緒論」。（《古文尚書考・序》）此乃推稱惠氏，非即尊崇漢學，辨文理者必能知之。又如王鳴盛西莊，與竹汀科第同年，又有婚姻之好，竹汀稱之曰：

古三不朽，立言其一。言非一端，所重經術。漢儒治經，各有師承。後儒鑿空，師心自矜。祖述後鄭，升堂覩奧。（〈西莊先生墓誌銘〉）

堂堂光祿，樸學自好。

此謂立言非一，所重經術者，乃竹汀自為言。謂漢人說經必守家法者，乃稱述西莊言。而又曰：

經明史通，詩癖文雄。（同上）

是西莊之學，亦經、史、文章三者兼擅。縱謂治經必守漢人家法，非謂學問即盡於是也。其他一

時學人，兼擅經、史、文章者，尚亦不乏，而竹汀尤為之冠冕。阮氏《養新錄》一序，言之備矣。

顧當時戴震東原乃曰：「當代學者，吾以曉徵為第一人。」此語引於江藩《漢學師承記》。江氏又曰：「蓋東原毅然以第一人自居。然東原之學，以肆經為宗，不讀漢以後書。若先生學究天人，博採群籍，自開國以來，蔚然一代儒宗也。以漢儒擬之，在高密之下，即賈逵、服虔，亦瞠乎後矣，況不及賈、服者哉？」是江氏為竹汀抱不平。然東原初至京師，困於逆旅，竹汀為之延譽，稱曰「天下奇才」，舉世始知有東原。及東原卒，竹汀為之傳，首舉其「訓詁明而後義理明」（戴先生震傳）之論，而於此一義，竹汀乃終身稱道。如曰：

又曰：

　　窮經者必通訓詁，訓詁明，而後知義理之趣。（《左氏傳古注輯存・序》，時年六十。）

　　六經者聖人之言，因其言以求其義，則必自詁訓始。謂詁訓之外別有義理，如桑門以「不立文字」為最上乘者，非吾儒之學也。詁訓必依漢儒，以其去古未遠，家法相承，七十子之大義，猶有存者。（〈臧玉林「經義雜識」序〉，時年六十六。）

類此之言猶屢見，而暢發於所為《經籍纂詁・序》。其言曰：

有文字而後有詁訓，有詁訓而後有義理。訓詁者，義理之所由出，非別有義理出乎訓詁之外者也。漢儒說經，遵守家法，詁訓傳箋，不失先民之旨。自晉代尚空虛，宋賢喜頓悟，笑問學為支離，棄注疏為糟粕。談經之家，師心自用。古訓之不講，其貽害於聖經甚矣。儀徵阮公，以經術為多士倡，謂治經必通訓詁，而未有會最成一編者。往歲休寧戴東原實創此議。此書出而窮經之彥焯然有所遵循，學術正而士習端，其必由是矣。小學云乎哉？

（《經籍纂詁・序》，時年七十二。）

謂「治經必通訓詁」，此固然矣。謂「有詁訓而後有義理」「非別有義理出乎訓詁之外」，此則大不然之甚者。若謂治學必以訓詁為主，訓詁必以漢儒為歸，如此則學必昧其本源，而門戶之已狹。學問只在故紙堆中，而所見之已小。實不與竹汀平日論學素旨相合。竹汀論學之淵懿，余既備引其說矣，唯此一義，實堪疵病，而實襲自東原。既奉以為治學之最要途轍，則無怪乎東原之毅然以第一人自居，而以竹汀為第二人也。竹汀以一代通儒，而襲此謬論，迄於晚年，曾不悟其非可與向所持論之夙旨相融洽！由此推衍，則孔、孟義理無其原，而漢、宋門戶不可泯。余誦《潛研》一集，每不禁於此而為竹汀致惋惜也。

讀段懋堂《經韻樓集》

段玉裁懋堂於乾隆二十八年癸未從戴東原講學，投札稱弟子。時年二十九。東原以非宋儒朱自負，懋堂則以小學名家。然考《經韻樓集》卷八有〈博陵尹師所賜「朱子小學」恭跋〉，其文成於嘉慶十四年己巳，懋堂年七十五。〈跋〉中有曰：

癸亥，先君子見背，今又七年所矣。歸里後所讀書，喜言訓詁考核，尋其枝葉，略其本根，老大無成，追悔已晚。蓋自鄉無善俗，世乏良材，利欲紛拏，異言諠豗。而朱子集舊聞，覺來裔，本之以立教，實之以明倫敬身，廣之以嘉言善行。二千年賢聖之可法者，胥於是在。或謂漢人之言小學，謂六書耳，非朱子所云也。此言尤悖。漢人之小學，一藝也。朱

子之《小學》，蒙養之全功也。子曰：「弟子入則孝，出則弟，謹而信，泛愛眾，而親仁。

行有餘力，則以學文。」朱子之教童蒙，本末兼賅，未嘗異孔子教弟子之法也。

東原言「訓詁明而後義理明」，一時風氣，群以治六書訓詁為學問唯一大門徑，懋堂尤畢生萃精許

叔重《說文》一書。其所為《說文解字注》之付梓，在嘉慶十八年癸酉，僅在此後四年，乃謂「老

大無成，追悔已晚」，是其內心憤悱之情，實有大堪注意者。

懋堂跋《朱子小學》文，在己巳之三月，而同年正月，又有為嚴久能作《娛親雅言·序》，亦

在《經韻樓集》卷八。其文有曰：

　　余以謂考覈者，學問之全體。學者所以學為人也。故考覈在身心性命倫理族類之間，而以

讀書之考覈輔之。今之言學者，身心倫理不之務，謂宋之理學不足言，謂漢之氣節不足尚。

別為異說，簧鼓後生，此又吾輩所當大為之防者。

東原舉義理、考據、辭章為學問三大綱，而以獨能言義理自務。懋堂承其師說而變之，謂學問當

首重考覈。考覈當在身心性命倫理族類之間，而以讀書之考覈輔之，其意首發於為其師《東原集》

作序，而及是又發之。與其師所言，意趣有異，蓋其心猶不忘宋儒之理學也。

同年，又有〈答顧千里書〉，見《經韻樓集》卷十一，書中有曰：

《顏氏家訓》曰：「今有讀數十卷書，便自高大，陵忽長者，輕慢同列，如此以學，求益反自損，不如無學。」子朱子《小學》取之。顧涇陽誨錢牧翁曰：「汝自謂讀書多，我有書二本，汝卻未讀，乃《小學》也。」未有無人品而能工文章者。足下姑讀《小學》，何必一再言！

是即考覈身心倫理而以讀書之考覈輔之之意。既曰「學者所以學為人」，又曰「未有無人品而能工文章」者，斯誠宋學宗旨所在。其跋《朱子小學》，必曰「恭跋」。其稱朱子，又必曰「子朱子」，斯其一瓣心香之深入人骨髓可知矣。

又按：懋堂為《戴東原集·序》有曰：

玉裁聞先生之緒論矣。其言曰：「有義理之學，有文章之學，有考覈之學。義理者，文章、考覈之源也。熟乎義理，而後能考覈，能文章。」玉裁竊以謂義理、文章，未有不由考覈而得者。自古聖人制作之大，皆精審乎天地民物之理，得其情實，綜其始終，舉其綱以俟其目，與其利以防其弊，故能奠安萬世。雖有姦暴，不敢自外。《中庸》曰：「君子之道，

本諸身，徵諸庶民，考諸三王而不繆，建諸天地而不悖，質諸鬼神而無疑，百世以俟聖人而不惑。」此非考覈之極致乎？聖人心通義理，而必勞勞如此者；不如是，不足以盡天地民物之理也。

懋堂編《東原集》而為之序，事在乾隆五十七年壬子，懋堂五十八歲，尚在為嚴久能作序前十八年。是懋堂雖深佩其師之學，而於其師之說，必重有引伸，加以發揮，而又反覆言之。此非有意於背師，乃其幼年濡染於理學，尤其於朱子之言，至老而不能忘。其謂「盡天地民物之理」者，即朱子之格物精神也。故曰「考覈在身心性命倫理族類之間，而以讀書之考覈輔之」也。此亦猶朱子言「讀書即格物之一端」也，而豈僅經籍訓詁之務乎？

懋堂又與劉端臨為好友，曾為〈劉端臨先生家傳〉，有曰：

君生有至性，六歲，母朱宜人卒，哀毀如成人。入家塾，終日端坐，未嘗離几席，終其身如是。少穎悟，九歲作〈顏子贊〉，長老無所點定。十餘歲，潛心理學，於其室設宋五子位，朝夕祀之。入里巷，目不旁視，時人有「小朱子」之目。年十六，補縣學生員。院試前夕，漏數刻不寐，家人疑其溫習經義，就視之，《朱子語類》也。

懋堂與端臨為友，在其四十七歲時。其對東原正式定師弟子禮在三十五歲。東原為《孟子字義疏證》尚在前，而與懋堂通函稱述此書，則在懋堂之四十三歲。懋堂編《東原集》作序，在五十八歲。可證懋堂雖師事東原，然其崇重朱子之意，則至是終未變。懋堂特認東原言義理，於宋儒外別有發明而已，固未以東原言易宋儒，亦顯未以當時之經學與有宋理學作對抗也。至劉端臨卒，則在懋堂之七十一歲。其為〈端臨家傳〉，應即在此年或稍後不久。而是年有〈與王石臞書〉云：

「弟落魄無似，時觀理學之書。」又謂：「《說文注》近日可成。」則懋堂雖萃精許氏《說文》，而其崇理學尊朱子之意，則固未變。其為〈博陵尹師所賜「朱子小學」恭跋〉，及為嚴久能作《娛親雅言‧序》，則在懋堂之七十五歲，尚在此後。會合而觀，則懋堂之學術途徑與其思想向背，自始以來，顯不以經學、理學相對抗意。而其同門如王石臞，至好如劉端臨，亦皆絕不作此想，此可知當時之學風也。懋堂〈與劉端臨書〉有云：

《孟子字義疏證》所言，實能發明孔、孟之旨，而非宋人所能見到，足下以為然否？

是懋堂亦疑東原所言與宋儒有背，疑未能定，乃以詢之於端臨也。又一書云：

《白田先生集》及已刻之書，能為致之否？竹汀著有〈白田傳〉一篇。

是懋堂一面稱道其師之《字義疏證》，一面仍留心王白田，即是仍不忘朱子宋學也。蓋懋堂心存依

違，而終無定見有如是。

其〈與王懷祖書〉則曰：

東原師曾與弟書云：「僕生平著述，以《孟子字義疏證》為第一，所以正人心也。」今詳

味其書，實實見得宋儒說理學，其流弊甚大，閣下可曾熟之覆之？

懋堂此書，自言年七十有六。在其恭跋《朱子小學》之後一年。是懋堂為《朱子小學·跋》以後，

心終不安，又再熟覆東原之《疏證》，乃終覺宋儒說理學之流弊。與其以前〈與劉端臨書〉，僅謂

東原所言，「非宋人所能見到」者，語意又不同。竊疑懋堂思想轉變專主東原始始於是。雖未明白

暢論，而跡象已不可掩失。

又按：《經韻樓集》卷三有〈在明明德在親民說〉一篇，有曰：

經之不明，由失其義理。義理所由失者，或失其句度，或失其故訓，或失其音讀。三者失，

而義理能得，未之有也。朱子云：「明德者，人之所得乎天，而虛靈不昧，以具眾理而應

萬事者也。」「虛靈不昧」，語近佛氏「本來面目」之云，特以「理」字易「心」字，謂吾

儒本天，釋氏本心耳。「復初」之云，始見於《莊子》，《大學》言「充積」，非言「復初」。失古經句度故訓，以私定之句度故訓釋經，非《大學》之恉也。至於程子之讀「親民」為「新民」，則又失其音讀者也。往者東原師作《大學補注》，為予言開宗二句之義，而其書未得見，因述以詒後之人。

此文明據東原駁程、朱。謂經中義理，必由句度、故訓、音讀而得，此正東原意，與懋堂向所言「求盡天地民物之理」者有不同。其說明明德，謂「明明」猶煌煌、赫赫之類，以「明」其「明德」為非。此終為誰失其句度、故訓乎？惜此文著作年歲不可考。其下一篇〈大學此之謂自謙鄭注釋〉，亦駁朱子《章句》，題注庚午三月，在嘉慶十五年，正是懋堂七十六歲時。此兩篇當係同年所作。則懋堂意見確於此年始有轉變也。

又《經韻樓集》卷九有〈十經齋記〉一篇，作於嘉慶十七年壬申，懋堂年七十八，文中有曰：

余耄矣，近者亦閉戶一室中，以二十一經及吾師《原善》、《孟子字義疏證》恭安几上，手披口讀，務欲訓詁、制度名物、民情物理稍有所見，不敢以老自懈。

是懋堂老而益尊其師也。其謂二十一經，乃於十三經外，欲廣之以《大戴禮》、《國語》、《史記》、

《漢書》、《資治通鑑》、《說文解字》、《九章算經》、《周髀算經》八種，謂：

學者誦習佩服既久，於訓詁、名物制度之顯題，民情物理之隱微，無不憭然。無道學之名而有其實。

此於十三經外又增八種，首《大戴禮》，末尾《算經》兩種，皆其師東原所曾親校也。至朱子《四書集註》，乃當時人人必讀書，顧擯不得預。又懋堂常用「理」字，至是乃改稱「道學」，而曰「無道學之名而有其實」。是懋堂至是年，乃始一遵其師東原之意，至謂可以有經學，無理學，並道學之名亦可無。而懋堂之《說文解字注》，亦於是年授梓，殆可謂至此年而懋堂意見之定於一是者益顯也。

又《經韻樓集》卷七〈東原先生札冊跋〉有曰：

哲人其萎，失聲之哭，於茲三十有八年矣。思先生而不可見，於是修先生《年譜》一卷付刻，又裒先生札得十四，付裝潢。

是年，懋堂八十歲。其為《東原年譜》，乃遲至東原卒後之三十八年，其於《年譜》與裝潢之札，尤拳拳於《字義疏證》一書，則知懋堂意見之確然獨奉東原一家言以為定論者，乃自其七十六至

八十之年而大定也。而翌年，懋堂年八十一，五月，《說文解字注》全部刊成，九月亦溘然逝世矣。

又按：《東原年譜》載，先生與朱文正公善，乾隆三十四年己丑，文正為山西布政司使，先生偕玉裁往。朱文正公嘗曰：「汝二人竟如古之師弟子，得孔門漢代之家法。」朱石君卒，在嘉慶十一年丙寅。考《經韻樓集》卷七，有關文兩篇，一《戴東原先生配享朱子祠議》，又一為〈上大興朱中堂書〉。《經韻樓集》始刻於道光元年辛巳，距懋堂卒已六年，疑此兩文不為懋堂身後刻其集者所刪，殆懋堂生前自刪之也。蓋懋堂官卑，配享之議不獲親上，乃貽書石君，懇其上之。石君於嘉慶七年為協辦大學士，十年，拜體仁閣大學士，以至其卒。懋堂上書稱「中堂」，即在此數年間。尚在其跋《朱子小學》前，殆石君卻之，議未獲上，事既不成，懋堂臨老，又改變初見，一意尊東原，遂沒其稿。又懋堂《東原集·序》，及為《東原年譜》時，已不再提及此意。今《經韻樓集》亦不收此序，此必懋堂自刪之。而於恭跋《朱子小學》，則猶存其文；於請東原配享朱子，則猶存其題，此以誌往年之心跡，皆見懋堂稟性之敦厚也。

皮錫瑞《經學歷史》，據〈議配享〉及〈跋小學〉兩文，乃謂江、戴、段之學，未嘗薄宋儒。

又謂：「惠、江、戴、段為漢學幟志，皆不敢將宋儒抹摋。」不知慎修在前，恪遵朱子矩矱，與東原自不同。懋堂幼年受程、朱影響，至老依違兩者間，及七十六之後至於八十之年，乃始一尊

東原；細讀其集，可以推知。石臞乃其同門，然出理學家庭，其父於石臞幼年，館東原於家，命之受學，乃終其生專心小學訓詁，絕不一語及義理及經學、理學異同，似過懋堂。及懋堂之卒，乃曰：「若鷹死，天下遂無讀書人矣。」以讀書人稱重懋堂，可謂恰切。蓋石臞亦敦厚人，其父、其師為學途徑不同，故語有分寸。皮氏所言，粗疏已甚，特附辨於此。

又按：王石臞〈敘端臨遺書〉有曰：

端臨邃於古學，其於漢、宋諸儒之說，不專一家，而惟是之求。精思所到，如與古作者晤言一室，而知其意旨所在。比之徵君閻百詩、先師戴庶常、亡友程易疇，學識蓋相伯仲。以視鑿空之談，株守之見，猶黃鵠之於壤蟲也。

石臞之贊端臨，正取其兼采漢、宋。百詩尊朱，東原反朱，而石臞並列齊稱之。易疇與東原，同師於婺源江氏，其學亦漢、宋兼采，途轍近於師門，與東原之呼「婺源老儒」者異矣。石臞親受業於東原，尊之曰「先師」，而特以與「亡友」程易疇合引，又增之以百詩，豈石臞不曉於此三人論學之意見？又謂端臨學識於此三人可相伯仲，是石臞深賞端臨，而於其師東原轉若未為特加重視。又豈如懋堂自謂於端臨為至好，與石臞為同門，而特尊其師東原，以為超出有宋程朱理學之上？即此一端，亦可覘端臨、石臞、懋堂三人之學識深淺矣。

又石臞〈敍懋堂「說文解字注」〉有曰：

訓詁聲音明而小學明，小學明而經學明，蓋千七百年來無此作矣。

此曰「小學明而經學明」，乃承其師東原之說，然不曰經學明而理學可廢，則與懋堂之尊其師者為有間矣。

又〈石臞行狀〉稱：其子伯申年十歲，石臞即以朱子《童蒙須知》命手錄，置案頭省覽。暇則講解《朱子小學》，佐以呂新吾《小兒語》，俾知寡過之方。是則石臞之教其子，正猶懋堂七十五歲恭跋《朱子小學》時之心情也。然石臞似未嘗如懋堂之必明辨《朱子小學》為真小學，而聲音訓詁為不得稱小學也。

又懋堂甥龔定菴為〈王伯申墓表〉，有曰：

士珍平日所聞於公者，曰：「吾之學，於百家未暇治，獨治經。吾治經，於大道不敢承，獨好小學。」

是伯申明承其家教，以小學非即大道，不作訓詁明而義理明之說。而石臞、伯申父子，亦豈誠於所謂大道者絕不理會，而又懵無所知乎？

又劉寶楠，字楚楨，端臨從子。為《論語正義》，時人稱其「蒐集漢儒舊說，益以宋儒長義，及近世諸家」。成孺〈寶楠傳〉有曰：

楚楨雖從事漢學，然推崇朱子，絕不踏非毀宋儒之習。

是楚楨殆能確守其從父端臨之教者。其子劉恭冕叔俛，續成其父所為之《正義》，作為〈後序〉，亦曰：

不為專己之學，亦不欲分漢、宋門戶。

是寶應劉氏自端臨、楚楨、叔俛三世，家教相傳，正猶如高郵王氏，自安國、石臞、伯申三世之家教相傳，治經學而不蔑理學也。陳碩甫謂：

高郵王氏三代經學，庋架無唐以後書。

其然，豈其然乎？碩甫受學於懋堂，雖登王氏之門，似未甚稔於王氏之家風也。

又端臨弟子苗之鋌，字劍鍔。《寶應儒林傳》稱其：

少時讀鄉先進劉練江、王白田、朱止泉遺書，即慨然慕其為人，而於端臨尤所親炙。嘗舉《朱子小學》、《近思錄》及劉蕺山《人譜》示生徒，曰：「此最切要。舍此則無以為人。」

又朱彬，字武曹，寶應人，有《禮記訓纂》。林少穆序之曰：

先生承其鄉先進王氏懋竑經法，又與劉端臨台拱、王石臞念孫、伯申引之父子，切劘有年。

故編中采此四家之說最多。

白田亦寶應人，其《朱子年譜》，石臞父安國為之序。高郵、寶應兩邑，有此學風。懋堂與石臞為同門，與端臨為至好，然及其晚年，終以尊其師過甚，似與端臨、石臞之為學，有不甚相契者矣。後人並稱戴、段、二王，不知戴、段與二王之間，有此分歧，因為附識於此。

記《鈔本章氏遺書》

書肆挾《鈔本章氏遺書》來國立北京大學求售，余攜歸燈下檢讀，疑是實齋子華紱所錄副本也。何以言之？道光壬辰，華紱初刻《文史通義》，跋云「先君子易簀時，以全稿付蕭山王穀塍，乞為校定，時嘉慶辛酉。及道光丙戌，長兄杼思自南中寄出原草，併穀塍先生訂定〈目錄〉一卷，查閱所遺尚多，亦有與先人原編篇次互異者，自應更正，以復舊觀，先錄成副本十六冊。庚寅、辛卯，得交洪洞劉子敬、華亭姚春木二先生，將副本乞為覆勘。今勘定《文史通義‧內篇》五卷、〈外篇〉三卷，《校讎通義》三卷，先後付梓」云云。今《鈔本》適裝十六冊，與華紱言合，一也。初刻《文史通義‧外篇三》，有〈答甄秀才論修志〉兩書、〈與甄秀才論文選義例〉二書、〈修志十議〉、《天門縣志》〈藝文考〉、〈五行考〉、〈學校考〉三序，查劉刻本知為王氏原目所無，而此

《鈔本》皆有之。（與甄四書在卷十《通義‧外篇四》，《修志十議》以下四篇在卷十八《方志略‧例三》。）

華紱所謂王目「所遺尚多」，其合二也。又《鈔本》偶有夾附別紙評識，字跡皆出一手，不知何人所評。惟〈史注篇〉原注「義詳〈敘例篇〉」，〈附錄〉云：「〈敘例篇〉〈內篇〉亦無其名，豈見他篇耶？似當注明。」旁附別一手字跡云：「正文已云太史〈敘例〉之作，是〈敘例〉乃太史公篇名，然《史記》有〈自敘〉無〈敘例〉，或是『自敘』之誤。師陸記。」師陸即洪洞劉子敬，時為大梁書院山長，與姚春木同定《通義》篇目者。則其他評識，是否係姚春木筆，雖不可知，而此書曾為劉子敬過目，其合三矣。本此三證，故疑此本當係華紱所錄副本也。

此本文字，有王本有目無文，劉刻於他處搜訪得之，而此本明有其文者，如〈評沈梅村古文〉之類是也。有王本有目無文，劉刻亦搜訪未得，而此本有之者，如〈與孫淵如論學十規〉之類是也。有王目所無，劉刻有之，此本亦有者，如〈說文字原課本書後〉之類是也。亦有王目、劉刻有之，而此本轉缺者，如此本卷一《文史通義‧內篇一》目錄最後一篇為〈禮教〉，有目無文。劉刻《遺書》附錄王宗炎〈復實齋書〉，有「〈禮教〉已著成否」之語，是實齋當時先已擬有〈禮教〉篇目，而文則後成。或華紱副本乃從其兄杼思所寄原草寫錄，故此文亦未補入也。（此本所見，亦有目無文。）亦有王目、劉刻皆無之，而獨見此本者，如〈史考摘錄〉、〈清漳書院留別條訓〉諸文是也。有可以校補劉刻之誤者，如〈論課蒙學文法〉一篇，劉刻采自汪如瀾《小方壺彙刻》，乃自

「故初學藉以為資」下脫去原刻一頁，凡六、七百字，逕以隔頁之首字直接上頁之末字，遂使文理不通。讀此本始見其全文之真相。凡此之類，若彙而刊之，近有二十篇，誠可為愛讀章氏文者一極可喜之發現矣。

章氏《通義》，生前曾刻其一部分。余前讀燕大圖書館所藏《章氏遺書》鈔本，篇目均附小註，載列年月，亦有注「已刻」者，即指實齋生前所刻也。此本凡遇已刻，即分頁散訂，不再鈔寫，遂可得章氏生前所刻文字之全目及其書樣，亦此本一貢獻也。今寫其目如下：

〈易教〉上中下

〈書教〉上中下

〈詩教〉上下

〈言公〉上中下

〈說林〉

〈知難〉

〈評沈梅村古文〉

〈論課蒙學文法〉

〈與邵二雲論文〉

〈評周永清書其婦孫孺人事〉

〈與史餘村論文〉

〈又與史餘村〉

〈答陳鑑亭〉

〈方志立三書議〉

〈州縣請立志科議〉

《通義》刻本也。）

凡二十二篇。王本自《評沈梅村古文》下至〈又與史餘村〉凡六篇皆有目無文，〈答陳鑑亭〉則並目失之。殆因文已前刻，故未寫錄乎？（劉刻據雙藤花館所藏《文史通義》鈔本補入，亦由未見章氏生前

然頗有極有關係之文，而王本失之，劉刻遂亦不知有此文，未能搜訪補入者，如此本卷九〈與史餘村〉「文章經世之業」一篇，又〈答邵二雲〉「來書於戴東原」一篇，皆評戴東原學行及自道為學制行本末，為考論戴、章兩人學術異同極可貴之材料，而王本並目無之。疑當時學人不知實齋論學深意，嫌其貶戴太過，恐召戴門後學之閧爭，故遂諱之。即實齋原文，亦謂：「此時未可舉以示人，恐驚一時之耳目。」又曰：「辨戴諸說，不欲遽為今人所知。」（上引〈與史餘村〉。）又曰：「藏其稿不敢示人，恐驚曹好曹惡之耳目。」（上引〈答邵二雲書〉。）今《大典》本《水經

注》行世，戴氏偷竊趙東潛書假託欺世之事大白，則實齋論戴氏專從其心術隱微處著眼者，其意庶亦可以取諒於人也。

即如〈與孫淵如論學十規〉，劉刻本附錄臧鏞堂《丙辰山中草跋》，謂「〈論學十規〉、〈古文十弊〉、〈淮南子洪保辨〉、〈祠堂神主辨〉諸篇，偉論閎議，又復精細入神，切中文學之病，不朽之作也。穀塍先生以此冊惠讀（按：即指〈丙辰山中草〉），即以鄙見質之」云云，則王穀塍處固明明有此諸文，不應此後獨失〈十規〉一稿，殆亦諱而滅之耳。此本〈論學十規〉，不知由何人貼去「十規」二字，將原文第十項批評袁簡齋一節，墨筆鉤去。是此人之意，亦欲改十規為九規。蓋原書第八本規孫氏攻摘古人太甚，並謂：「請於辨正文字，但明其理，而亦不必過責其人。」且云：「鄙著亦染此病，特未如尊著之甚，今已知悔，多所刪改。」而第十規即醜詆簡齋，目之為「名教中之罪人，不誅為幸」。所以規人與所以自悔者，乃一篇之中，不踰數百言而即自犯之。故疑今王本無其文，乃由王氏逕為刪去，非如〈酒誥〉之俄空也。

此本〈婦學篇書後〉，「近日無行文人」，又「彼浮薄文人」，又「人首畜鳴，創為風趣之說」，又「今淫邪之人」，皆旁筆改「不學之徒」字樣；又「非聖無法」下，本有「罪不容於死」五字，亦加筆抹去；末句「其視浮薄文人直穢豸爾」，旁筆改「視不學之徒直妄人爾」，此亦皆後人所為，而章氏之評詆逾量，蓋尚有雖悔之而未盡改者。（華紱刻其父書亦多刪削，即如〈詩話篇〉「詩話論詩非

論貌也〕以下全滅去不刻，是也。〈士習篇〉王有目無文，此本并目無之，豈亦砭世有太甚耶？〕

此本〈言公篇〉，係已刻本散頁訂入，篇首有一行云：「道聽塗說，爭名趨詭，腑械心竇，斯文如燦，著〈言公〉上中下篇。」黏紙云：「此行宜刪。」今華紱刻本無之，劉刻本亦無之，此亦後人之意。今考實齋《與邵二雲論學》，有云：「鄙性淺率，生平所得，無不見於言談，至筆之於書，亦多新奇可喜。其間遊士襲其談鋒，經生資為策括，足下亦既知之，斯其淺焉者也。近則遨遊南北，目見耳聞，自命專門著述者，率多陰用其言，陽更其貌，且有明翻其說，暗剿其意。幾於李義山之歟緬，身無完膚；杜子美之殘膏，人多沾丐。才非先哲，而涉境略同，言之可慚，亦可慨也。鄙昔著〈言公篇〉，久有謝名之意。」此函所言，正可與原刻〈言公篇〉首行互相發明，使讀者知其當時下筆之動機。然苟誠意謝名，則篇首一行固可刪去。惟居今而論，則留此一行文字，亦未始不足為知人論世之一助也。

此本又有〈又與朱少白〉一書，謂：「鄙著《通義》之書，諸知己者，許其可與論文，不知中多有為之言，不盡為文史計者。關於身世有所根觸，發憤而筆於書。嘗謂百年而後，有能許《通義》文辭與老杜歌詩同其沉鬱，是僕身後之桓譚也。」此文收入《文史通義》卷九，王目、劉刻，乃並篇目而失之，豈亦以中論〈史考〉一案，牽涉及於當時勝流名士種種實相，遂亦有所諱而滅之耶？余為《近三百年學術史》，於實齋《文史通義》淵旨，頗多抉發，時風眾勢之嘅，身世隱微

之感，賞弦外之音於聲塵寂寞之後。惜乎子雲不作，身後桓譚，竟不知其亦見許否爾。讀此文，自比其著作於老杜之歌詩，不禁深喟長吁，若想見乎其人。余以其生前刻本流傳，皆非著作深意所寄；及身後愛重其學者，為之搜刻全書，而此等關係文字，仍多湮滅不彰。爰亟寫錄其軼文不傳者，彙為一卷，而記其涯略如此。

附補抄篇目：

〈與孫淵如觀察論學十規〉（《鈔本》卷九）

〈又與朱少白論文〉（同上）

〈又與朱少白〉（同上）

〈與史餘村〉（同上）

〈答邵二雲書〉（同上）

〈與史氏諸表姪論策對書〉（《鈔本》卷十）

〈史考摘錄〉（《鈔本》卷十五）

〔書宋孝女〕附錄案牘（卷二十二）

〈書李孝婦事〉（同上）

〈書李節婦事〉（同上）

〈家石亭封君七十初度屏風題辭〉（《鈔本》卷二十六）

〈許可型七十初度幢子題辭〉（同上）

〈清漳書院留別條訓〉（《鈔本》卷二十七）

〈定武書院教諸生識字訓約〉（同上）

〈定武書院教諸生集經傳文字異同凡例〉（同上）

〈寇難〉《鈔本》卷三十二〈通志稿〉

〈熊倩〉（同上〈孝友傳〉）

　此稿刊載於民國二十五年十二月《北平圖書季刊》三卷四期

附記

　余早孤家貧，年未冠，即為鄉村小學教師。一日，偶見報載北京大學招生，有投考者須先讀章學誠《文史通義》一條，因向書肆購讀，始知其時有章、戴之爭，明遺有顧、黃之異，為學有經、史之別。讀而好之，每存余心。忽一年，夢登一樓。樓南向，三面皆有廊。惟背北一面為樓梯。東西北三面倚壁皆書櫃。中放一長桌，玻璃面，下亦放書。瀏覽皆章著，乃有人間未見者。醒後常記其事。越後讀書漸多，章氏書幾無不過目。民國二十五年，授教北京大學。一日，圖書館主持人攜《鈔本章氏遺書》一大簏來詢余此書

值購否。因北平書肆，亦時有此書鈔本出售，定價四十元，不為貴。余曾見燕京大學亦藏此一鈔本，〈目錄〉附注有年歲，為刊本所無。因囑送余家，細閱之。念此書有〈與孫淵如觀察論學十規〉一篇，有目無文。劉翰怡重刊此書，登報徵求，亦無獲。乃此《鈔本》赫然有之。大喜二十年前所夢不虛。又檢書中夾一大紅名片，不識其人姓名，然題洪洞，知必與助校此書者洪洞劉子敬有關。乃澈底細校，得未見文凡十許篇，又刊本一文中缺六、七百字。翌晨，窮日夜力鈔錄，乃以《鈔本》還北大圖書館，囑速購珍藏。是時，余《近三百年學術史》方付印，乃補入〈孫淵如〉一文，又增補《學術史》多條。又別為一短記。是年冬，登之《圖書季刊》三卷四期。越年，抗戰起，余攜所鈔各篇離北平，輾轉滇、蜀，由成都四川省立圖書館出版兩百冊分贈友好及學校圖書館。及避赤禍至香港，乃見大陸已翻印此本，而沒去余之名字及所鈔來歷。嗣又見大陸印《文史通義》，已將此所鈔散入。然余聞此《鈔本》實未藏北大圖書館，乃由圖書館主持人購贈之胡適之，今已不審其所在。余所鈔撮，窮日竟夜，出之倉促，或尚有遺漏，則待得此書者重加校讎，故特識其經過於此。（民國六十六年九月）

《崔東壁遺書》序

距今一百四十四年以前，大名老儒崔東壁應禮部試至京師，有雲南舉人陳履和遇之逆旅，讀其所著書《上古》、《洙泗考信錄》而大服，北面請師事，相懽游如父子然。如是者兩月餘而別去，自此不復相見。越二十有五年，履和重來省其師於彰德之里第，則東壁已先五月卒，無子嗣。家人聞叩門聲，曰：「是雲南陳舉人乎？」出遺囑哭授。遺囑曰：「吾生平著書三十四種，八十八卷，俟滇南陳履和來親授之。」履和再拜柩前，捧全書去如京師，遂次第付梓焉。當是時，世稍稍知有大名崔東壁也。嗚呼，學術之精微，其相契於心髓，相要以生死，有如是哉！

然東壁之學傳矣而不廣，存矣而不著，浮沉淹沒於書海之底者又百年，乃迄於今而始大顯。

初，胡君適之自海外歸，倡為新文化運動，舉世奔走響應惟恐後。胡君於古今人多評騭，少所許，

多所否，顧於東壁加推敬，為作長傳，曰〈科學的古史家崔述〉，流布僅半篇，未完稿，然舉世想

見其人，爭以先睹《遺書》為快。胡君友錢君玄同，主廢漢字為羅馬拼音，讀東壁書，自去其姓

而姓疑古，天下學人無不知疑古玄同也。而最以疑古著者曰顧君頡剛。顧君為胡君弟子，亦交游

於錢君，深契東壁之治史而益有進，為《古史辨》，不脛走天下；疑禹為蟲，信與不信，交相傳

述。三君者，或仰之如日星之懸中天，或畏之如洪水猛獸之泛濫縱橫於四野，要之凡識字人幾於

無不知三君名。「推倒一世豪傑，開拓萬古心胸。」於三君乎見之。而東壁以百年前一老儒，聲名

闇淡，乃留遺此數十種書，得身後百年如三君者之推挹，一旦大顯於天下。其遇合之奇，較之當

日陳舉人之叩門拜柩，抱遺書而去者，其為度越又何如耶？

顧君於東壁書，謀為標點行世，顧鄭重其事，不欲倉卒潰於成，積十年乃卒業，而所收遺稿

視前益豐。本約胡君、錢君同為之序，值錢君病腦，不能構思，胡君牽於事，顧君亦冗忙，均自

恨不能盡其意。一日，告余曰：「東壁書標點久定，方脫版，子試有以序其端。」余於三君無當

為僕役，惶慚不敢遽諾。他日，顧君又敦促。余念亦聞三君者之風而始讀東壁書，並稍稍識其涯

略，義不當固辭。而是時華北之風雲驟緊，日處危城，震盪搖撼，奇詠蠭起，所見所聞，疑非人

境，則亦何意於為之！及事稍定，而北平各大學青年愛國運動驟起，牢獄之呻呼，刀刃之血滴，

觸於目，刺於耳，而傷於心，一室徘徊，胸沸脈竭。而顧君之限期既屆，則我又將何以序崔氏之

書而應顧君之命乎？

無已，請捨崔氏書而言時事；時事之壞無足言，請言其所以壞。夫時事之所以壞，其來有漸，非一日也。為窮源探本之論者，乃研討及於吾中華民族文化之真價。此其事若明若昧，反覆縈繞於吾學人之胸海，自晚清以迄今茲，亦既數十年。獨至胡君乃始大聲疾呼，戒國人勿以已往之文化自傲自安，而錢君、顧君承之。古史者，吾民族自謂四千年光明燦爛文化所託始，又群認以為黃金時代所在也。我民族之光榮何在？曰：在古史。我民族文化之真價何在？曰：在古史。唐、虞、三代、孔、孟幾於為後世想慕追求之極規，而三君者起而疑之。其為辨偽考信，夫亦曰辨偽考信之事昔人已為之，不人以我民族文化淵源真相乃不過若是而已；其有取於崔書，夫亦曰辨偽考信之事昔人已為之，不徒以為解嘲，亦將以資起信而已。方其時，三君之立說固已深慮夫國難之無日，而思大為之申儆；則今日者國難雖殷，崔氏之《遺書》，顧君之深意，固猶當有待於洗發也。

主於尊經而為之考信，以堯、舜、禹、湯、文、武、周公、孔、孟為古史之骨幹，此崔書之要旨也。然古史果若是乎？曰：不然。堯、舜、禹、湯、文、武、周公、孔、孟之傳統載於六經，傳之儒家，而六經之結集，儒家之獨尊，其事始於漢，中衰於魏、晉，復於唐而定於宋，未必遽為古史之真也。漢武立五經博士，罷黜百家，兩漢四百年利祿之途在是，而學術亦在是；宋人以經義試進士，迄元、明、清勿革，千年來之利祿在是，而學術亦在是。合乎是者謂之正學，背乎

是者謂之邪說。雖有一二大儒雜出乎其間，未嘗以學問牟祿利，而其所以為學者卒亦無以大異乎

朝廷之功令。崔氏之書，蓋亦是也。

顧君之辨古史則異是。疑乎尊經者之為見，蔑乎堯、舜、禹、湯、文、武、周公、孔、孟之

為統而辨之者也。是其立說果何若？曰：此在古已多有，先秦如莊周、韓非，下及魏、晉之際，

凡異說者皆然。稱道堯、舜，固非自今而始開懷疑之口也。二家之辨，易辭言之，一則考諸

經以信史，一則求於史以疑經。其對於經學之見解不同，斯其對於古史之觀點亦異爾。

然則儒家之所傳，六籍之所載，固於古史為若是其不可信歟？曰：又不然。儒家亦古學一大

宗，六經亦古籍一大類，儒家之與六經，其自身即為古史一大部，謂必捨此二者而後可以求古史

之真相，我未見其有當也。治東周不能無取於《春秋》與《左氏》，治西周不能無取於《詩》、

《書》，此皆儒家所傳，六籍所統，可信多於可疑，司馬遷所謂「載籍極博猶必考信於是」也。

唐、虞不敢言，請論三代。孔子曰：「殷因夏禮，周因殷禮，所損益可知。」又曰：「夏禮我能

言，杞不足徵；殷禮我能言，宋不足徵，文獻不足故也。」此孔子以夏、殷、周為三代之說也。

此西周之君臣已言之，其在《周書》之《召誥》有之，曰：「烏呼，皇天上帝改厥元子，茲大國

殷之命；惟王受命。相古先民有夏，今時既墜厥命；今相有殷，今時既墜厥命；我不可不監於有

夏，亦不可不監於有殷。有夏不敬厥德，乃早墜厥命；有殷受天命，惟不敬厥德，乃早墜厥命；

今王嗣受厥命，我亦惟茲二國命。」則三代受命之說其來甚早，非孔子之創說也。司馬遷為〈殷本紀〉序列自契至湯十四世，今安陽出土甲骨頗多為之互證者；馬遷〈夏本紀〉又載自禹至桀十四世，年世略與自契至湯相當。馬遷論殷事可信，何以論夏事不可信？馬遷記殷事有據，何以記夏事獨無據？馬遷之所睹記，其不復傳於後者夥矣。若必後世有他據乃為可信，則是馬遷者獨為殷商一代信史以掩其於夏、周之大為欺偽者耶？曰「桀、紂之惡不如是之甚」，此孔門已疑之；曰「伊尹五就桀，五就湯」，則孟子又稱之；然而曰「湯、武革命」，則歷古相傳，初不以稱述於儒家，記載於六籍，遂遽失其可信之價值也。然則上古雖未能如嬴秦以來之一統，而君臣大小上下之分，不惟周文王之於殷紂有之，即商湯之於夏桀已早有之矣。此三代之說所由來也。

何以言周文王與殷紂有君臣大小上下之分也？曰：此周人自言之，著於《詩》、《書》，歷有其徵。《詩・大雅》：「摯仲氏任，自彼殷商，來嫁于周，曰嬪于京。乃及王季，維德之行。」此殷、周早相聞接之證也。《書・召誥》曰：「大邦殷。」此召公言之也；〈多士〉曰：「天邑商。」此周公言之也；〈顧命〉曰：「大國殷。」此康王言之也；〈大誥〉曰：「小邦周。」此成王言之也。以此合之於三代受命之說，當時殷、周國際往還，其為有君臣大小上下之分顯然矣。

今出土甲文乃有「命周侯」一片，不足證《詩》、《書》之非無稽乎？

夫殷、周之為國，既非絕不相聞接，而復有君臣大小上下之分，歷有年數，則《紀年》所傳

文丁殺季歷，諸書所載商紂囚文王，其說亦與季歷娶於商摯，文王受命為西伯等耳，烏見彼可信而此必不可信？若謂《詩》、《書》不言，此或周人之自諱。此如建州入關，往日告天七大恨，避而不述，努爾哈赤寧遠之創，諱而不布，自謂「念累世之宿好，棄近日之小嫌，義切同仇，用申弔伐」也。以後例昔，豈必建州知之而周人不知！今既謂見於六經，傳於儒家，其說未必絕不信，亦豈得謂六經不載，儒書不傳，即盡為無稽不根之說耶！

崔氏之於古史，有信之太深者，亦有疑之太勇者。崔氏因不信文丁殺季歷，文王囚羑里，而遂謂周之立國與商無涉。又謂：「今日修貢，明日擾邊，弱則受封，強則為寇，曾謂聖人而有是？而蓋所以如是說者有二：一則誤以漢、唐之情形例商、周之時勢，一則惑於諸子百家之言而不求之經傳。」彼不知三代之與漢、唐固不如天壤之懸絕，百家之與經傳亦並非即是非之分限。以「曾謂聖人而有是」之見治史，此所以終不免於信之深而疑之勇也。

崔氏深信經傳，常以「曾謂聖人而有是」之見遇之，此我所謂其信古太深也；而結果所至，遂不得不並經傳而疑之，此我所謂其疑古太勇也。崔氏先橫一後世君臣之倫理於胸中，遂謂文王必不立紂之朝而為紂臣；因不肯信紂囚文王之事，因亦不信有文王見幽演《周易》之說。然《易》之〈彖傳〉有之，曰：「內文明而外柔順，以蒙大難，文王以之。」（引此非以證《周易》演於文王，特證紂囚文王之說，儒者亦言之也。）崔氏則曰：「《易傳》本非孔子作。」然文王見幽不僅見於《易

傳》，即《左氏》亦有之。崔氏則曰：「余寧從經而缺之，不敢從傳而妄言也。」然〈周書〉之
〈無逸〉明言之，曰：「文王受命惟中身，厥享國五十年。」《詩‧大雅》亦言之，曰：「文王受
命。」曰：「有命自天，命此文王。」而崔氏轉引歐陽氏之說以為辨，曰：「孔子曰：『三分天
下有其二以服事商。』使西伯不稱臣而稱王，安能服事於商乎！且謂西伯稱王者起於何說？而孔
子之言，萬世之信也。」然崔氏又曰：『《論語》所謂『服事』，乃湯事葛、文王事獯鬻之類，與
稱臣不同。」夫文王於紂不稱臣，既可自稱西伯，又何獨不可以自稱王？凡此之類，皆轉展矛盾，
無法相通。崔氏乃據此生信，據此獻疑，進退失守，兩無可立。是則崔氏之病在於所信之過狹，
其弊遂陷於所疑之過多也。

「盡信書不如無書。」孟子已言之。然輕立一例以判往古之真偽，則其所謂真偽者固得古人
之真乎？殷鑑不遠，即如崔氏之辨紂與文王之事者是已。夫崔氏所疑未必是，即古說之相傳未必
非。周之為周，自太王、王季、文王、武王四世相傳垂百年，雖僻處豐鎬、岐周之地，而國際交
接乃遠逾其東至於千里之外，有國於淇、洹之間者，其相與往還，略相當於後世天子之與方伯焉。
而此為當時所推「天邑」、「大邦」、「受命為元子」之共主，則自盤庚以來迄於帝辛，已歷七世十
二帝，垂三百年，一線相承，繼繩不絕，此自最近出土甲文證之當時經傳諸子百家之書而可信者。
則縱謂文、武、周公之為大聖乃《詩》《書》六經之誇詞，儒家孔、孟之飾說，而當時我先民之

立國於大河兩岸，上自渭，下及淇，東西廣土，其規模之恢宏，垂世之永恆，必別有其相當之文化。固不得謂抹去堯、舜、禹、湯、文、武、周公聖君賢相之傳說，中國古史即全是一段草昧，其見之文字、傳之載籍者全屬自古之虛謠也。（堯、舜、禹、湯、文、武、周公一系非古史真相，然亦古代一學派即儒學理想之所寄，治古人學術思想者仍不能不講究。）

言古代哲學者每據《易》謂「《易》經四聖，時歷三古」，此其說今人已無信者。謂〈十翼〉非孔子作，則崔氏已辨之。然姑捨〈十翼〉，就《周易》上下篇六十四卦言之，縱謂《易》是卜筮書，然卜筮之判吉凶，孰為吉而孰則凶，其事有出於卜筮之外矣。乾之初九何以當為「潛龍」之「勿用」？九二何以「在田」而「利見大人」？九三何以必「終日乾乾夕惕若」？九四何以「或躍在淵」而「无咎」？九五何以「在天」而亦「利見大人」？上九何以「亢龍有悔」？循是推之，《周易》六十四卦各有其教訓，即各有其義趣，寧得不謂是古代關於人生哲學一部甚有價值之經典乎？今苟不能確定《周易》上下篇亦戰國人所偽造，則治古代哲學思想者烏得不援引及之耶！

故謂六經不盡出於孔、孟可也，謂堯、舜、禹、湯、文、武、周公之聖統無當於古史之真相亦可也，然苟將從事於古史，儒家要為古學一大宗，六經要為古籍一大類，儒家之與六經要為占古文中主要一大部。拘拘乎是二者，而以定古史之真相，其觀點為已狹；若將排擯乎是而求以窺古史之全體，其必無當又斷可識也。

且豈僅於古為然哉！儒家之與六經，自秦以來迄於今茲，歷二千年，蓋無往而不占我國史最要之一頁矣。故將有志於治國史而探討我民族已往二千年文化之積累，使不通乎儒家之說，不究乎六經之旨，是猶登山未躋其巔，涉海未達其岸，終必將晻黯而有所不睹，茫洋而有所未逮矣。

當漢之初興，君相在上以黃、老清淨主無為，百官小吏奉行於下，則因循苟簡，一遵亡秦之成法。不安於野而思騁其智力者，則奔走諸侯王國，師戰國之縱橫；或侍從飲宴遊獵，惟迎導其主之侈心奢慾為容悅，而習為辭賦。當是時，有倡禮樂教化之為治，一反乎因循苟簡，跨越亡秦而上希三代，以開一世人之心思才力而進之歷史文化之域，探天人之大原，立仁義之正軌，而使策士縱橫、文人辭賦，皆有以自見其操術之卑下，此則賈、董、公孫之功也。故博士惟限於經術，而後方技、神仙、旁門雜流始不得預學官之選；博士有弟子員，郡國守相歲得察舉，而朝廷始彬彬有文學，代軍功、任廕、貲選而進仕。兩漢文治之隆，不得謂非儒術之明效也。今人率謂漢武表章六經，窒思想文化進展之途，是未明當時之情實矣。

迄乎漢季，儒術衰熄，法家之名檢激而為老、莊之放蕩。然名士風流，一時眉目，既盡隨典午而南渡，衣冠之留北方者大率猶守晚漢之經術。五胡雲擾，一線未絕，東及遼、燕，西暨秦、涼，下迄元魏，而儒學卒於復興。建周、隋之規模，啟唐室之盛運。北朝儒統雖不能媲美炎漢，而其守先待後，以自完於亂世，使民生未盡塗炭，生機待之萌發，其間線索，治史者固猶可按指

也。

　　唐人以科第取士，門蔭漸衰，家教亦落，進身之資決於詞華，稍事學問則皈依佛氏，風俗日偷，弊害日顯。天寶以往，內亂外憂紛起迭乘，陷極於五季，宛轉於北宋，而乃有大謀所以振起之者，於是而為北宋以下之學術。（宋代種種積病，上起唐玄宗時，下迄宋真宗，久已根深柢固。宋學起天聖以下，乃欲拯拔而無力。後世謂當時情勢全由學術，誤也。）其始也，范仲淹、歐陽修之徒振起於上，胡瑗、李覯之倫應於下；其繼也，乃所謂「為天地立心，為生民立命，為去聖繼絕學，為萬世開太平」。士以此為抱負，亦以此為學業，精究之於伊、洛，大成之於南宋。較近世之學術、人才、政事，胥於是焉奠之基。或者謂近世之中國乃程、朱之中國，其言殆非盡誣。故不通儒術，不明經義，終無以見國史之精神，亦無以澈悟我先民文化之真態也。

　　蓋嘗論之，中國二千年來之人才幾於皆儒教之人才，故二千年來之歷史亦不盡儒術之歷史，二千年來之文化亦不盡儒術之文化也。而儒家之所誦習則曰六經，所稱道則曰堯、舜、禹、湯、文、武、周公、孔、孟，故中國之古史遂為學者所必治，而堯、舜、禹、湯、文、武、周公、孔、孟遂永為古史之骨幹，為後世所謳歌而夢想。（古史之真相為一事，某一時代人對古史之想像為又一事。當知某一時代人一種活潑之想像，亦為研究某一時代之歷史者一極端重要之事項也。）迄乎今，以國運之日頹，憂時之士途窮思變，而儒術遂為眾矢的。而崔氏之書固一本乎儒家六經，堯、舜、禹、湯、

文、武、周公、孔、孟之見以為之者，乃未顯於當身而忽行於今日，此又遇合之奇之不為崔氏所逆料者也。

　　曰懷疑，曰辨偽，曰考信，此顧君之深有取於崔書者也；曰儒術，曰六經，曰堯、舜、禹、湯、文、武、周公、孔、孟，此顧君之未必有取於崔書者也。然嘗試取顧君書而讀之，凡其所辨，大要仍是儒術之與六經，堯、舜、禹、湯、文、武、周公之與孔、孟焉。故疑，可也；信，可也；考而辨之，無不可也。要之治古史不能不通儒術，不能不知經義，不能不牽連而及於堯、舜、禹、湯、文、武、周公、孔、孟，則固顧君之所不能大異於崔書者也。數年以來，有聞於辨偽疑古之風而起者，或幾於枝之獵而忘其本，細之搜而遺其鉅，離本益遠，歧出益迷。彼以為儒術之與經義，此我之所吐棄不屑道者；然「不入虎穴，不得虎子」，瑣瑣之疑，節節之辨，豈所謂能疑辨者耶！

　　夫一民族之文化，有其長不能無其短，有其利亦不能無其病；故一民族之歷史，有其盛即不能無其衰，有其漲即不能無其落。當此民族歷史入於盛漲之期，即此民族能善運其文化之長處優點而發揚光大之之徵也；不幸而陷入衰落之期，即其民族不能善用其文化之長處利點而遂發露其弱徵病態之候也。（東漢博士章句誠為經學之末路，然不得并西漢董、劉諸儒之學術而一例譏之。明人八股為中國近代之病害者深矣，然與程、朱學術不能混為一談。西漢立五經博士，宋人以經義取士，皆利害互見，不能

一概論。要之利病一源，得失同體，不明此意，終搔不到國史痛癢也。）苟此民族而盡喪其固有之文化，

即盡忘其已往之歷史，而民族精神亦日萎枯以盡，而前途之生命亦竭。此如人之罹大病，病在其

身，而所以為健復之資者亦即在其身；捨身而求健復，身之既死，健復何由！良醫治病，亦日治

其所以為病，不能曰病在其身，必去身乃可以去病也。今日者，我誠大病且死之候矣，然有良醫，

必求其病之源；病源何在，必在其受病之日，不能謂在其有身之辰也。

然則我民族今日之病源何在？曰：在吾當躬。推而上之，曰：在我父若我祖之世。求之於近

百年近數十年之際則得，遠索之數千年之上而輕日其病在我民族整個之文化，是不窅口：病在吾

身，始於吾有生之辰也。或曰：「我民族篤古情深，遂窒自新之機。」此亦未盡然。夫思古之情，

亦懷生之倫所同具耳；惟他族之有史不能如我之綿歷久遠，繼繩不絕，遂若我為於古獨殷焉。然

希臘、羅馬、埃及、巴比倫之於歐西英、法諸邦，孰與唐、虞、夏、商、周之在我？不聞彼邦學

者蔑古不談，亦不聞彼邦學者以研古窒其自新。我不能深識我今日之所由病，雖絕口不道古，無

益也；我能深識我今日之所由病，而痛洗滌之，民族自有其向上之機，不必先遺棄忘失其民族之

古史於不聞不問之境而後可也。若曰：「我族之有古與彼不同，凡我之不能自新向上皆古人遺毒

浸沉，必奮迅脫去而後可。」是不窅曰：「我之有身與彼不同，苦我之病，羨彼之強，乃忽然欲脫

身以為快也。夫文化之演進時時有其創新，即時時有其轉變，遠古遺骸何足以遙制歷史命運於數

千載之下！以古擬古，我未見絀；以今準今，我乃實遜。我不自負責而巧卸其罪於古人，古人寧受之耶！然則尊古固失之，譴古亦烏得為是哉！

一民族之復興，必將於其民族文化自身為內力之新生；而求其文化自身有內力之新生者又必於其已往之歷史有清明之別擇。崔氏之書止僅於古代，不足以窮國史之演變；繼自今沿流尋脈，自秦以下蓋莫不有待於國人之闡發。必使我民族文化演進之真態昭然豁然，重顯露於國人之前，如宿醒之乍醒，如久矇之忽視，而後奮躍踴興，灑然不知沉痾之既去。及是而反視己身，乃將悅然失笑於往日之求脫此軀以為快者之無當也。

然則我國史之重光，文化之更新，國運之轉步，胥將於顧君之鄭重介紹此書於國人者發之端。

謹述此意，以請教於顧君，並質之國難深重下之讀是書者。

民國二十四年十二月廿八日，錢穆謹序於北平

讀《古微堂集》

晚清今文學驟起，以樹異於乾、嘉經學，其主要人物，群推魏默深與龔定菴。余著《近三百年學術史》，詳龔略魏，斯篇乃以補其缺。已見於舊著者，此不復詳，讀者其兼觀焉可也。

乾、嘉經學考據之業，盛於吳、皖，而默深崛起湖湘，故其最先治學，受吳、皖之濡染者少。姚永樸為《魏默深傳》，謂其年十五，補諸生，乃究心陽明學，尤好讀史。嘉慶十九年，以拔貢入都，從胡承珙問漢儒學，從姚學塽問宋儒學，又別受《公羊》學於劉逢祿。詩古文詞則與董桂敷、龔自珍相切劘。然其最先著作，如《大學古本》、《孝經集傳》及《曾子章句》諸書，皆帶宋學氣息。似受姚學塽影響更大，亦與其先所從入者有關也。及道光十一年，代賀長齡編《皇朝經世文編》，由此留心時務，志在用世。此亦湘學影響，與吳、皖有異。及屢遊京都與江、浙，交游日

廣，濡染既深，乃始從事經學考據。其首先一書為《詩古微》，自述受朱子以下迄於王船山諸人之影響，則其泯除漢、宋門戶，顯仍與吳、皖經學異趣。其次一著作，當為《董子春秋發微》。《古微堂外集》卷一載其〈序〉，有曰：

《漢書·儒林傳》言，董生與胡母生同業治《春秋》，而何氏《注》但依胡母生《條例》，於董生無一言及。近日曲阜孔氏、武進劉氏，皆《公羊》專家，亦止為何氏拾遺補缺，而董生之書莫之詳焉。若謂董生疏通大詣，不列經文，不足頡頏何氏，則其書三科九旨，燦然大備。且宏通精淼，內聖而外王，蟠天而際地，遠在胡母生、何邵公《章句》之上。蓋彼猶泥文，此優柔而饜飫矣；彼專析例，此則曲暢而旁通矣。故抉聖之心，執聖之權，冒天下之道者，莫如董生。

《古微堂外集》卷一又有〈兩漢經師今古文家法考序〉，其言曰：

吳、皖囿於古經籍，以訓詁考據為主。默深則治經必通之史，又不忽視古人之專家著述，其意實欲會經史子三者而一之，故能重視董仲舒尤過於何休。與乾、嘉諸儒之媆媆於經學一觀念之下者宜異其趣也。

余讀《後漢書・儒林傳》，衛、杜、馬、賈諸君子，承劉歆之緒論，創立費、孔、毛、左古

文之宗，土苴西京十四博士今文之學，謂之俗儒，廢書而喟。夫西漢經師，承七十子微言

大義，《易》則施、孟、梁丘，皆能以占變知來；《書》則大小夏侯、歐陽、兒寬，皆能以

〈洪範〉匡世主；《詩》則申公、轅固生、韓嬰、王吉、韋孟、匡衡，皆以三百五篇當諫

書；《春秋》則董仲舒，雋不疑之決獄；《禮》則魯諸生、賈誼、韋元成之議制度；而蕭

望之等皆以《孝經》《論語》保傅輔道。求之東京，未或有聞焉。其文章述作，則陸賈《新

語》以《詩》《書》說高祖，賈誼《新書》為漢定制作，《春秋繁露》《尚書大傳》《韓詩

外傳》、劉向《五行》、揚雄《太元》，皆以其自得之學，範陰陽，矩聖學，規皇極，斐然與

三代同風，而東京亦未有聞焉。今世言學，則必曰東漢之學勝西漢，東漢鄭、許之學綜六

經。嗚呼二君，惟六書三《禮》，並視諸經為閎深。故多用今文家法。及鄭氏旁釋《易》、

《詩》、《春秋》，皆創異門戶，左今右古。其後鄭學大行，駸淫遂至《易》亡施、孟、梁

丘，《書》亡夏侯、歐陽，《詩》亡齊、魯、韓，《春秋》鄒、夾。《公羊》《穀梁》半亡半

存，亦成絕學。讖緯盛，經術卑，儒用絀。晏、肅、預、謐、頤之徒，始得以清言名理並

起持其後。東晉梅賾偽《古文書》遂乘機竄入，並馬、鄭亦歸於淪侠。西京微言大義之學

墜於東京。東京典章制度之學絕於隋、唐。兩漢故訓聲音之學熄於魏、晉。其道果孰隆孰

替哉？

默深長於史，其言經，亦以史證。斯篇分別兩漢經師今古文家學，皆援據班、范，事實具在。所謂「微言大義」者，即前漢諸儒之通經致用。其研窮遺經之功雖尚疏，然其在實際政治上之發揮應用，所謂「為漢制法」之精神，則後漢諸儒，遠非其匹。默深嘗謂：「能使壅情之人，皆為達情之人，則天下無不起之疾苦。」〈治篇〉（十一）默深生值乾、嘉以後，滿清異族政權之高壓已臻極端，經學考據僅資逃避，此皆壅情之人也，默深有意於使之皆為達情之人，其寄懷於前漢之微言大義，以求一變乾、嘉訓詁考據之風者，亦其情若揭矣。

又《書古微・例言中》有曰：

〈藝文志〉曰：「古之學者耕且養，三年而通一經，故用力少而畜德多，三十而五經立也。後世經傳既已乖離，說者不思多聞闕疑之誼，而務碎義逃難，便辭巧說，破壞形體，說『堯典』二字之文至十餘萬言，說『若稽古』三萬餘言。後進彌以馳逐。故幼童守一藝，白首而後能言。安其所習，毀所不見，此學者大患也。」而後知今文之敝，非盡東漢古文家敝之，乃今文家先自敝也。夫「堯典」、「若稽古」，有何奧難，而漫衍至是，三萬言、十萬言之多，蓋猶後世之制藝講章也。宋儒表章四子書教士，望其學聖有塗轍，不歧於異端俗學。

豈知功令既頒之後，至明而《蒙引》《存疑》《淺說》《達說》《說約》之講章，鄉會之程墨，鄉社之房稿，定待閑在之選本，皆至於汗牛充棟而不可極。其敝於利祿，亦何異漢士說「堯典」、「稽古」者乎？故以馬融之貪肆，而公詆歐陽生為俗儒。猶今之淹博詞章者，詆業科舉之士為俗儒也。以彼今文家皆利祿之徒，而古文家為高材博學之徒矣。夫歐陽、夏侯不敵，而諸生習其支葉，甘為利祿者敝之。馬、鄭斥利祿之輩為俗儒可也，並斥歐陽、大小夏侯之師授淵源於七十子者亦為俗儒可乎？並畔伏生《大傳》而不問，而臆造矯証，使微言大誼盡變為膚淺可乎？斯則又東漢馬、鄭古文家之失也。❷

斯篇亦根據史實，發為持平之論。不僅為兩漢今古文經學作平議，亦為漢、宋之學作平議。不當以說「堯典」、「稽古」兼棄伏生《大傳》，亦不當以《蒙引》、《存疑》而兼斥朱子之四書。是則晚明王學空疏，正可與乾、嘉博雅同譏。而功令祿利之引導俗學，則古今皆然。章實齋懲於乾、嘉經學流弊，主張「六經皆史」，謂六經皆古代之官書，雖亦以糾挽乾、嘉諸儒之埋首故紙堆中以逃避現實，然乾、嘉諸儒亦尚能遵功令，輕祿利，以媚古自安。今求其通經致用，而不陷於功令祿

利之牢籠，則仍待於此下新學風之繼起。默深之學，兼采漢、宋，並重古今，誠已傑出於當時，

然終亦留情情考覈，不脫乾、嘉遺躅。默深又曾謂：「更有國家之大利大害，上下非有心壅之，而

實亦無人深悉之者。」（〈治篇〉十一）此則必待有高瞻遠矚、深識達觀之新學術、新思想之興起，

而默深於此，亦實無能補其憾。

《外集》卷四〈武進李申耆先生傳〉有云：

自乾隆中葉後，海內士大夫興漢學，而大江南北尤盛。蘇州惠氏、江氏，常州臧氏、孫氏，

嘉定錢氏，金壇段氏，高郵王氏，徽州戴氏、程氏，爭治詁訓音聲，瓜剖釽析；視國初崑

山、常熟二顧，及四明黃南雷、萬季野、全謝山諸公，即皆擯為史學，非經學。或謂宋學，

非漢學。錮天下聰明知慧，使盡出於無用之一途。武進李申耆先生，其論學無漢、宋，而

惡夫以餖飣為漢、空腐為宋也。以《通鑑》《通考》二書為學之門戶，弟子蔣彤錄其平生

緒論為《暨陽答問》，與陸桴亭《思辨錄》可相表裡。近代通儒，一人而已。

是見默深論學，主要並不在辨兩漢經學之今古文，而尤要在辨乾、嘉經學之無用。故主融經、史，

會漢、宋，求為一有用之通儒，而謂當時惟李申耆當其選，並以與陸桴亭相提並舉，此誠在當時

一稀遘之獨見也。

《外集》卷一有〈論語孟子類編序〉，其言曰：

經有奧義，有大義。研奧者，必以傳注分究而始精；玩大者，止以經文彙觀而自足。況《論語》、《孟子》顯白之文，奚必待傳注而後明哉？自明以來，學者爭朱、陸。自本朝以來，專務記醜，屏斥躬行，即論洙泗淵源，亦止云定、哀間儒者之學如是，在子思、孟子以前，其意欲託尊《論語》以排思、孟。甚至訓一貫為壹行，以詁經為生安之學，而以踐履為困勉之學。今即以孔、孟、曾、思之書條貫示之，其肯相從於鄒、魯否，尚未可知也。

如默深意，乾、嘉經學固無當於西漢諸儒之通經致用，更無當於宋、明儒深研孔、孟四書之大義，而主要之病，則尤在其屏斥躬行。默深主張經世，此亦躬行之一端。而宋儒所言之「尊德性」，此亦躬行之一端也。默深繼是又曰：

孔子教人，專主博文約禮，而仁在其中。故不言心而心自存。此合德性、問學為一者。孟子直指人心，體驗擴充存養。孔子動言禮樂，孟子則不但無一言及樂，亦從無琴瑟弦歌之事，陶冶禮樂之化。即博學詳說之語，七篇中亦僅一偶及焉。不必下學而自能上達，此尊

德性多於道問學者也。然聖門中四科七十子，狂簡斐然，極一時之盛。孟子則一生所造就，僅樂正子一人。遂使後世有「軻死不得其傳」之嘆。正猶陸、王之學，皆不再傳而決裂，遠不及程、朱源流之久遠。又何說也？謹質所疑，俟知德君子折衷焉。

是默深論學，主「尊德性」必兼「道問學」，此皆所謂「大義」，非「奧義」也。默深上溯之於孔、孟，又於孔、孟兩人間作分別，又為程朱、陸王作分別，此等意境，乾、嘉諸儒固不能有，即如章實齋、龔定菴以下之新學風，亦所未有。故若專以今文學家目默深，實不免乎淺視默深矣。然觀其著作，如《詩古微》、《書古微》、《董子春秋發微》之類，皆確然為古文學破其藩，為今文學樹其幟，則此下今文學之起，固於默深有深賴焉。而默深之為學所志，則實不盡於此。

《外集》卷四〈張鐵甫墓誌銘〉有曰：

君子之學，太上明諸心，次尊見，下徇習。以本為淵，以用為權。匪膠乎一，惟是之全，渾渾以圓，卒符人所群然，此明諸心之事也。以己為樊，以性所近為沿。雖不軌乎大同，自信甚專，能使物靡然從焉，此尊見之事也。以眾為鵠，以耳為目，以時地所遇為屬，易以自足，此徇習者之事也。

如此言學，乾、嘉蓋無其例。

《外集》卷三〈皇朝經世文編敘〉有曰：

事必本夫心，心必驗於事。法必本於人，人必資於法。今必本於古，古必驗於今。

此言兼通之心與事，人與法，古與今，豈乾、嘉諸儒之所預聞乎？

《外集》卷一〈庸易通義〉有曰：

「君子敬以直內，義以方外，敬義立而德不孤。」豈非主敬即尊德性之事，精義、集義即道問學之事乎？「致廣大而盡精微。」此敬以致知，而精義之學備焉。「極高明而道中庸。」此敬以篤行，而集義之事全焉。「溫故而知新。」此專言道問學中之致知。「敦厚以崇禮。」此專言道問學中之篤行。

乾、嘉諸言「訓詁明而後義理明」，實則尊德性、道問學皆不在訓詁，而義理則不可外此而明，乾、嘉諸儒能知此者又誰歟？故曰默深之學，固不止在以今文爭乾、嘉之古文也。

《古微堂內集》三卷曰〈默觚〉，分上中下，中卷〈學篇〉十三，下卷〈治篇〉十六，上篇不別標題，蓋通「學」與「治」，而尤以「人」為之主。其書為體略似濂溪之《通書》，此蓋魏氏有

意自成一家言，故編之為《內集》。其他文字皆入《外集》。其遺稿雖經後人整理，非默深生前所

定。然疑其蓋本之默深之已意也。其〈默觚〉上有曰：

學之言覺也，以先覺覺後覺，故莘野以畎畝樂堯、舜君民之道。學之言效也，以後人師前

人，故傅巖以稽古陳恭默思道之君。覺伊尹之所覺，是為尊德性。學傅說之所學，是為道

問學。自周以前言學者，莫先於伊、傅二聖，君子觀其會通焉。

乾、嘉學尚經，默深則必由經通史。故其言學，兼「覺」與「效」，即兼「尊德性」與「道問學」。

如此言之，經必成為史，史必上承經。即所謂「心必驗於事，事必本於心；人必資於法，法必本

於人；今必本於古，古必驗於今」之旨也。是其言史，亦異乎如章實齋之言矣。實齋必分亭林、

梨洲而兩言之，默深極尊亭林，然不謂亭林之學偏於經，實則乾、嘉經學，依默深意，亦決不許

其能上承亭林。凡外乎史而言經，皆無當於默深之意，此默深之所以為卓也。

〈默觚〉中為〈學篇〉，下為〈治篇〉，茲姑雜引數則以概其餘。卷二〈學篇〉十一有曰：

氣質之性，其猶藥性乎？各有所宜，即各有所偏。非煅製不能入品，非劑和眾味，君臣佐

使，互相生克，不能調其過不及。故氣質之性，君子有不性者焉。仁義禮智，孤行偏發，

此條非甚深於理學者不能言。默深論學如此，求諸乾、嘉，洄如空谷之足音矣。

卷二〈學篇〉十二有曰：

窰學聖人而未至，不欲以一善成名，君子之立志也有然。寧以一善成名，毋學聖人而未至，君子之下學也有然。故未能為「言不必信，行不必果」之大人，未可輕硜硜信果之小人；與貌為「言不顧行，行不顧言」之狂士，寧為䊭䊭篤實之君子。

《內集》卷三〈治篇〉一又曰：

自古有不王道之富強，無不富強之王道。王、伯之分，在其心，不在其迹。後儒特因孟子義利、王伯之辯，遂以兵食歸之五伯，諱而不言。曾亦思足民治賦，皆聖門之事，農桑樹畜，即孟子之言乎？

皆足以償事。賢智之過，有時與愚不肖相去唯阿。況以利欲濟其氣質，但有不及，無太過乎？今夫迂、厚、剛、介、寬、審，賢智之過也。今世之士，患迂、患厚、患剛、患介、患寬、患審者幾何人？患俗、患薄、患柔、患濫、患隘、患犄疏者則滔滔皆是。求如賢智之過且不可得，奚望其純德性之用，而無氣質之偏耶？非學胡匡，非學胡成！

又曰：

工騷墨之士，以農桑為俗務，而不知俗學之病人，更甚於俗吏。託元虛之理，以政事為粗才，而不知腐儒之無用，亦同於異端。彼錢穀簿書，不可言學問矣；浮藻餖飣，可為聖學乎？釋、老不可治天下國家矣，心性迂談可治天下乎？

〈治篇〉三又曰：

立能行之法，禁能革之事，而求治太速，疾惡太嚴，革敝太盡，亦有激而反之者矣。用人太驟，聽言太輕，處己太峻，亦有能發不能收之者矣。兼黃、老、申、韓之所長，而去其所短，斯治國之庖丁乎？

又《內集》卷三〈治篇〉四有曰：

〈郡縣〉、〈生員〉二論，顧亭林之少作，《日知錄》成而自刪之。〈限田〉三篇，魏叔子三年而後成，友朋詰難而卒燬之。君子不輕為變法之議，而惟去法外之弊，弊去而法仍復其初矣。不汲汲求立法，而惟求用法之人；得其人，自能立法矣。

晚清諸儒，競以今文學言立法、變法，若知默深此義，為禍亦不若是其亟。

又〈治篇〉五有曰：

莊生喜言上古，徒使晉人糠粃禮法而禍世教；宋儒專言三代，徒使功利之徒以迂疏病儒術。君子之為治也，無三代以上之心則必俗，不知三代以下之情勢則必迂。無他，親歷諸身而已。讀黃、農之書，用以殺人，謂之庸醫；讀周、孔之書，用以誤天下，得不謂之庸儒乎？又使天下之人不信聖人之道。

〈治篇〉七又曰：

有才臣，有能臣。世人動以能為才，非也。小事不糊塗之謂能，大事不糊塗之謂才。才臣疏節闊目，往往不可小知。能臣又近燭有餘，遠獻不足，可以佐承平，不可以勝大變。欲求救時之相，非才臣不可。

〈治篇〉十一又曰：

三代以上之人材，由乎教化；三代以下之人材，乘乎氣運。乘氣運而生者，運盡則息。惟

又曰：

教化出之無窮。

鄙夫之害治，猶鄉愿之害德。聖人不惡小人，而惡鄙夫、鄉愿，豈不深哉？

此外不具引。即上列諸條，義旨深允，而包蘊宏達，不僅乾、嘉諸儒不能言，即此下今文學家，亦鮮能窺及。蓋因前後所爭皆在經，惟默深通之史；前後所重惟在聖言，默深會之於當前之世事。此其不同也。所惜者，默深為學，殆可謂有其志未竟其業，引其端未伸其緒，樹其門牆而尚未備其百官宮庭之美富。而時變已亟，群震於其《海國圖志》之類，方競於通洋務。又如河漕海運，鹺政銀制，凡默深所用心者，後人馳逐其小節，而茫昧其大體。是亦氣運所乘，而教化之功有所不逮。晚清一代之學運，讀默深《古微集》，誠使人感嘅於無既也。

今當一探〈默觚〉三卷之著作年代。竊謂默深之學，前後可分三大變：最先乃由宋學入，而有志於經世，如上舉《皇朝經世文編》以前諸著作皆是。此亦湘學自有淵源，至默深而始見為彰明較著也。其次屢遊京都，獲聞吳、皖考據訓詁之風，如《詩古微》、《董子春秋發微》諸書，皆其中年著作，可謂自「儒學」轉入於「經學」。而默深於原

先從人之途，並未放棄，其〈默觚〉三卷，則其中年有志益進所學之蘄嚮。余觀其〈默觚〉中下兩卷，每條下必引「《詩》曰」云云，疑其模倣《韓詩外傳》，或是《詩古微》成書以後所為。其《外集》又有〈孔孟年表〉，有周、程、朱、陸、楊慈湖、王文成、高、劉諸人贊，疑皆為中年著作，即其治經學後未嘗或忘儒學之證。惟其不忘儒學，斯必志切經世，其《海國圖志》之類，皆其中年作品也。然學風之變，其事不易，新學術之開創，斷非一人一時之所能完成。默深所志，乃在通經、史，融漢、宋，會古今，而又情切於當前之致用。凡其獲得當時交游間之欣賞讚譽者，終限於經學考據與經世實用之兩途。其閎識孤抱之較深入者，急切未得他人之共解，而默深亦未能沉潛以求，退默以成，內心不免於鬱悶搖惑，乃移情於老、釋，而卒為「雜學」之歸。是為默深之晚年期，當於此下再詳之。

默深晚年，曾輯《淨土四經》，每經作一序，又作一總序，教人禪、淨兼修，自稱「菩薩戒弟子」。又貽書友人，囑刊《四經》，謂「利益非小」。蓋默深於三十五歲時，曾遊杭州西湖，得聞禪理。及是年六十，太平軍占鎮江、揚州，皖北又捻亂大起，默深知高郵州，遭革職示懲徵，乃始研求釋典。《淨土四經》，乃其六十一歲時所輯。六十三歲遊杭州，又寄居僧舍，以參禪為事，翌年即卒。此乃其晚年佞佛之證。惟其序、其書，皆不刊入《古微堂集》。要其平生之學，主張融會經史、漢宋，通古今而濟世用者，至是乃見其無歸宿，而卒陷入空門，良可惜也。但《書古微》

一書完成於六十二歲，《元史新編》則在翌年成編。是則默深逮其晚年，終不能擺脫乾、嘉考覈之餘緒。回視其為〈默觚〉時意境，終使人有精神不能貫徹之憾也。

又按：默深有《老子本義》，其〈序〉收《外集》卷三。據袁昶〈跋〉，其書在默深生前似無刻本，袁氏刻之於光緒己亥，上距默深卒當已四十年。亦不知默深此書成於何時，然觀其書首〈論老子〉之二有云：

聖人經世之書，而《老子》救世書也。

之四有云：

老子與佛合乎？曰：否否。窈冥恍惚中，有精有物，即所謂雌與母。在佛家謂之玩弄光景，不離識神，未得歸於真寂海。何則？老明生而釋明死也，老用世而佛出世也。老，中國上古之道；，而佛，六合以外之教也。宋以來禪悅之士，類多援老入佛。尊老詆老，援佛謗佛，合之兩傷，何如離之兩美乎？

玩其語氣，默深當時，尚有意於用世，惟聖人六經，雖為經世大典，而急切未獲張施，乃轉而注意及於《老子》救世之書。其序文大意，力辨莊、老之相異，又援引史實，歷證黃、老無為可以

治天下，乃注此書，以為養心治事之助。故曰老之與佛，「合之兩傷，離之兩美。」蓋默深此時，已認佛可養心，但不可以治事；而《老子》書則可以治事，可以救世。似默深之《老子注》，當在其《默觚》三卷之後。《默觚‧治篇》之一明曰：「釋、老不可治天下國家。」及其注《老》，乃其思想之一變。又轉而輯印佛經，則其思想之第二變。此皆有關其治學之根本綱宗者。而後人言默深，惟主其追隨乾、嘉經學，而目之為今文家言；與其論運漕、水利、鹽政、海防、夷情，而目之為經世之學。此皆在晚清學術思想界發生影響作用，而不知尚有佛學盛行，亦與默深有關。如康有為依據佛學為《大同書》，為其治國平天下之大典。章太炎亦從佛學入，而以《菿漢微言》為之殿。是清末民初，不論主今文或古文，除經學外惟佛學，端可見矣。如默深中年以前學，亦一掃皆空，更不論儒學矣。然自龔、魏下迄胡、陳，其意皆主經世，則經世之學，又豈易言哉？默深沒，迄今已一百二十歲，國運日替，民生日瘁，使默深復起於地下，又不知將何以為懷也！

羅羅山學述

清代經學考據，盛於吳、皖，而湘學猶知重義理，尚經世。羅山羅澤南，當推巨擘。惜其在軍旅中，年五十而卒，其能潛心於學者，乃四十以前事。其學宗紫陽，黜姚江。茲鉤稽其語，以見梗概。

羅山論學最有貢獻者，當推其闡申氣質之性。其言曰：

告子論性諸說，後世言性之失者，皆不出其窠臼。杞柳，性惡之說也。湍水，揚子性善惡混之說也。「生之謂性」，佛氏「作用是性」之說也。「性無善無不善」，蘇氏、胡氏之說也。孟子辨明其謬，以未言氣質之性，無以解諸子之惑。宋儒發明氣質之性，而陽明復謂：「心

之體無善無惡。」佛氏曰：「不思善不思惡時認本來面目。」陽明之言，固釋氏之邪說，亦告子之真派也。

人性皆善，何以人之生、不善若是之不同？曰：性善者，天命之本然也。有善有不善者，氣稟之各異也。氣稟拘於生初，物欲蔽於後起，物與人分明暗，聖與凡分通塞，變化之道，在乎人為。盡性則人事皆天，好學則氣質無權。

以上兩節，錄自其《讀孟子箚記》。又曰：

宋儒分言義理之性、氣質之性，雖曰天命之理不離乎氣之中，要之理自理，氣自氣，實有不相蒙者。陽明曰：「性即氣，氣即性。」又曰：「氣者理之運用，理者氣之條理。」是告子「生之謂性」，佛氏之「作用是性」矣。《孟子》之書，其言性與氣者亦多矣。「夜氣不足以存」，謂夜氣不足以存仁義也。「其為氣也配義與道」，謂養其浩然之氣，足以配道義而行之也。王子之「居移氣」，孟施舍之「守氣」，氣與理是一是二，不待辨而明矣。「血氣未定」、「血氣方剛」、「血氣既衰」，君子之戒色、戒鬥、戒得，亦甚覺其不順乎理也。孔、孟之言理與氣，早已判然。且夫理至一，氣不一。氣運有古今，道不以古今而殊。風氣有南北，理不以南北而異。氣數有壽夭窮通，理不以壽夭窮通而增減。氣稟有智愚賢否，理不

以智愚賢否而加損。陽明言理即是氣，則人有躁氣、暴氣、乖氣、戾氣、惰慢之氣、囂張之氣、邪靡之氣、嗔殺之氣，皆不得謂之為非理。匪特主持風氣，挽回氣運，與自立乎氣數之學，可以不必；即變化氣質之功，亦可以不用矣。尚得成其為人乎哉！明儒中亦有詆陽明為禪為佛者，而於理氣合一之說，終不敢以為非，抑亦未之思耶？

上一節錄自其《姚江學辨》。羅山《文集》又有〈性理篇〉，以朱子言理氣分異者，又推本之於濂溪之《太極圖說》，其言曰：

太極者理也，陰陽者氣也。人得陰陽之氣以成形，即得太極之理以成性。但性有天命之性，有氣質之性。天命之性者，維皇降衷，厥有恆性，全體渾然，初無偏倚，此溯源於太極者也。氣質之性者，天以此理賦之人，必隨是氣以與之。氣有互陰互陽之不同，故質有或昏或明之不同。然人之所以稟乎氣者不同，人之所得是理者未嘗或異。有人其性急躁，一日自知其非，勉自振作，其人則為剛健之人也。自古至今，得氣之極清而為聖人者少，得氣之極濁而為下愚者亦少，其餘，奮其力皆可以為聖賢，縱其欲皆可以為庸昏。蓋從容中道者，渾然太極也。修身體道者，復反此太極也。困知勉行，百倍其功，以至於明、至於強者，仍不失此太極者也。聖學不明，人性日失，牛山之木，徒供伐牧，可勝惜哉！

羅山言氣質之性，大意如是。其先湘人王船山言性，分「日生之性」與「日成之性」言。日生之性屬先天，日成之性屬後天。日生之性，自今言之，可謂是自然之性；日成之性，自今言之，可謂是人文之性。人文之性，不可背於自然之性。然自然之性，非即人文之性。貴能化之育之，本乎天之命以自成其人之文，此則大聖人為民立極之功也。故宋儒言氣質之性，乃指自然言。其謂天命之性，則乃人文化成之性也。故自然之性，即性之自然也。人文原於自然，而自成人文。亦不得違離自然，而仍須回歸於自然。但人文與自然終有別，不得謂可一任自然。義理之性，則寓則此人文，非理想所存之人文。率性亦將以違性。故氣質之性，即性之自然也。義理之性，則寓有人文理想，必待化育而成。然不得謂人文理想即背其自然性，即謂理義決不在氣質中。故朱子言理、氣，既分言之，又合言之。明儒以下，即尊朱者，亦有主理、氣合一，而不明理、氣之必有所分異。故羅山之說，可謂於朱學有甚大之貢獻也。

既辨理氣，乃可進而辨心性。羅山在此方面，乃力辨陽明之非是。其言曰：

「良知」二字本之孟子，陽明所言之良知，非孟子之所謂也。人之為人，有心、有性、有情。仁義性也。愛敬情也。知愛知敬者心也。人得天地之理以成性，即得天地精英之氣而為心。心之為物，虛靈不昧，性之具於中者，能燭照而不差。事物之來，心即運此理以應

之。能知者，氣之靈也。所知者，心之理也。孟子言良知，隨明之曰：「知愛其親，知敬其長。」又曰：「親親仁也，敬長義也。」欲人即此知之自然者，以見仁義為吾性之固有，非謂「良知即天理」也。四子書言知德、知道、知禮、知止、知性、知天，道、德、禮、止、性、天指理言，未有以「知」為理者。陽明謂良知即天理、即本體，蓋誤認氣為理，誤認心為性矣。

上一節亦錄《姚江學辨》。陽明混理氣、心性而一言之，不僅不合於朱子，抑亦不合於孟子，羅山分疏極明晰。心有能知，有所知，羅山謂：「能知者氣，所知者理。」理固在氣之中，然不得謂氣即是理。羅山又謂：「聖學不明，人性日失。」反而言之，人性之得有待聖學。荀子主性惡，謂聖學非人性。陽明主良知即天理，乃謂能知即聖，不待有學。若知氣質之性，聖凡有通塞之辨，百兩之金知之通，一兩之金知之塞，豈可不論分量，但論成色，謂孩提之良知，即聖學之知性知天，而更無區別乎？孩提之成聖在乎學。孔子曰：「十室之邑，必有忠信如丘者焉，不如丘之好學也。」象山、陽明論學，必提孟子，卻不知其違於《論語》，則甚矣其不學之過也。

羅山既辨理氣與心性，乃又本此以辨朱子與陽明。其言曰：

陽明之所以異於朱子，其本體異，其大用異。朱子以性為有善無惡，陽明以性為無善無惡。

朱子以性為理，心不可謂之性。陽明以心為性，吾心之靈覺即天理也。朱子以仁義禮智為性之本然，陽明以仁義禮智為心之表德也。此本體之所以異也。若夫善念之發，朱子以為率性，陽明則謂「心體上著不得此子善念」也。好善惡惡，朱子以為皆務決去而求必得之，陽明則謂「心之本體本無一物，著意去好善惡惡，又是多了這分意思」也。萬事萬物，朱子以其事理皆具於心，日用倫常，各有當然之則；陽明則以事物為外來之感應，與心體無涉，以事事物物各有定理，是為揣摩測度於其外也。此大用之所以異也。蓋惟性善則實，實則萬事無不實，故必下學上達，而後能優入於聖域，此格物致知所以為明善之要也。性無善則虛，虛則萬事無不虛，故一悟本體，即是工夫，此即物窮理，陽明所以視之為外也。兩家意旨如冰炭之不相入，此是則彼非，此非則彼是，勢有不可兩立者。

上一節，亦錄自其《姚江學辨》。從來辨朱、王者，多從格物致知上立論，無有如羅山此條之扼要而透徹者。今試再略申之。朱子認人心中有性有理，性與理始是天地萬物之本體所在。故朱子謂不得已而必為理、氣分先後，則當日理先而氣後。依其言申之，若必為心、性分先後，亦當日性先而心後。故除卻氣與心，若理與性無可見，然理與性實有其真實不虛之存在也。故言氣質之性之上尚有義理之性。義理之性，乃屬先天存在，此層雖王船山似亦不認真辨認。以船山最後信奉

橫渠《正蒙》以氣為太虛，與濂溪《太極圖說》氣上復有太極之說異也。然濂溪又謂「太極即無極」，與朱子謂離氣即理無存在之說，皆似玄而實實。非細索之，不易明其立意之所在。陽明以心為性，以心為理，而心實只是一虛靈之體。有心無性，則天地萬物無不虛。於是我心之工夫所在，不啻即天地萬物之本體所在矣。此非狂禪之意態而何？

於是羅山繼此而又作虛實、有無之辨。其言曰：

天地萬物，皆實理之所為也。理至虛，而有至實者存；理至無也，而有至有者在。天地日月風雷山川民物，得此理以成。聖人順此真實之理以達其用於天下。「仙家說到虛，聖人豈能虛上加得一毫實？佛家說到無，聖人豈能無上加得一毫有？」陽明自幼酷好二氏，五十歲居南昌，始揭良知之學教人，自謂「千聖相傳一點骨血」。聖賢實有之旨，盡從而變亂之。人苟不深格致之功，確見聖道之所在，不為邪說所亂者幾希。

上一節，亦錄自其《姚江學辨》。常識皆認天地為實有，以心知為功用，亦因此而長陷於惟功利之為見。故有以天地為虛無、以一心為本體者，則人盡高之矣。如羅山之意，不深得於朱子格致之功者，無不惑於其說。此格致之所以為聖學也。

羅山又曰：

陽明之學，佛氏之學也。陽明之「良知」，即佛氏之「本覺」。佛者覺也。覺有始覺，有本覺。本覺者，常住不動，真性如如者也。始覺者，由悟而入言者也。佛經多言慧、言智，曰「真識」，曰「善知識」，曰「藏識海」，曰「平等智慧」，曰「不生不滅等是知」，曰「如來清淨智」，曰「識宅」，皆指其本體而言。蓋佛氏以知覺為性，故以智慧言本體也。陽明奉此邪說，自以為絕大神通。曰：「良知即天理，即本體。」由悟而入之始覺也。達摩不立語言文字，曰：「覺得良知訣竅，隨他多少邪思妄念，都自消融。」真性如如之本覺也。曰：「覺即心即佛；陽明掃除學問，主良知以立教，是為謹守孟子之言乎？抑亦入達摩之室乎？

上節亦錄自《姚江學辨》。自來攻擊陽明，未有如羅山之嚴正明快者。然陽明不僅以良知為即性與理，並認草木瓦石亦有良知，天地無人的良知，亦不可為天地。儒家傳統自來無此說，即莊、老道家亦無此說，象山並亦無此說，只楊慈湖始有之。在中國思想史上，惟佛家始主張是，則不得不謂陽明之說同於釋氏也。羅山又謂：

草木猶有生機，瓦礫則無生機矣。頑質蠢塊，冥然罔覺，碎之則痛癢無關，存之亦情意胥絕，陽明固何從見瓦石之亦有良知乎？陽明以天下無心外之物，此《楞嚴經》所謂「山河大地，咸是妙明真心中物」也。不知性屬於理，知屬乎氣，氣既不同，靈頑各別，固無害

乎此氣此理之同。草木瓦石雖無知，亦無害於此氣此理之一。陽明矜言萬物一體，實不明

乎萬物一體之道，故其言遂如是之牽強耳。

萬物一體，可從氣上言，亦可從理上言。但不當心上言。心知萬物之氣之理之一體，仍是萬物理

氣之一體，非心知之一體也。陽明又言儀、秦亦窺見得良知妙用。羅山曰：

良知，本乎天理之自然而出者也。機械變詐，不循乎理之當然，良知之賊也。古之人，性

道精明，義理昭著，陰謀詭譎，概不敢用。臨謀而懼，好謀而成，詐與不信，亦自能先覺。

揣摩人情，無一些不中肯綮，妄婦中之慧而黠者也。三代而還，正學不行，事變之來，人

多師其故智，以僥倖成功。是以禮義日見其喪亡，人心日見其偷薄，所以錮蔽其良知者甚

非淺鮮。陽明於儀、秦之智，稱之為「聖人之資」，為「窺見良知妙用」。蓋陽明以虛為性，

不肯講求義理，惟憑此心良知，矜為妙用，自闢自闔，自舒自卷，自以為絕大神通。是以

於儀、秦之故智，津津樂道之。孰知其所以揣摩人情者，正所以戕賊其天理哉？

陽明《傳習錄》儀、秦一條，當時其門弟子亦多非之，不敢信據。攻擊陽明者，亦以非大義所關

而略之。不知陽明之病，正在其認性為虛，認心即理，於是此心之用，遂若無往而不是。故陽明

雖亦謂儀、秦用之於不善，而終認其為窺見了良知之妙用。不知良知妙用，應無不善。聖人之資，可謂在良知，不可謂在儀、秦之妙用也。故羅山又曰：

孔、孟之精微，非朱子無以發；濂、洛之蘊奧，非朱子無以明。掃功利，排佛、老，摧陷廓清，義精仁熟，此功直在萬世。

以上諸條，皆采自其《姚江學辨》。蓋羅山謹守朱子駁陽明，嚴斥陽明衛朱子。言理學而主張門戶，則其所窺於理學者必淺，然固不得以此疑羅山也。蓋羅山之辨王申朱，皆確然有見，非拘拘於門戶之為見也。

故羅山雖力辨陽明，然羅山亦深知心之為用。其言曰：

立一身之主宰，而提萬事之綱者，其維心乎？心者，理之輿也。事物未至，理具於心。事物既至，即運此理以應之。其靜也，動之理所由存；其動也，靜之理所由發。心之為物，靈變不測。出入無定時，因應無定在。放而縱之，茫然莫知所至；苦以拘之，又急迫而不能久。御之以理，而居之以敬，動靜交修，內外夾持，庶能保之而不失耳。孟子曰：「學問之道無他，求其放心而已矣。」謂學問之道，皆所以求放心也。後人誤會此旨，遂謂不

必講學讀書，只要存得本心。吾不知學問之功不深，此心何由而存，幾何而不流於異端哉？

上節錄自其《讀孟子箚記》。孟子主由學問求心，故道性善則「言必稱堯、舜」，又曰「乃我所願則學孔子」，又曰「聖人先得吾心之同然」。若曰吾心與堯、舜、孔子同，明吾心即可以為堯、舜、孔子，此乃主於心而不煩學，所以為異端也。

又曰：

天、地、人同一太極也，理之一也；天、地、人各一太極也，分之殊也。其分殊，其理一。分之有畛，合之無間也。太極之在天地，遠而難明；太極之在吾身，近而易見。明乎吾身之太極，天地之太極不外是矣。周子曰：「聖人定之以中正仁義，而主靜，立人極焉。」

上節錄自其《人極衍義》。又曰：

《西銘》之理一不難知，分殊難知。分殊不難知，分殊之中，各有其處之之道難知。然豈知之而遂已哉？古之君子，親親而仁民，仁民而愛物，必皆有以盡其當然之則。向使於分殊之處一毫有所未善，則此一理之渾然者，遂有所虧而莫周。義之不盡，又以為仁之至哉？

上節錄自其《西銘講義·序》。凡羅山之學，上自孔、孟，下至周、張，非有新論奇說，而止以程、朱之說說之。羅山之學盡此矣。羅山以四十後始補廩，此下乃以醇儒為名將，一時部曲，多其講學門徒。而卒於軍中，功業未畢，亦可謂其學業亦未竟也。禍亂既平，世變日亟，西學東漸，羅山之著述，遂在若存若亡間，竟亦無大影響於後世。鉤稽斯篇，感慨何極！

朱九江學述

晚清之儒，有廣東南海朱稚圭次琦，人稱九江先生。亦知確尊朱子，惜其著書無傳，今據其弟子簡朝亮所為《九江年譜》，略撮其論學語，以覘一斑，以為余《研朱餘瀋》一書之殿。其言曰：

孔子歿而微言絕，七十子終而大誼乖，豈不然哉？天下學術之變久矣。今日之變，則變之變者也。秦人滅學，幸猶未墜。漢之學，鄭康成集之。宋之學，朱子集之。朱子又即漢學而稽之者也。會同六經，權衡四書，使孔子之道大著於天下。宋末以來，殺身成仁之士，遠軼前古，皆朱子力也。朱子，百世之師也。然而攻之者互起。有明姚江之學，以致良知

為宗，則攻朱子之格物。乾隆中葉至於今日，天下之學，皆尊漢而退宋，以考據為宗，則攻朱子為空疏。一朱子也，而攻之者乃相矛盾。嗚呼！古之言異學者，畔之於道外，而孔子之道隱。今之言漢學、宋學者，咻之於道中，而孔子之道歧。彼考據者，獵瑣文，蠹大誼，叢脞無用，漢學之長有如是哉？吾今為二三子告，靳至於古之實學而已矣。學孔子之學，無漢學、無宋學也。修身讀書，此其實也。

又曰：

稚圭始謂「朱子又即漢學而稽之」，又謂其「使孔子之道大著於天下」，其視朱子，已在康成上。

又曰「學孔子之學，無漢學、無宋學」尤為大見解。非深識儒學大統者，不易語此也。

清儒漢、宋門戶之見，自嘉、道以下，已漸知於康成外尚當有朱子，然其視朱子，實尚在康成下。

讀書之實五，曰經學、史學、掌故之學、性理之學、辭章之學。經明其理，史證其事。以經通經則經解正，以史通經則經術行。掌故者，古今之成法也。本經史之用以參成法，則用之無所驕，不用無所歉。古來才大而器小，或矜伐自用，若管仲、姚崇、李德裕、張居正者猶譏焉。吾以為性理之書誼如〈懿戒〉，足以自箴矣。歐陽氏曰：「文章止於潤身，政事可以及物。」

經通經則經解正，以史通經則經術行。性理非空言也。性理者，所以明吾學之大皆吾分也。用之無所驕，不用無所歉。古來才大而器小，或矜伐自用，若管仲、姚崇、李德裕、張居正者猶譏焉。吾以為性理之書誼如〈懿戒〉，足以自箴矣。歐陽氏曰：「文章止於潤身，政事可以及物。」

夫文章非及物者乎？君子之學，以告當世，以傳來者，書以明之，詩以歌之，非文章不達也，皆及物者也。南宋而後，古文之道寖衰，天下必當有興者，二三子其志於斯乎！

乾、嘉專經而不能通之以史，所以致於叢脞而無用。章實齋、魏默深皆已微窺其意，至稚圭乃始明白昌言之。稚圭曰：「史之於經，猶醫案也。故治史必通經。」又分史與掌故為二，蓋史明事變，掌故以通制度，即李申耆以下，以《通鑑》、《通考》為二《通》之說也。章實齋「六經皆史」，皆謂王官之所掌，此則偏掌故言。又謂「浙東史學皆本心性」，此史指事變言。稚圭分而二之，則更明顯矣。稚圭言理學，義旨更宏達。理學中本應包經、史、掌故。凡以經世致用之學，皆吾分內事。若管、姚、李、張諸人，非無功業，而滋詬病，以其不知理學也。故務功業者不能不通理學，而理學中自應有功業，非可排除功業以自成其為理學。理學家忽視文章，特為一病。其前如戴東原、姚惜抱，言學皆分義理、考據、辭章，曾滌生又加經濟一項，以稚圭意繩之，皆為未當。乾、嘉諸儒意欲以漢學擯宋學，遂言考據。考據乃治學中所有事，豈能自成為學？稚圭言五學，獨不及考據，其識卓矣。抑且五學實一學也，如戴、姚之割裂而三分之，決無當於孔子論學之道，亦無當於朱子論學之道也。

又曰：

讀書者，格物之事也。王姚江講學，譏朱子讀書，曰致良知可也。學者行之，流弊三百餘年。夫良知良能，皆原原孟子。今舉所知而遺所能乎？不讀書而致良知，宜姚江不以佛氏明心為非也。此心學之弊也。子路佞於孔子，曰：「何必讀書然後為學？」則孔子之讀書為學其常也。姚江謫龍場驛，憶其所讀書而皆有得。姚江之學，由讀書始也。故其知且知兵，其能且能禦亂。

陽明知兵能禦亂，才能、功業，皆非理學所拒。陽明言致良知，亦從讀書來。苟不讀孟子書，何知「良知」一言？書亦天地間一物也，豈一草一木庭前竹子為一物，五經四書獨不得為一物乎？草木中皆有理可格，豈聖經賢傳中獨無理可格乎？不讀書，不格物，知又何從而致？於是陽明乃轉有取於佛氏明心之說。蓋佛氏明心在菩提樹下，本不在書中、物中也。陽明因格庭前竹子不通，遂亦不以讀書為格物。稚圭謂陽明心學流弊三百年，蓋乾、嘉諸儒亦不以讀書為格物，乃以訓詁、考據為讀書，其言曰「訓詁明而義理明」，分訓詁、考據與讀書為二。乾、嘉諸儒之讀書，已非孔子、朱子之讀書矣。要之不知讀書為學，故稚圭亦歸納之為心學之流弊耶！姑誌吾說於此。

又曰：

陳文恭之學，非不尊朱子也。文恭自謂於古聖賢之書，無所不讀。其詩曰：「吾道有宗主，千秋朱紫陽。」此其所以入德也。文恭之學，讀書而靜養，朱子所法乎孔子者也。文恭之教，使學者端坐澄心，未讀書而靜養，則所養者，未必倪之正也，非朱子所法乎孔子者也。

稚圭以白沙不赴景帝時之禮闈，許其知出處之大誼。知修身，即是知讀書矣。乃分其「學」與「教」而兩言之，則自來論白沙者所未有也。

又曰：

六經者，古人已然之迹也。六經之學，所以踐迹也。踐迹而入於室，善人之道也。所謂「深造之以道，欲其自得之」也。子張問善人之道，子曰：「不踐迹，亦不入於室。」陸子靜，善人也。未嘗不學，然始事於心，不始事於學，而曰：「六經注我，我注六經。」雖善人乎，其非善人之道也。

經學所以踐跡，象山不主讀書，不主踐跡；乾、嘉諸儒之訓詁、考據，以為治經要端在此，亦不知踐跡也。雖乾、嘉諸儒中亦有善人，惟亦同非善人之道。故陸王、乾嘉同反朱子，稚圭乃亦同

反之矣。

又曰：

顧亭林讀書亡明之際，抗節西山。《日知錄》遺書，由體及用，簡其大法，當可行於天下，而先王之道必不衰。

又曰：

稚圭於明遺老獨尊亭林，亭林有言：「經學即理學也，捨經學安所得理學哉？」亭林於稚圭所分經、史、掌故、辭章諸學，皆所囊括，而經學其主腦也。自稚圭言之，此四學者，「皆吾分也」，此可謂是理學之積極面。亭林又言：「博學於文，行己有恥。」其抗節西山，可謂有恥矣。自稚圭言之，「性理之書誼如〈懿戒〉」，此可謂是理學之消極面。朱子以後，尊朱子而能超越理學家格套者，稚圭以前端推亭林，此外朱舜水亦近之，惜乎舜水羈旅海外，不能如亭林之終老祖國以成其學。此外又有陸桴亭亦近似，惟仍帶理學格套，故皆不為稚圭所稱。

又曰：

紀文達，漢學之前茅也；阮文達，漢學之後勁也。百年以來，聰明魁異之士，多錮於斯矣。

嗚呼！此天下所以罕人才也。

以阮元、紀昀同等律之，尤見稚圭論人論學之特識。

又曰：

小學非六書而已也。紀文達必從〈漢志〉，非也。朱子《小學》，小學之道也。《大戴禮》曰：「古者年八歲而出就小學，學小藝焉，履小節焉。束髮就大學，學大藝焉，履大節焉。」（《尚書大傳》略同。）是故小學養大學。

又曰：

稚圭上采《大戴禮》、《尚書大傳》以證朱子之《小學》，較之紀昀及其他乾、嘉諸儒之僅從〈漢志〉，以六書為小學者，遠勝矣。是稚圭之尊朱，可謂亦「即漢學而稽之」也。

又曰：

《皇清經解》，阮文達之所詔也。殆禪於經矣。雖然，何偏之甚也！顧亭林之學，不分於漢、宋也，今采其說尊宋者芟焉。如《日知錄》於《易》謂「不有《程傳》，大誼何由而明乎」之類，今不采。書以國朝為目，當時之儒，非盡漢學也。若方靈皋者流，乃一言之不錄也。

稚圭駁斥紀、阮，亦皆考據家言。故知考據僅為奴，為工具，不得預於稚圭所舉五學之類。

又曰：

宋儒言去欲，漢學者以為非，曰：「所欲與之聚之，孟子誼也。」彼漢學者，東眠不見西牆矣。人欲有公而有私。〈樂記〉所謂「滅天理而窮人欲」者也。其宜去乎？抑不去乎？當時漢學者駁宋學，莫過乎理、欲之辨。稚圭引〈樂記〉明白分天理、人欲，則不煩多言而判矣。是亦所謂「即漢學而稽之」也。

又曰：

經誼所以治事也，分齋者歧矣。邱文莊《大學衍義補》嘗辨分齋之非。經學所以名儒也，分門者窒矣。近人著書，有以經學、名儒分門者。

又曰：

明經誼不能治事，治經學不能名儒，皆非真經誼、真經學也。乾、嘉之治經，其不能治事、不得名儒者多矣。乃當時學者，誤認其施於經之訓詁、考據，即為儒者所當治之事，失之遠矣。

又曰：

儒有君子小人。然《儒林傳》外立〈道學傳〉，則《宋史》之失所尊也。

因於〈儒林〉、〈道學〉之分，遂啟漢學、宋學之分，故為稚圭所不取。不能外於儒而自成為道學，此則稚圭意也。

又曰：

韓子云：「士不通經，果不足用。」然則通經將以致用也。董子云：「《詩》無達詁，《易》無達占，《春秋》無達辭。」此董子之能通經也。孟子言《詩》皆無達詁。班氏云：「後世經傳既已乖離，博學者又不思多聞闕疑之誼，而務碎誼逃難，便辭巧說，破壞形體，說五字之文至於二、三萬言。後進彌以馳逐。故幼童而守一藝，白首而後能言。安其所習，毀所不見，終以自蔽。此學者之大患也。」今之漢學，其免班氏之譏否也？

又曰：

乾、嘉諸儒自號漢學，乃其所治不免如班氏所譏，是亦治經而不通之史，自號漢學，不能「即漢學而稽之」也。

今之漢學，喜攻朱子。蝴沸者無識矣。將或中焉，惜其不如朱子之事師也。

朱子師程子者也。朱子釋經，不或匡程子之失乎？志遜而辨，辭恭而直。朱子事師之誼也。

稚圭尊朱子為百世師，乾、嘉諸儒固不能然。然苟能志遜而辨，辭恭而直，是亦可矣。何必效孟子之拒楊、墨耶？此皆門戶之見害之耳。

又曰：

《書》與《春秋》，經之史、史之經也。百王史法，其流也。正史紀傳，《書》也。《通鑑》編年，《春秋》也。以此見治經、治史，不可以或偏。

又曰：

以此較章實齋「六經皆史」「浙西治經、浙東治史」之說，遙為深允矣。

又曰：

九《通》，掌故之都市也，士不讀九《通》，是謂不通。

乾、嘉以下，亦有知讀司馬氏《通鑑》與馬氏《文獻通考》者，然其治史，治古而不治今，是不通何足以致用？稚圭治史主其近，引《史記·六國表序》，以其近己而俗變相類，此與乾、嘉諸儒不敢言近必引而遠之者大異。

又曰：

掌故之學至賾也，由今觀之，地利、軍謀，斯其丞矣。

咸豐二年，洪楊軍破武昌、安慶、金陵，北至揚州，時稚圭年四十六，其卒在光緒七年，年七十五，洪楊已平。胡林翼、曾滌生之業績，稚圭蓋有深感焉。

又曰：

知掌故而不知經、史，胥吏之才也。

章實齋謂六經乃古代王官之學，若不明稚圭此條之義，則六經亦古者胥吏之學也。

又曰：

「古無所謂理學，經學即理學也。」顧氏之言是矣。雖然，性理諸書，刪其繁枝，固經學之佐也。

又曰：

乾、嘉諸儒，治經學不治理學，猶治史有二《通》不治五史、九《通》之類也。五史詳後。

又曰：

經、史之誼，通掌故而服性理焉，如是則辭章之發也，非猶乎文人無足觀者矣。

僅文無足觀，僅掌故為胥吏，僅性理為陸、王心學，僅經為乾、嘉考證，僅史是亦吏矣。凡稚圭論學大旨要如此。稚圭著述有七：曰《國朝名臣言行錄》，法朱子。曰《國朝逸民傳》。曰《性學源流》。曰《五史實徵》，錄宋、遼、金、元、明以資今。曰《晉乘》，如程大昌《雍錄》。尚有論清代儒宗者，不分漢、宋。有記蒙古者。臨卒前，盡自焚之。即觀其書目，其學蓋本性理以通之史，而尤要在人物。即其所標修身讀書之實也。

然稚圭論學，在當時要為孤掌之鳴，從學有簡朝亮最著，然似未能承其學，仍是乾、嘉經學餘緒耳。康有為則登其門而未能受業，轉主今文經學，又旁鶩於佛典，其去稚圭論學之意益遠矣。繼此新文化運動起，辭章則曰「白話文」，掌故則曰「二千年專制政治」，性理則曰「禮教喫人」而倡非孝。其曰「以科學方法整理國故」，則持襲乾、嘉考據以治史。乾、嘉以反宋，而今之考據則以反中國。遂循至於不讀書，不修身。則稚圭有意提倡一種新學，實乃為舊學之殿也。余之為斯篇，誠不勝感慨系之矣。

讀康南海《歐洲十一國遊記》

余十年前，草《中國近三百年學術史》，於南海康氏，詳著其思想先後之激變，顧未稱引及其《歐洲遊記》。抑南海思想之激變，實亦歐遊有以啟之也。今年夏，避暑灌縣靈巖寺，偶於友人家攜得此書，繙閱既竟，重加摘錄，以補《學術史》之未備焉。

南海第一次遊歐，以行篋無書，未詳其在何年，其再赴歐則在光緒三十年甲辰之二月，以五月至意大利，由是轉瑞士、奧、匈、德、法、丹、瑞、比、荷，而至英。（此據《十一國遊記·總目》推之。）是年冬至南海在美洲，有《十一國遊記·序》。翌年七月又自德轉法，有〈法蘭西遊記〉。再翌年，光緒三十二年丙午，十一月自瑞典至柏林，十二月渡來因河，有〈來因觀壘記〉。復有〈西痕故都記〉。再翌年丁未，十月自巴黎入德，有〈蒧士記〉、〈士遮士卜記〉、〈渡顏湖記〉、〈刊

士但丁記〉諸篇。是年冬〈補德國遊記序〉，自謂遊德久，且多，九至柏林而四極其聯邦也。再翌

年，光緒三十四年戊申，四月有〈波士淡舊京記〉，五月自北冰海還，六月自瑞典束裝赴南歐，遊

塞爾維亞、布加利亞，復自羅馬尼亞乘船泛黑海至突厥，七月自突厥往雅典。是年冬，有〈突厥

遊記序〉。至〈塞、布兩國遊記序〉則成於民國二年癸丑之二月。凡南海歐遊蹤跡可考者如此。

其《十一國遊記》，自序在光緒三十年冬至，時居美洲北太平洋城多利之文島也。其第一編刊

成於三十二年二月，為〈意大利遊記〉，編首有〈海程道經記〉共二篇。據其總目錄，尚有瑞士、

奧大利、匈牙利、德意志、法蘭西、丹墨、瑞典、比利時、荷蘭、英吉利各編，並附錄〈歐土政

俗總論〉、〈中西比較論〉、〈物質救國論〉三篇，則皆未刊。其《十一國遊記》之第二編為〈法蘭

西遊記〉，據原目當為第六篇，其開端即云「光緒三十一年七月二十二夜自德之克虜伯砲廠往法

國」，則此卷乃成於乙巳，文中亦並無再遊之說。然則三十年甲辰草《十一國遊記·序目》時，實

未嘗有諸編遊記之成稿，逮其再遊法京，而草此記，筆墨文字間又實似初遊乍到者，洵可怪也。

其丁未〈補德國遊記〉，自謂甲辰遊德，曾草遊記，失落數卷，然今可考者，如〈來因觀壘記〉，

亦在丙午，其他各篇尚在後。然則甲辰遊記真可考者，亦惟〈意大利〉一篇而已。其〈補德國遊

記〉及〈突厥遊記〉、〈歐東五國遊記〉各篇皆刊於《不忍雜誌》中。

南海早年，實為歐洲文明之謳歌崇拜者，其轉而為批評鄙薄，則實由其親遊歐土始。故曰：

吾昔嘗遊歐、美，至英倫，已覺所見遠不若平日讀書時之夢想神遊，為之失望。今來意甫登岸，而更爽然。

又曰：

吾昔聞羅馬文明，尤聞其建築妙麗，傾仰甚至。及此遊，親至羅馬而遍觀之，乃見其土木之惡劣，僅知用灰泥與版築而已。其最甚者，不知開戶牖以導光，以王宮之偉壯，以尼羅之窮奢，而其拙蠢若此。不獨無建章之萬戶千門，直深類於古公之陶復陶穴。

又曰：

往聞巴黎繁麗冠天下，頃親履之，乃無所覩。宮室未見瓌詭，道路未見奇麗，河水未見清潔。比倫敦之湫隘，則略過之，且不及柏林之廣潔，更不及紐約之瓌麗遠甚。

又曰：

吾居遊巴黎之市十餘日，日在車中，無所不遊，窮極其勝，若渺無所覩聞而可生於吾心、觸於吾懷者。厭極而去，乃嘆凤昔所聞之大謬而相思之太殷。

雅典區區片土，實為大地文明誕育之場，吾嚮往久之，故裹十日糧而來。而遍遊兩小時，吞雅典者八九，則意興與遊觀蕭然而盡，即決歸矣。天下凡有盛名之事，蓋莫不類此也。

凡此皆可見南海親遊歐土後之觀感，故曰南海思想之激變，實以歐遊為轉紐也。今根據《遊記》而分析南海之思想，其所以對於歐洲文明開始敢萌其批評與鄙薄之意者，厥有數端：一則見歐洲各地文物高下至不同，未必一一盡勝於我也。其初至意，即知意人至貧，多詐，而盜賊尤多，既見其襤褸之情，顛連之狀，乃曰：

未遊歐洲者，想其地皆瓊樓玉宇，視其人皆神仙才賢，豈知其垢穢不治、詐盜遍野若此哉？故謂百聞不如一見也。

又曰：

一則知歐洲之治平康樂，乃最近百年以內事，而以前則不然也。故曰：

又曰：

遍覽歐土大進化，皆在此百年內，百年前屋多低小，亦與中國同，則亦無可深媿者。

以巴黎之盛，當我宋、明，尚如彈丸；即路易十四雄霸，在吾國初，亦不及今日之巴黎二十之一，何雄麗之云？故時民居多丈許茅屋，學者耳食巴黎之盛，切勿以今日之法比例百餘年之法也。柏林六十年前，僅七萬人，今逾三百萬，新世進化，古無可比，吾亦驚嘆。但當知彼百年前，不如吾中國遠甚耳。

又曰：

遍觀歐洲各國博物院，皆於十二、三世紀後乃有精巧之物，可以觀歐人進化之序，故曰吾國人不可不讀中國書，不可不遊外國地，以互證而兩較之，當不至為人所恐嚇而自退處於野蠻也。

南海所謂讀中國書，遊外國地，互證相校，而為其所注意留連者，大率不外於兩端：一則在於宗教藝術、古建築、古器物方面者，又其一則歐洲政治風俗、歷史文化演變之跡乃至其所以然之故是也。歐洲古建築、古器物之瑰奇精美，南海傾倒稱羨再三而勿置；然論及歐洲政俗文化之根源，則殊為南海所不滿。南海既鄙薄於其後者，乃更轉而批評其前者，乃曰：

凡迷信神道者，宗廟必極壯麗，自埃及、巴比倫、希臘、印度皆然；而緬甸之野蠻，尚有

黃金廟數所，大者一塔至高三百尺，為全球所無，豈得以緬甸為文明耶？

又曰：

凡迷信神道者，宮室偉麗；凡多立貴族者，器物精奇。我之宗廟不麗，器物不精，益以見我無神道之迷信，無侯國之壓制，尚道德而貴廉讓耳。比之歐土之舊，不益見進化之高乎？

又曰：

德意志本甚野蠻，今其金實刻劃，精工珍異，豈不近於文明？然蒙古王珍器，亦復金珠燦爛，達賴、班禪與西藏諸大僧寶器皆精工。以王者、教主之力，雖極野蠻，自能致其精異，與全國之文明無預。統觀其政俗，金甲石壘，與蒙古無異，未能以區區金珠之物、殿宇之精而稱之也。

南海既抱若是之見解，故其《遊記》中所著意者，乃不在其對於各地所見古建築、古器物之描寫，而實在其推闡各邦古今政俗推演進展之所以然而衡量其是非得失之所在。故南海此書，雖屬遊記，而其精心結撰處，則實為對歐洲文化史之闡述與批評。綜其大者，厥有數義：一者評論

古羅馬文明之得失以與中國秦、漢時代相比較，一者評論歐洲之中世紀，三則評論法國大革命，四則闡述英國憲政之由來。

南海謂羅馬與中國之比較，羅馬不如中國者有五：

一曰治化之廣狹。終羅馬之朝，皆以意大利境為內國，其餘高盧、西班牙、不列顛、西西里島、迦太基等，為藩屬地，遣都護治之，如我伊犁、蒙古、西藏、東三省之將軍、都統、領隊大臣然，故皆縱恣暴虐，而民得自行其舊俗，實與未開化等。若埃及、亞西里亞、亞美尼亞諸國，則以虛名職貢，如安南、高麗之比。其將相吏士之所自出，文人學士之所發生，政事禮俗之所盛行，圖書戲樂之所開發，繁華盛大之集會，實只有羅馬一城之內，並不能遠及於意大利之封域。羅馬極盛時，學者號稱六、七萬，亦不過羅馬城中人士耳。意大利全域僅當今雲南一省。而當羅馬時尚雜蠻族未開化者，則正雲南之比。我漢時禹域百郡皆為內國，人民平等，不限奴隸。郡國皆有學校，皆立大學掌故，縣鄉皆有三老以掌教化。特設科舉，郡國皆歲舉孝廉、茂才，學術遍於全國之鄉野。此一也。二曰平等自由之多少。羅馬開國千三百年，而貴族、平民之爭歷數百年，其後乃得少予權利而通婚姻，設護民官。然此乃同城之拉丁人得之，其意大利人仍數百年為奴，終羅馬之朝，意大利半島

奴隸百餘萬。其他藩屬人民，則如英之待印度。至末世乃稍子權利，而羅馬之紐亦解矣。

若我漢世，內國人民，人人平等自由，既無世爵，人人得徒步而至卿相執政權。羅馬限於一城數十萬人之內，我漢擴之百郡萬里五千萬人之遠。此二也。三曰亂殺之多寡。羅馬內政無紀，先則有豪族、平民之爭，次則有三頭政治之爭，又次則有百年內亂，即號稱羅馬盛世，自愷撒被弒，其開國諸帝自奧古士多外無一能自保者。其後軍隊擁立之帝二十五，僅四人考終，而大亂亦頻數，於是有三十暴君之代而入於末世之亂。統觀羅馬一統八百年中，當國有位號者以百數，能保全者不及十主。而爭亂分離以數十計。其女后之亂政弒君亦復無數。比之我十六國、五季尚不如。每讀《晉書》及《五代史》，哀其時君臣人民之慘殺酷戮，為之掩卷，而羅馬一京世載亂離，乃視為朝餐夕飯，豈不哀哉？此其三。四曰倫理之治與亂。羅馬以家族為治與中國同，而其俗淫亂，則不及我國遠甚。觀邦淖家人屋壁圖書多寫淫具，則鳥獸之亂甚矣。此其四。五曰文明之自產與借貸。羅馬實為武功之國，不得為文明之國，文明本非其自產，乃借貸於希臘而稍用之，與北魏、金、元之入中國稍同。豈與漢世，上承三代，儒、墨諸子，皆本國所發生，百郡人士，生來已習，濡浴已深，無煩假借！此其五。

南海又曰：

來因河畔多羅馬古蹟，羅馬非不刻意經營，而一敗不振，並本國而永遠沉淪焉。若我國則拓外之力，暗寓於無窮。足知羅馬政理不如中國，而今羅馬律則有間接而入於我者，此我子孫之不克振拔也。

南海之論歐洲中世，尤為慨乎言之，而暢發其意於《來因觀壘記》。記曰：

未遊歐土者，想像而推測之，以為善見之天，妙音之國，極樂之土，金堂玉宇，而神仙聖賢也。以吾遍遊歐洲，熟觀其博物院及王宮之珍儲，則舉目所見者，金鐵之甲冑戈盾也。遊於其國內山野之間，則接目而覩者，巍巍之戰壘也。其壘突兀於雲表，縱橫於江邊，憑險據隘，式製詭奇，誠吾國人所未覩。

又曰：

遊歐者，徒觀其大都會，文物之殷賑閩溢，宮室之奇麗閎敞，則震而驚之，曰文明哉！文明哉！然此其最新之迹耳。試與遊奧國帝羅之阿爾頻山，奧、匈間之多腦河上，又與遊德

國漢那諸州，乃若蘇格蘭、阿爾蘭山野中，則屹然蒼然於山間雲際者，皆壘也。然遺跡疏落，尚未能惻然動遊者之心。至於循來因河邊數百里河道中，波浪泱泱，崇岡截嶭，夾河對岸三數里間憑險相見者，果何物哉？則皆壘也。壘也者，故侯之宮，而爭戰之場，歐人之白骨所築、赤血所染而成之者也。若其壘制奇詭，憑山顛而俯絕壁，峻聳入雲，處處斷而續以橋，面面壁而隔以城。高下方圓，可通可絕，可降可升，不知幾經戰爭乃得此式。故皆有一夫當關、萬夫莫開之勢。以區區小國寡民，憑險守隘，雖有謀臣如雲，猛將如雨，莫之誰何。故德意志千年帝王，自路多父平九十壘以外，無有能定之者。自非中國創火藥、火砲自蒙古、突厥而西漸，則封建之爭至今存可也。傷心哉！吾國之古戰場可弔者有幾，而來因河畔，則接目皆古戰壘。五十年前之歐民，何罪何辜而二千年蒙此慘酷，吾至今猶為歐民哀之。

南海既歷歷描繪歐洲中世紀故壘之遺跡，而想像其千年戰鬥之慘酷，於是又進而述當時各國侯封之數字，以推論其政理之破碎與民生之憔悴焉。故曰：

當時全歐皆封建貴族，法十萬，英一萬五千，奧二萬，普及日耳曼各國三十萬，除此四十三萬五千貴族及數十萬大僧外，其餘數千萬人皆佃民奴隸，無立錐之地。政不逮下，學亦

不逮下，一切人權不逮下。內事壓制，民不聊生；外事戰爭，殺人盈野。此三百年中，歐洲始如破蒙昧也。

而南海於此，其敘述法國者尤詳，蓋此即大革命之所由爆發也。南海曰：

法地僅二十萬英里，視吾四川一省，僅較大四萬英里耳。此四萬英里作國王自領，而全法國有貴族十萬，是猶吾四川百縣，每縣有一千封建小國也。法民當時二千五百萬，是每封建國平計不過男女二百五十人而已。及近革命時，侯封尚四萬，則每縣尚有四百小侯，平計男女亦不過千人。其二十五歲以上之男子，全國六百萬，則每侯國僅百五十人耳。破碎微小，僅如中國一小地主，而貴族與公侯之號，尊驕侈�傲，在此么麼境內，皆有專制君權，設家宰，張警吏，稅官、捕役，法吏、書記皆備。牢獄絞臺，生殺刑威自專之。恣意徵稅，任情徭役。以此數百之民，而供應此尊侈之君侯，繁多之官吏寺僧，及君吏之妻子奴婢，其何以堪！

故南海曰：

吾以法封建情狀推之吾中國，無有可比者。吾國人未知法國百年前之俗，未知歐土五、六

十年前之政事，遊滇、黔及南洋爪哇，觀巫來由諸王與土司治民之政俗，如同一縮影也。

夫歐洲中世紀以來之政理，其破碎黑暗有若是，則法國之大革命，事所應有，亦無足怪。南

海繼而論之曰：

以歐洲萬里原陸之地，英、德、奧、法四大國，將二萬萬之人民，而有地農主只此四十餘

萬人，其餘皆無立錐。加以舊教愚民之法，壓制種種，皆可為種怒之因而種民變之禍胎。

中國聽人民自有田地，蓋自戰國，乃在羅馬未出現以前。孔子之道，以自然為教，絕無壓

制，又豈若天主教乎？故中國人早得自由之福，已二千餘年矣。若使我中國而尚有十萬淫

暴之諸侯，占國地三分有一，又有專橫之寺僧，舉中國平民不得任權要之職，則鄙人必先

奮筆焦脣而唱自由，攘臂荷戈而誅民賊。革命乃吾國自有之義，豈待譯書之入，先盧騷、

福祿特爾而力為之矣。

以此南海乃深不樂當日國人之慕效法國，輕言革命。其〈法蘭西遊記〉描述法國大革命之經過及

其慘禍，尤為詳備。南海曰：

法國革命，恐怖狂戮，賢革同焚，流血百二十九萬，禍垂八十餘年，實為法國當日革命志

士始料所未及。

南海於此尤深嘆而切論之，曰：

今夫弈，小數也，能弈者不預知六、七著，不能圖勝。即僅知三、四著，可謂深遠矣，然下棋立敗。何況國政民變之深遠繁奧，有預算千萬著不能盡者。大革命之事，古今所鮮經，常道所少由，即諸志士當開議抗王命時，亦未嘗逆計夫大革命之全局，當革命時變狀若何？既革後變狀若何？變若何來？若何因？則預為因應之法亦無所施。而及倫的黨在當時，實見寸行寸而為之，譬猶庸醫未識病症而敢妄用砒霜毒藥、大黃瀉劑，其不妄殺人者幸耳。

南海之遊突厥，適值其頒新政，召國會，南海顧深憂之，曰：

舊制行之數千年，實人心國命所寄，紀綱法度雖有積弊，只可去太去甚，以漸行之。如求盡去，人心國命無所寄，則蕩然大亂耳。突之青年黨，久遊法國，日事破壞，徒口耳革命之名，而未盡從事政治理財之學，徒蠱炫歐、美之俗，而未細審風俗之宜。乃舉舊制之法律道揆盡棄之，一朝而易二百餘條，非不快也，然而青黃不接之時，歐、美之實效，非突

人所能驟受也。於是國人不知所以措手足，惟亂舞僬僥而已。

其次請略述南海之論憲政。凡論歐洲憲政必推原於古希臘。南海曰：

孟德斯鳩稱希臘先創於海寇。亞洲大陸國，海寇無所容，而地中海萬島枒杈，又無大國，故能以海寇崛起。以其起自海寇，故分贓必均。雅典公民分公帑而公議事，民權憲法之興，亦即在是。所謂臭腐神奇，今以為普天之洪範，而其初至不足道也。凡一切政化，皆地勢使然，故余常曰水流沙轉，非人為也。

其論羅馬則曰：

羅馬起於部落，當我春秋之始，人口不過數千，蓋以三十族開基。羅慕路之王五世，僅治羅馬城一隅，同一酋長，故其為治亦同部落，諸族分權而治，無名義以相統。其有不可廢而棄之，貴族本自平等，孰肯以大權歸一人之手？此王權之所以永廢。

其論中世紀日耳曼諸邦之議會，則曰：

日耳曼當吾漢、晉，尚為森林之野番。開創之始，攘闢山林，粗開部落，未成國土，未有

其論議會制度之獨延於英邦，則曰：

此有二故：一則小國寡民，其克林威爾之革命，亦不過如春秋列國之廢逐其君。晉屬、宋
殤之弒，魯昭、衛輒之出，衛人立晉乃出於眾，貴族柄政蓋視為常。二則地僻海隅之一島，
羅馬及東方之制度亦不廣播，故能傳其舊俗。及文明大啟，則國會已堅，又有希臘、羅馬
議會舊事會合之。此為議會制度獨延於英之二因。若在歐洲大陸，則早為羅馬大國之政制

非大一統之世，眾國並立，必有此等會議，固吾國行之二千年矣。

至歐洲中世封建時，日耳曼帝僅以虛名擁位，其時國會皆豪族，如諸侯、大僧、有領地者
列席焉。所議為和戰、教宗、嗣王及國際大事。此等會議，猶我春秋時列國諸侯大會。凡

大聚鄉人而公議之。若苗、傜、黎、僮各種，分據山洞，各立酋長，至有戰爭，亦射矢舉
火為號，傳集各洞，公議其事。以《宋史・土司傳》考之，日耳曼史開創時，乃如一轍。

陵林叢或神前，可舞蹈，不可者擊器以亂之，大不願者投戈於地。此等集會，只可謂之
部落械鬥會。今人以後世文明，蒙之以「國會」二字。今吾粵僻處，各鄉械鬥，亦必鳴鑼

君王。部落既多，群族相鬥，必開會謀之。凡稱戈之卒皆得預議，不能荷戈者不得預會，
所議公舉頭目、將軍及編兵之事。預會者僅有贊否，無發言權。焚火射矢以集眾，集於邱

所束縛，君權久定，國會奚從發達？故國會必小國寡民，王權不尊，而後始有。假令羅馬而一統至今，則英倫三島，亦中國之瓊、臺、滇、黔耳，為羅馬之郡縣，奉羅馬之政法，何從而有國會？?何從而漸精漸進以成今日之憲政？此為歐、亞歷史之大異點，非中國人智之不及，而地勢實限之，不能為中國先民責也。物無兩大，有其利必有其害。中國萬里數千年已享一統之樂利，歐洲列國分立，經黑暗中世千年戰爭慘禍，酷矣，乃得產此議院以先強，則有其害者亦有其利。然中國苟移植之，則亦讓歐人先穫百年耳。何傷乎！天道後起者勝也。

南海對於歐土政俗文化演變之觀感，俱如上述。於是往昔以歆羨西化而主全變、速變者，至是乃譏斥之曰夷狄，曰野蠻，而笑畏外、媚外之為愚。其言曰：

自明成化以前，法國內則侯爭城堡，人民土沙，外則與英、班日戰，暴骨如莽。夷狄之政，野蠻之行，無足比數。即觀其十四、五世紀以前之器物，蓋亦絕不精巧。今學者無中外之學，不考其本來，徒觀其外蹟，震其百年之霸，而畏之媚之，何其愚哉？

即當前之歐洲，南海亦評之曰「半仁半義」，而不認其為圓足標準之文明。其言曰：

又曰：

吾觀今歐洲之人心風俗，由分爭而漸趨於一，由級別而漸趨於平，由好利而漸尚於名，由好禮義而益底於文明。其中非禮之禮、非義之義甚多。如各國戰不能弭，而戰時國際之條約，則不殺降，醫痍傷，半仁半義之事極多，乃極可笑，其自誇以爲文明而異於野蠻者即在是。此與宋襄之不重傷，不鼓不成列，不禽二毛，何異？

又曰：

吾昔者視歐、美過高以爲可漸至大同，由今按之，則升平尚未至也。孔子於今日，尚爲大醫王，無有能易之者。

又曰：

今之學者，不通中外古今事勢，但聞歐人之俗，輒欲舍棄一切而從之，謬以彼爲文明而師之。豈知得失萬端，盈虛相倚，觀水流沙轉，而預知崩決之必至。苟非虛心以察萬理，原其始而要其終，推其因而審其果者，而欲以淺躁一孔之見，妄爲變法，其流害何可言乎？

至是而南海觀點，乃顯著有激變，其於一切之論評，乃有轉向內裡實事求是之意，與一時之

盛誇西俗以為模準者相異焉。其言曰：

萬法之對於人群，無得失是非，惟其適宜。譬猶藥之補瀉，亦無得失是非，惟其對病；苟不對病，則服人葰一斤，亦可發熱而死。且藥必製煉乃可用，不製之藥，反可生病。民權固為公理，然不知所以製之，以不教之民，妄用民權，此則誤服人葰十數斤，誤飲補酒百石，只自速其死。況服砒霜、飲烏頭，而又無分量之限度乎？死矣死矣，不可救矣。

又曰：

苟但執驗方而可以治病，不待審夫病者之老幼強弱，表裡虛實，則天下執一驗方新編，人人可以為名醫矣。況診一國之病，其理尤難，而謂可妄執他國之驗方，以望瘳己國之痼疾，其可得哉？

南海於此，猶有言之極憤慨者，曰：

昔有貴人，有癰而割之，血流殷席。有貧子，美好無病，慕貴人之舉動，乃亦引刀自割，貌為呻吟；已而剖傷難合，卒以自斃。今妄人媚外，發狂呼號，不幾類此。

言曰：

至是而南海不得不仍折還於自敬國本之論，而往昔之所謂速變者，今日乃自厭而自吐之。其

彼敬教愈甚，而教力之壓愈甚，於是有千年之黑暗。吾數教在寬，故不敬教，而教無壓力，故變化最速。吾過英惡士佛學堂，各國遊學其間者，突厥只有一人，而波斯無人焉；吾國甫通歐西，而今已十餘人矣，後日益多。雖然，速變則速變矣，吾患其無自立之性也。各國於其本國言語文字讀史風俗宗教，皆最實愛之，敬重之，保存之，而後人性能自立，一國乃自立。故各國學堂獄醫，必有其敬禮國教之室，不如是則殆比於野蠻人。

讀者繼此再披尋其以後《不忍雜誌》之思想與理論，則宛如天衣之無縫矣。

此稿刊載於民國三十三年十二月《思想與時代》月刊四十一期

餘杭章氏學別記

餘杭章炳麟太炎，為學博涉多方，不名一家。音韻小學尤稱度越前人。然此特經生之專業，殊不足以盡太炎。或豔稱其文章。太炎論學頗輕文士，於唐、宋文人多所譏彈，謂：「學貴樸不貴華，枝葉盛而根荄廢。」自稱為文特履繩蹈墨，「說義既了，不為壯論浮詞，以自蕪穢。」謂：「百年以前，學者惟患瑣碎，今正患曼衍也。」又謂：「非為慕古，欲使雅言故訓，復用於常文。」其自述文章能事盡此。或又以經學稱之。太炎論經學，僅謂：「六經皆史，說經所以存古，非所以適今。過崇前聖，推為萬能，則適為桎梏。」亦值並世今文家言方張，激而主古文，時若不免蹈門戶之嫌，然後世當諒其意也。今論太炎學之精神，其在史學乎！

太炎論史大義，約而述之，可歸三塗：一曰民族主義之史學也。嘗謂：「惟人能群，群之大

者，在建國家、辨種姓，曰言語、風俗、歷史。三者喪一，其萌不植。」又謂：「凡在心在物之學，體自周圓，無間方國；獨於言文、歷史，其體則方，自以己國為典型，不能取之域外。」又曰：「歷史斷無可以與人相通之理。故史者，上以存國性，下以記成敗。人不習史，愛國之念必薄，出而行事，猶冥行索途也。」又曰：「民族意識之憑藉，端在經、史。史即經之別子。承平之世，有賴儒家，一至亂世，史家更為有用。國亡再起，非歸功史家不可。民族主義如稼穡，以史籍所載人物、制度、地理、風俗之類為之灌溉，則蔚然以興。不然徒知主義之可貴，而不知民族之可愛，吾恐其漸就萎黃也。」遼變猝起，繼之以淞滬之戰，舉國震動，或問有可永久寶貴之國粹否？太炎答曰：「有之，即其國已往之歷史也。」嗟乎！廑斯一言，足以百世矣。

二曰平民主義之史學也。嘗論伯夷與盜跖，同為上世之無政府主義者，以春秋貴族之世無俠名，而盜跖以為盜。又深推《儒行》，謂：「世有大儒，固舉俠士而包之。」「擊刺者，當亂世則輔民，當平世則輔法。」又盛稱五朝法律，為之索隱，曰：「五朝律重生命，恤無告，平吏民，抑富人，損上益下，抑強輔微。」此可以窺其旨矣。三曰文化主義之史學也。曰：「孔子賢於堯、舜，惟在作《春秋》，修六藝，布群籍，廢世卿。」又曰：「孔子賢於堯、舜，由其出身編戶。孔子以前為帝王立言者多，為平民立言者少。孔子於中國，為保民開化之宗，不為教主。」然則太炎論史，孔子以三塗同趣，曰歸一於民族文化是已。晚近世稱大師，而真能有民族文化之愛好者，其惟在太炎乎！

太炎早歲即奔走革命，故論史亦每與世事相發，而論政俗尤深切。嘗謂：「政治之於生民，猶乾矢鳥糞之孳殖百穀，百穀無乾矢鳥糞不得孳殖，然其穢惡固自若。求無政府而至治，猶去乾矢鳥糞而望百穀之自長。以生民之待政府而頌美之，猶見百穀之孳殖，而并以乾矢鳥糞為馨香也。」又曰：「以法令化民，是聞隴括足以揉曲木，而責其生梗楠聆風，民未及化，而天柱者已多矣。」當時主變法弊者，力尊黃梨洲「有治法無治人」之論，太炎深非之，為〈非黃篇〉以見意。謂：「有時弊非關法弊者。以法救世，正如以《孝經》治黃巾。吾儕志在光復而已，光復者，義所任、情所迫也。光復以後，復設立共和政府，則不得已而為之，非義所任、情所迫也。」太炎頗疑代議制之實效，為〈代議然否論〉，曰：「中國欲圖強，不可苟效憲政，當除胡虜而自植吾夏人。」是則太炎之從事於革命，亦一本其民族之觀點而然也。

故太炎雖從事革命，而所希冀於政治者至觳。曰：

英雄之言，與鬼神等，世有其名，本無其實也。今日言治，以循常守法為先，用人亦當敘次資勞，不以驟進。法雖有疵，自有漸進改良之日；若有法不守，精粗又何足言？資勞固非至善，驟欲破格，適長奔競之門。為政於今日，兩言蔽之，以資勞用人，以刀筆吏守法而已。中國民智之弱、民德之衰久矣，欲令富強如漢、唐，文明如歐、美，正如夸父逐日

之見。吾輩處之，正能如北宋，次如東晉耳。

然太炎之望於政者雖戢，而期於俗者則深。常屢為分異政俗之辨，曰：

法家者，輔萬物之自然而不敢為，與行己者絕異。行己欲陵，而長民欲恕也。言欲不可絕，欲貴即為理，乃隸政之言，非飾身之典。以道蒞天下者，貴乎微妙玄深，不排異己。不知其說而提倡一類之學，鼓舞泰甚，雖善道亦以滋敗。蓋所失不在道術，鼓舞甚而偽託者多也。學校為朝廷所設，利祿之途，使人苟偷。中國學術，自下唱之則益善，自上建之則日衰矣。

昔顧亭林有言：「目擊世趨，方知治亂之關，必在風俗人心，而所以轉移人心，整頓風俗，則教化紀綱為不可缺。」太炎早歲即慕亭林，其嚴種姓，重風俗，皆與亭林論學之旨相近。而其評論歷代風俗、人物進退得失之故，則頗有不與亭林同者，亦各據其世而為言也。謂東漢可慕在〈獨行〉、〈逸民〉諸傳，其〈黨錮〉不足矜；獨有范滂、李膺，已近標榜，張儉輩無可道矣。而盛推五朝，謂：

馳說者不務綜終始，苟以玄言為詁，玄學固不與藝術文行悟，且扶翼之。經莫穹乎禮樂，

政莫要乎律令，技莫微乎算術，形莫急乎藥石，五朝諸名士皆綜之。其言循虛，其藝控實，故可貴也。

學術當辨誠偽。《世說》雖玄虛，猶近形名，其言間雜調戲，要之中誠之所發舒。《中說》時有善言，其長夸詐則甚矣。魏、晉老、莊形名之學，覃思自得，政事墮於上，民德厚於下。進士之科，日崇其偽，敢為大言，居之不疑，一自以為俊傑，一自以為聖賢。浮澤盛故慮憲衰，矜夸行故廉讓廢。其敗俗與科目相依，而加勁軼焉。

又為〈思鄉愿〉，所言益沉痛。曰：

古之狂狷者，自才性感慨。唐以降之狂狷者，自辭章夸詐。辭章於人，教之矜伐，予之嚴飾，授之詆諆，致之朋黨。鄉愿多持常訓之士，高者即師雒、閩。大抵成氣類則偽，獨行則貞，雖有矯情，未如飾狂狷者甚也。故輔存程、朱，將以孳乳鄉愿，上晞庸德，令邑有教誨之賢，野有不二之老，則人道不夷於鵙鵲，利澤及乎百世。非欲苟得狂狷，為史書增華也。

凡太炎論政俗，大意率具是，其評騭諸家學術，亦可準此推。謂：「學以求是，不以致用；

用以親民，不以干祿。孔氏之學，本以歷史為宗，宗孔氏者，當沙汰其干祿、致用之術，惟以前王成迹可以感懷者，流連弗替。」又曰：「執禮者質而有科條，行亦匡飭。禮過故矜，平之以玄；玄過故蕩。禮與玄若循環，更起迭用。兼之，老聃也。偏得之，孫卿、莊周也。」深賞莊周〈齊物〉，謂：「論有互負，無異門之釁；人無愚智，盡一曲之用。所謂衣養萬物而不為主者。」其論宋、明諸儒，曰：「〈定性書〉順眾而無誠，〈格物論〉博觀而無統，至德惟匹夫可以行之，持是長國家，適亂其步伍。故程伯子南面之任，朱元晦侍從卿僕之器，王文成匹夫游俠之材。」四民分業，不必兼務，亦不可相非。自學術觀之，諸科平等，但於一科中有高下耳。近人專守一術，詆他人為無用，此未知舟車之異宜也。其自道則曰：「莊生之玄，荀卿之名，劉歆之史，仲長統之政，諸葛亮之治，陸遜之諫，管寧之節，張機、范汪之醫，終身以為師資。」

少年著《訄書》，自擬仲長統。孫詒讓見之，曰：「《淮南鴻烈》之嗣也，何有於仲長氏！」

逮民國以還，所造益深閎，自述為學經過，謂：

少時治經，謹守樸學，遭世衰微，不忘經國。尋求政術，歷覽前史，獨於荀卿、韓非所說，謂不可易。因繫上海，專修慈氏、世親之書，以分析名相始，以排遣名相終，從入之途，與平生樸學相似。居東釋《莊子》，癸甲之際，厄於龍泉，始玩爻象，重說《論語》。又以

莊證孔，知其階位卓絕。古近政俗之消息，社會都野之情狀，華梵聖哲之義諦，東西學人之所說，操齊物以解紛，明天倪以為量，割制大理，莫不遜順。

此其所自負也。

當其時，與為論敵相抗衡者，有南海康氏。康極恢奇，而太炎則守平實。故康欲上攀孔子為教主，稱長素；而太炎所慕則在晚明遺老，有意乎亭林之為人，而號太炎。康唱為變法，太炎又諄諄期循俗焉。太炎之於政治，其論常夷常退；其於民族文化，力呼革命。然康主保土，太炎則師教身修，則其論常峻常激。然亦不偏尊一家，輕立門戶，蓋平實而能博大，不為放言高論，而能真為民族文化愛好者，誠近世一人而已矣。

此稿草於民國二十五年

太炎論學述

太炎之學，可分四支柱：一為其西湖詁經精舍俞樾蔭甫所授之小學；一為其在上海獄中所誦之佛經；一為其革命排滿從事政治活動，而連帶牽及之歷代治亂、人物賢奸等史學理論；一為其反對康有為之保皇變法，而同時主張古文經學以與康氏之今文經學相對抗。而其崇信印度佛學，則尤為其四支柱中擎天一大柱。然太炎既非一佛徒，又非一居士。其佛學，僅如西方人抱一哲學觀點，乃依之以進退上下中國之全部學術史，立論怪誕，而影響不大。一因其文字詰屈，讀其書者不多。一因其縱觀博覽，所涉既廣，而民初以來讀書風氣已衰，讀其書者，如泛大海，僅求其船之靠岸而止。大海渺茫，固非意存。故幸而其思想在當時及身後，亦未有何力量，否則其為禍之烈，恐當尤駕乎其所深惡的後起「新文化運動」之上。而主持新文化運動者，亦僅以「死老虎」

目之，置之不論不議之列。近世則群敬以為大師，或目以為怪人。然固無知其立論之怪。余為《近

三百年學術史》，止於南海康氏，太炎尚在世，因未及。太炎逝世，余在燕京大學曾作演講，介紹

其學術大概。然於其怪誕之論，則未有及。此已四十年前事矣。頃讀《章氏叢書》以外絡續發行

之各書，乃知太炎此等理論，畢生持守，終始不變，是終不可以不述，以為考論民初學術思想，

及有意知人論世者作參考，固非好指摘前賢也。下之所引，僅其梗概，備讀者之自究之。

太炎最先著作有《齊物論釋》，又有重定本，烏目山僧為之序，有曰：

近人或言，自《世說》出，人心為一變。自《華嚴》出，人心又為一變。今太炎之書現世，

將為二千年來儒、墨九流破封執之扃，引未來之的，新震旦眾生知見，必有一變以至道者。

此序，實可發揮太炎此書之宗旨。否則太炎傲視倫儕，決不許他人之序其書也。然則太炎意，中

土惟莊生道家陳義同於印度之佛教，其他如儒、墨九流，則皆等而下之。此書出，乃可使國人開

其知見以變而至道也。

《齊物論釋》重定本成於辛亥，繼是乃有《國故論衡》，其及門弟子黃侃季剛為之贊，有曰：

方今華夏彫瘁，國聞淪失。西來殊學，溫滅舊貫。懷古君子，徒用盡傷。尋其痏殘，豈誠

無故？老聃有言，物壯則老，是謂不道。不道早已。然則持老不衰者，必復丁乎壯矣。於

穆不已者，必自除其道矣。

黃侃乃太炎得意弟子，其贊《論衡》，猶烏目之序《論釋》，皆可謂得太炎著書宗旨者。太炎深不喜西學，然亦不滿於中學，故其時有《國粹學報》，而太炎此書特稱《國故》，此「國故」兩字，乃為此下提倡新文化運動者所激賞。季剛之贊，亦僅曰「國聞」，則其於中國文化傳統之評價可知。「論衡」者，乃慕效王充之書。太炎對中國已往二千年學術思想文化傳統，一以批評為務。所謂「國故論衡」，猶云批評這些老東西而已。故太炎此書，實即是一種新文化運動，惟與此下新文化運動之一意西化有不同而已。

太炎既主批評中國二千年來一些老東西，自不免首及於孔子與儒家。太炎最先有《訄書》，其批評孔子，殆有甚於後起「新文化運動」及更後共產黨之所謂「批孔運動」。蓋後二者，皆不學，徒恣空論，而太炎則具甚深之學術立場。惟不久即自悔其書，不再刊布。繼《國故論衡》而成書者有《檢論》，其中亦仍有〈訂孔〉上下篇，較之《訄書》，遠為平實。其言曰：

仲尼，良史也。談、遷嗣之。孔子歿，名實足以抗者，漢之劉歆也。

康有為主今文經學，尊孔子為聖人，斥劉歆為作偽之人。太炎主古文經學，力反康氏，乃謂孔子乃一史家，司馬父子嗣其業，劉歆則名實皆足與孔子抗。孔子僅與劉歆為伍，可謂千古創論。然太炎意，孔子究不失為一良史，亦非一筆抹撒。康氏尊孔亦尊佛，奉《公羊春秋》為其變法張本，自創《大同書》，欲使人奉為治國平天下之終極規模。其書雖多鈔襲佛書，然必歸之《小戴》之〈禮運〉。然孔子實未縱言及此，故康氏自認己所造詣已逾孔子，自號曰「長素」，乃以素王長兄自居。太炎則以《左傳》言《春秋》，孔子僅一良史，而己則通印度佛學，所造遠逾孔子之上。民初大儒意態如是，則此下學風演變自可知。

《檢論》又有〈學變篇〉，盛讚王充之《論衡》，其言曰：

有所發摘，不避上聖，漢得一人焉，足以振恥。至於今亦尟有能逮者也。

孔子僅似劉歆，而國人兩千年來皆不能有所發摘，此誠國人之恥。惟王充能振之。太炎自為書曰《國故論衡》，即承充意。然幸中國全部學術，亦非專尊孔子。《檢論》又有〈通程篇〉，其言曰：

善作述者，其惟二程邪？言道之情，非鄒、魯所能盡也。顧未能方物釋、老耳，雖雜釋、

老何害？

程氏尊孔，卻能雜釋、老，此所以為善，獨惜其所得於釋、老者猶淺，未能髣髴耳。

太炎於宋、明理學中，獨推陽明。《檢論》有〈議王篇〉，其言曰：

文成所謂致良知，不下帶而道存。

凡晚明諸遺老，如顧亭林、王船山攻王學者，太炎皆為之解釋。又曰：

嘗試論之，古者王官散而為九流，晚世諸子，本材性以效王官，前民用。程伯子，南面之任也；朱元晦，侍從鄉儌之器也；王文成，匹士游俠之材也。

此承章實齋「六經皆史」之論，而謂儒統即王官之學。大程能雜老、釋，故可當南面。朱子辨老、釋以衛儒，故得為卿佐。惟陽明假老、釋以飾儒，又明白主張三教合一，其言於老、釋時有甚深契會，故如匹士游俠，於儒統帶有革命精神，故為太炎所深賞。

繼《檢論》後有《菿漢微言》。《論衡》、《檢論》，檢討國故，屬太炎學之旁面。《菿漢微言》明倡佛學，乃太炎學之正面。《微言》起乙卯，迄丙辰初春，當民初四、五年之間。其言曰：

《論語》所說勝義，大抵不過十許條耳，其餘修己治人之術，乃在隨根普益，不主故常。

因情利導，補救無盡。謂本無微言妙義者非也。謂悉是微言妙義者亦非。

其言較之專以劉歆相擬，似尤較平實。又曰：

陽明之學，展轉傳變，逮及台山、尺木，遂不諱佛法矣。

是不啻謂陽明本佛法，特諱言之耳。

太炎又分別中土師儒之差等，其言曰：

明道、白沙，見理亦未究竟，故謂純亦不已，勝於前後際斷。此乃分別法，執所見，然其受用已足，當是二乘不趣寂者。陸子靜、楊慈湖、王陽明，知見高於明道、白沙，而受用不如，當是大乘十信將發心者。晦庵之說，雜有二乘人乘外道，是為不定種姓，信分微劣者。濂溪、康節，純是天磨，而受用尚多，是為外道已成就者。橫渠亦純是天磨，而受用不如，是為外道未成就者。陶靖節則近部行獨覺矣。陽道州則近麟角獨覺矣。焦先則近苦行頭陀矣。

太炎於中國歷代人物，一一憑佛義，判其高下，定其差別。後起新文化運動，一尊西法，亦如太

炎之一尊印度。惟諸人嬾治故籍，故於中國固有，汗漫揮斥，一丘之貉，曾不再加以剖辨，則於太炎為遜耳。

以上諸書外，尚有《文錄》、《別錄》。《別錄》卷二有〈答鐵錚書〉，其言曰：

足下不言孔學則已，若言孔學，願亟亟以提倡歷史為職。

又曰：

孔氏之教，本以歷史為宗。

又曰：

孔氏舊章，其當考者，惟在歷史。

又曰：

僕所奉持，以「依自不依他」為臬極。佛學、王學，雖有殊形，若以《楞伽》「五乘分教」之說約之，自可鑄鎔為一。

又曰：

足下主張孔學，則禪宗與姚江一派，亦非不可融會。

以上，皆收入民國六年浙江圖書館所刻《章氏叢書》內。太炎論學宗旨，約略可見。

越後民國二十一年，其弟子錢玄同、吳承仕等又為《叢書續編》，刻於北平。至民國三十二年

又由成都刻行，中有《菿漢昌言》六卷，其一條云：

問曰：「王學末流，昌狂亦甚，如李贄之徒，蓋與近時為新說者無異。」

答曰：「贄之昌狂，卒以法逮捕，不食而死，是當時朝野未嘗容此。豈若今之舉止自便者

邪？然陽明論學，蓋專為高明者言，未及提倡禮教也。禪宗狂者，至於呵佛罵祖，而行止

未嘗踰軌，則以戒律持之也。上蔡、象山、慈湖、白沙之倫，其弟子亦未有昌狂者。蓋宋

世儒者多崇禮教，明代崇禮不如宋人，白沙則有『名節為藩籬』之說。故四家之學，行之

或百餘歲，或幾二百歲，卒未聞其徒有破檢者。所惜陽明未慮及此耳。」

此處因新文化運動驟起，遂悟陽明講學有偏。又曰：

陽明之說，所以有效，由其服習禮義已成乎心也。若施於婆羅洲殺人之域，其效少矣。施於今之太學，其效更少矣。

又曰：

是謂當時之大學，尚不如婆羅洲殺人之域也。其深惡於新文化運動者有如此。

又曰：

戴東原之學，根柢不過二端，曰：「理麗於氣，性無理、氣之殊；理以絜情，心無理、欲之界。」如是而已。老子云：「聖人無常心，以百姓心為心。常善救人，故無棄人；常善救物，故無棄物。」東原蓋深知此者。使其宰世御物，則百姓得職，人材不遺矣。陽明、東原，其術相背，以用世則還相成也。

陽明、東原，皆能闢朱子，易言之，皆能反儒統，故皆為太炎所取。惟東原言「求理於事物」不專主「心即理」，故謂其與陽明相背。

又曰：

羅整菴於氣見理，羅近溪得力於恕。東原辨理似整菴，歸趣似近溪。

太炎於陽明後亦取近溪。整菴論理、氣反朱子，故太炎亦稱之。觀是知太炎論學大旨，實與前無大殊。

又有《太炎文錄續編》，不詳始於何時，卷二有〈王文成公全書題辭〉及〈後序〉兩篇，皆成於民國十三年，則在《叢書》編印後又七年。〈題辭〉之言曰：

宋世道學諸子，刻意欲上希孔、顏，及明王文成出，言心即理，由是徽國格物之論瓦解無餘。文成之徒，以羅達夫、王子植、萬思默、鄒汝海為過其師。達夫言：「當極靜時，覺此心中虛無物，旁通無窮，如長空雲氣，流行無所止極；如大海魚龍，變化無有間隔。無內外可指，無動靜可分，所謂無在而無不在，吾之一身乃其發竅，固非形質所能限也。」子植言：「澄然無念，是謂一念，非無念也，乃念之至微至微者。此所謂生生之真機，所謂動之微，吉之先見者也。」二公所見，則釋氏所謂藏識恆轉如瀑流者。宋、明諸儒，獨二公洞然燭察焉。然不知藏識當捨，而反以為當知我在，以為生生非幻妄。思默言：「《易》之『坤』者意也。『乾』貴無首，而『坤』惡堅冰。資生之後，不能順『乾』為用，而以『坤』之意凝之，是為堅冰，是為有首，所謂先迷失道者也。」此更知藏識非我，由意根執之以為我。然又言：「夭壽不貳，修身以俟，命自我立，自為主宰。」是固未能斷

意根者。所謂儒、釋疆界邊若山河者，亦惟此三家為較然，顧適以見儒之不如釋爾。

又言：

汝海謂：「天理不容思想。顏淵稱『如有所立卓爾』，言『如有』，非真有一物在前。本無方體，何可以方體求得？今不讀書人止有欲障，而讀書更增理障，一心念天理，便受纏縛。爾祇靜坐，放下念頭，如青天然。無點雲作障，方有會悟。」又言：「仁者人也。識仁者，識吾本有之仁，不假想像而自見。毋求其有相，惟求其無相。此與孔子『無知』，文王『望道而未之見』，老子『上德不德是以有德，下德不失德是以無德』，及釋氏所謂『智無所得為住唯識』者，義皆相應。」然汝海本由自悟，不盡依文成師法，今謂文成優入聖域，則亦過矣。

觀此，知太炎言學，儒不如釋之定見，始終執持，迄未有改。儒家中陽明所言最近釋，故太炎最所心折。及讀書益多，乃知羅念菴、王塘南、萬思默、鄒聚所諸人，所言更近釋，乃更謂諸人過於陽明，而陽明亦未得謂「優入聖域」。所異者，更不聞太炎平生亦曾為此等靜坐禪定之功。游其門者，治小學、文章、經史，更不聞有治理學、治釋典逃佛學者。言教不如身教，固宜及門之多

不厝情於斯也。

〈題辭〉又曰：

當今之士，所謂捐廉恥、負然諾以求苟得者也。辨儒、釋之同異。與夫優入聖域以否，於今為不亟。亟者，乃使人遠於禽獸。必求孔、顏以為之師固不得，或欲拯以佛法，則又多義解，少行證，與清談無異。且佛法不與儒附，以為百姓、居士於野則安，以從政處都市、涉患難則志節墮。徑行而易入，使人勇改過促為善者，遠莫如子路，近莫如文成之言。起賤儒為志士，屏唇舌之論以歸躬行，斯於今日為當務矣。

此亦太炎感嘅於當時之士風而發。又曰：

宋儒視禮教重，明儒視禮教輕。是文成之闕。

又曰：

子路可以責人陰謀，文成猶不任是。

太炎之意，遂若教人學陽明，不若教人學子路。因又特舉〈儒行〉篇，曰：

漢世奇材卓行，若盧子幹、王彥方、管幼安者，未嘗談道，而岸然與十五儒方，蓋子路之風猶有存者。

然則太炎之意，殆如教人誦〈儒行〉、學子路，即可以移頹風而易末俗也。此因長素高抬〈禮運〉，故太炎特提〈儒行〉，在其為《訄書》時已言之。太炎往往固執一見，歷數十年不變有如此。

又〈王文成公全書後序〉有曰：

今學者浸重物理，置身心不問，本末倒挈，以身為形役。徽公窮至物理之說導其端也。清末言新法，未幾有云新道德、新文化者，專己自是，以拂民之舊貫，如削趾適屨。新道德、新文化者，有使人淫縱敗常而已。是則徽公新民之說導其端也。誠所謂洪水猛獸，文成力為之閑，不驗於明，而驗於今之世。

太炎謂清末言新法以及當時新文化運動皆由朱子導其端，真不知何從說起。抑若王學復盛，新法、新文化兩運動隨即消散。且太炎明言教人學陽明，不如學子路，奈何又言陽明之閑洪水猛獸，其言將驗於今？抑亦未聞太炎生平有宏揚王學之意，豈其所為《齊物論釋》《菿漢微言》，為功尤在宏揚王學之上乎？此見太炎不切事實，憑空立論，不惜高下古人以就己意，豈此即是陽明所主「心

即理」之具體表現乎？

《文錄續編》卷一又有〈伯夷叔齊種族考〉，定夷、齊為鮮卑人，而曰：

種類不同、禮俗素異之人，有能化及中原，永為世範者，自釋迦以前，未有過於伯夷者也。

此亦太炎感於當時新文化運動盛倡西化而發。夷、齊是否鮮卑人，不深論，要之太炎之崇重釋迦至老不衰。其意亦謂當時提倡新文化運動者，不能如伯夷、釋迦，故亦無以達其所期望也。

卷一又有〈格物致知正義〉，其言曰：

鄭君注：「格，來也；物，猶事也。其知於善深，則來善物；其知於惡深，則來惡物。言事緣人所好來。」孔子曰：「我欲仁，斯仁至矣。」鄭君之說，上契孔子，而下與新建「知行合一」之意適相會。

又曰：

鄭、王二說，皆深達心要，又不違於孔、孟。佛家說五識，身外與境觸，以逮善惡成就，前後相引，略有五心。初「率爾墮心」，無間引生「尋求心」、「決定心」，此「物格而知至」

也。決定心後，於怨住怨，於親住善，於中住捨，命之曰「染淨心」。於此持續，有善不善

轉，命之曰「等流心」。此皆「誠意」也。

太炎主古文經學，乃以反康有為。今以鄭、王同說，而又以佛說為衡，則所學益條貫矣。

又有〈康成、子雍為宋、明心學導師說〉，其言曰：

王子雍偽作《古文尚書》及《孔叢子》《古文尚書》所云「人心」、「道心」，宋儒悉奉以為

準，然尚非其至者。《孔叢子》言「心之精神是謂聖」，微特於儒言為超邁，雖西海聖人何

以加是！故楊敬仲終身誦之，以為不刊之論。前有謝顯道，後有王伯安，皆云「心即理」，

亦於此相會焉。

此又推尊及於偽《古文尚書》與《孔叢子》。要之一言同於釋氏，即皆千古不刊之論。太炎與康氏

所遭時變同，惟康氏讀書不如太炎之多，而論學則前後多變。太炎可謂終身矗書叢中，而持論則

少所變。曰古文經，曰陽明心學，曰佛學，幾皆終身焉。此見康、章兩人性格之異，不得以變為

非、不變為是，亦不得以不變為非、以變為是也。然兩人皆用世心亟，亦同於崇佛，亦皆不修居

士行，而亦同是近代士風之楷模。欲知近代學風之所起，誠於此兩人不得不有知也。

太炎又有《國學略說》一書，由其門人孫世揚校錄，乃在蘇州講學時，最值太炎之晚年，然其論學要旨則仍無變。茲續貂數條作例。其一云：

孔門弟子，獨顏子聞「克己」之說。克己者，破我執之謂。顏子之事不甚著，獨莊子所稱「心齋」、「坐忘」，能傳其意。然《論語》記顏子之語曰：「仰之彌高，鑽之彌堅。瞻之在前，忽焉在後。」蓋顏子始猶以為如有物焉，卓然而立。經孔子之教，乃謂：「如有所立卓爾，雖欲從之，末由也已。」此即「本來無物，無修無得」之意。「絕四」之說，人我、法我俱盡。「雖欲從之，末由也已。」亦除法我執矣。

此等自得之語，孔、顏之後無第三人能道，佛、莊不論。

此謂儒統雖遜於佛、莊，然除孔、顏外亦無第三人。又曰：

〈德充符〉言：「以其知得其心，以其心得其常心。」知者，佛法所謂意識。心者，佛法所謂阿賴耶。阿賴耶恆轉如瀑流，而真如心則無變動。常心者，真如心之謂。以止觀求阿賴耶，所得猶假；直接以阿賴耶求真如心，所得乃真。此等語，與佛法無絲毫之異。世間最高之語，盡於此矣。

又曰：

〈內篇〉七篇，佛家精義俱在。

此則較《齊物論釋》益為推廣。

又曰：

老子云：「天下萬物生於有，有生於無。」後之言佛法者，往往以此斥老子為外道，然非外道也。佛法有「緣起」之說，唯識宗以阿賴耶識為緣起，《起信論》以如來藏為緣起，二者均有始。華嚴則稱「無盡緣起」，是無始也。其實緣起本求之不盡，本無始，無可奈何稱之曰「始」，無可奈何又稱之曰「無始」，故曰无通於元。儒家無極、太極之說，意亦類是。

故老子曰：「天下萬物生於有，有生於無。」語本了然，非外道也。

又曰：

太史公〈孔子世家〉，老子送孔子曰：「為人臣者毋以有己，為人子者毋以有己。」空談無我，不如指切事狀以為言。所以舉臣與子者，就事說理。華嚴所謂「事理無礙」矣。唯聖

人為能知聖，孔子耳順心通，聞一即能知十，其後發為「毋意、毋必、毋固、毋我」之論。顏回得之而克己，此如禪宗之傳授心法，不待繁詞。然非孔子之聰明睿知，老子亦何從語之哉？

太炎長於小學，而不精訓詁。「如有所立卓爾」，解「如」為假說辭，將實作虛，乃不知古人無此語法。太炎博極群書，而不擅考據。如認《史記》老子告孔子，而不知與作為五千言之老子不相類。要之以佛書為準繩。通於釋，即皆名論、定論也。其好莊尤甚於老，而喜顏亦若尤甚於孔，以其尤為出世，與佛書近也。

其論陽明，曰：

格物致知之說，王心齋最優。蓋陽明讀書多，不免拖沓。心齋讀書少，故能直截了當，斬斷葛藤。心齋解「在止於至善」，謂：「身名俱泰，乃為至善。殺身成仁，便非至善。」其語有似老子。

又曰：

傳統論學，必為儒、道分疆，而太炎絕不存此意。似老則境界尤高，語非貶辭。

羅念菴辭官後，入山習靜，日以晏坐為事，謂理學家闢佛乃門面語，周濂溪何嘗闢佛哉？陽明再傳弟子萬思默，語不甚奇，日以晏坐為樂。王塘南初曾學佛，亦事晏坐。然所見皆高於陽明。塘南以為一念不動，而念念相續，此即生生之機不可斷之意。思默自云：「靜坐之功，若思若無思。」則與佛法中「非想非非想」契合。鄧定宇語王龍谿曰：「天也不做他，地也不做他，聖人也不做他。」張陽和謂此言駭聽，定宇曰：「畢竟天地也多動了一下。」此是「不向如來行處行」手段。胡正甫謂：「天地萬物與我同體。」語涉含混。孟子「萬物皆備於我」之說亦然。趣。前此理學家謂：「天地萬物與我同體。」語涉含混。孟子「萬物皆備於我」之說亦然。

皆不及正甫之明白了當。

此謂王學後起優於王，亦太炎舊見。惟又謂陽明讀書多，不如心齋讀書少，而太炎讀書之多，則明末除顧亭林等極少數外，殆無倫匹。為學固當多讀書，抑少讀書，此問題未見太炎有所明言。又陽明主即知即行，事上磨練，而羅念菴以下，萬、王、胡、鄧，皆務默坐，又不聞太炎好為默坐功。太炎惟因此諸人一語近佛，遂不問向來學術界傳統意見，即認為其所見皆高於陽明。豈不如當時新文化運動，只求一語近於西方，亦盡排傳統，刻意尊之！而太炎又極惡此病，則誠不知何以為善也。

太炎又曰：

印度地處熱帶，衣食之憂非其所急。不重財產，故室廬亦無多用處。自非男女之欲，社會無甚爭端。政治一事，可有可無，故得走入清談一路而無害。中土不然，衣食居處，必賴勤力以得之，於是有生存競爭之事。團體不得不結，社會不得不立，政治不得不講。目前之急，不在乎有我、無我，乃在衣食之足不足耳。故儒家、道家，但務目前之急，超出世間之理，不欲過於講論。非智識已到、修養已足者，不輕為之語也。此儒、道與釋家根本雖同，而方法各異之故也。

此論似嫌浮薄。人生主要重在心，不在衣食。若謂中土人生所重應在衣食，則同時新文化運動所主西化，豈不遠勝印度之佛法乎？太炎謂：「《莊子》七篇，佛家精義俱在。」其實〈內篇〉所闡，豈盡超出世間之理乎？至論政治，太炎則曰：

又曰：

政治之論，《老子》已足。

《老子》譬之大醫，醫方眾品並列，指事施用，都可療病。五千言所包亦廣矣，得其一術，即可以君人南面矣。

又曰：

若以政治規模立論，荀子較孟子為高。

是太炎果得志於政治，亦追隨老聃，荀況而止耳。如儒統所爭王霸、義利之辨，恐非所厝意。亦未見其於當時，能有大興起、大作為也。要之「儒不如釋」之一見，自足限太炎之所至矣。當清末民初之際，學者菲薄傳統，競求一變以為快，太炎與南海康氏，其表率也。皆無師承可言，然亦可微窺朱九江、俞曲園之未嘗無其影響矣。深識之士，亦將有會於斯篇。

此稿刊載於民國六十七年六月《中央研究院成立五十週年紀念論文集》

《清儒學案》序

國於天地，必有與立。吾國家民族文化綿歷，迄五千年不弊，厥有一中心力量焉為之潛持而默運者，則儒家思想是也。儒家思想淵源於上古，成熟於先秦。在兩漢以迄隋、唐則曰經學，在宋、明以迄清季則曰理學。理學之興，淺言之，若為蔑棄漢、唐而別創。深言之，則實包孕漢、唐而再生。苟非漢、唐諸儒補緝注疏勤懇於前，則宋、明理學何所憑藉而產茁?當唐之季世，下逮五代十國，天下壞亂已極，而佛學之來東土，漢末以來，亦垂八、九百年矣。為宋人謀之，苟非有以大振作，將無以起衰而救弊，開物而成務。故宋學者，實依然沿續漢、唐經學精神，特因時代之激刺而一變焉者也。宋、明理學之盛，人所俱曉，迄於清代，若又為蔑棄宋、明重返漢、唐。故說者莫不謂清代乃理學之衰世。夷考其實，亦復不然。宋、元諸儒，固未嘗有蔑棄漢、唐

經學之意。觀《通志堂經解》所收，衡量宋、元諸儒研經績業，可謂蔚乎其盛矣。清代經學，亦依然沿續宋、元以來，而不過切磋琢磨之益精益純而已。理學本包孕經學為再生，則清代乾、嘉經學考據之盛，亦理學進展中應有之一節目，豈得據是而謂清代乃理學之衰世哉？

大較而言，清代理學，當分四階段論之：一曰晚明諸遺老。當明之末葉，王學發展已臻頂點，東林繼起，駸駸有由王返朱之勢。晚明諸老，無南無朔，莫不有聞於東林之傳響而起者。故其為學，或嚮朱，或嚮王，或調和折衷於斯二者，要皆先之以兼聽而並觀，博學而明辨。故其運思廣而取精宏，固已勝夫南宋以來之僅知有朱，與晚明以來之僅知有王矣。抑且孤臣孽子，操心危而慮患深，其所躬修之踐履，有異夫宋、明平世之踐履；其所想望之治平，亦非宋、明平世之治平。有探之益深，可以自超於理學故其所講所學，有辨之益精，可以為理學舊公案作最後之論定者；舊習套而別闢一嶄新之蹊徑者。不治晚明諸遺老之書，將無以知宋、明理學之歸趨。觀水而未觀其瀾，終無以盡水勢之變也。

其次曰順、康、雍。遺民不世襲，中國士大夫既不能長守晚明諸遺老之志節，而建州諸酋乃亦唱導正學以牢籠當世之人心。於是理學道統，遂與朝廷之刀鋸鼎鑊更施迭使，以為壓束社會之利器。於斯時而自負為正學道統者，在野如陸隴其，居鄉里為一善人，當官職為一循吏，如是而止；在朝如李光地，則論學不免為鄉愿，論人不免為回邪。此亦一述朱，彼亦一述朱。往者楊園、

語水諸人謹守程、朱榘矱者，寧有此乎？充其極，尚不足追步許衡、吳澄，而謂程、朱復生，將

許之為護法之門徒，其誰信之！其轉而崇陸、王者，感激乎意氣，磨蕩乎俗偽，亦異於昔之為陸、王矣。

又其次曰乾、嘉。理學道統之說，既不足饜真儒而服豪傑，於是聰明才智旁逬橫軼，群湊於

經籍考訂之途。而宋、明以來相傳八百年理學道統，其精光浩氣，仍自不可掩，一時學人終亦不

忍捨置而不道。故當乾、嘉考據極盛之際，而理學舊公案之討究亦復起。徽、歙之間，以朱子故

里，又承明末東林傳緒，學者守先待後，尚宋尊朱之風，數世不輟。通經而篤古，博學而知服，

謂其飲水忘源，洵為確論。然實齋思想議論，亦從東原轉手而來。蟲生於木，還食其木，此亦事

態之常，無足多怪。理學本包孕經學為再生，今徽、歙間學者，久寢饋於經籍之訓詁考據間，還

以視夫宋、明而有所獻替，亦豈遽得自逃於宋、明哉？故以乾、嘉上擬晚明諸遺老，則明遺之所

得在時勢之激盪，乾、嘉之所得在經籍之沉浸。斯二者皆足以上補宋、明之未逮，彌縫其缺失而

增益其光耀者也。

又其次則曰道、咸、同、光。此際也，建州治權已腐敗不可收拾，而西力東漸，海氛日惡，

學者怵於內憂外患，經籍考據不足安定其心神，而經世致用之志復切，乃相率競及於理學家言，

幾幾乎若將為有清一代理學之復興。而考其所得，則較之明遺與乾、嘉皆見遜色。何者？其心意迫促，涵養浮露，既不能如晚明諸遺老之潛精抑彩，斂之有以極其深；又不能如乾、嘉諸儒之優遊浸漬，涉之有以窮其廣。徒欲懸綆短綆而汲深井，倚弱篙而渡急湍，則宜乎其無濟也。量斯時之所至，其意氣發舒，若稍稍愈乎順、康、雍之慘沮鬱紆則已耳。要之有清三百年學術大流，論其精神，仍自沿續宋、明理學一派，不當與漢、唐經學等量並擬，則昭昭無可疑者。

抑學術之事，每轉而益進，途窮而必變。兩漢經學，又豈僅包孕兩漢、隋、唐之經學而已！彼蓋包孕先秦百家而始為經學之新生。宋、明理學，亦非能蔑棄先秦百家而別創其所謂經學也，彼乃包孕先秦百家而始為經學之新生焉。此每轉益進之說也。兩漢博士之章句家法，自有鄭玄之括囊大典而途已窮。魏、晉、南北朝之義疏，自有唐初諸儒之《五經正義》而途亦窮。至於理學，自有考亭、陽明義蘊之闡發，亦幾乎登峰造極無餘地矣。又得晚明諸遺老之盡其變，乾、嘉諸儒之糾其失，此亦途窮當變之候也。而西學東漸，其力之深廣博大，較之晚漢以來之佛學，何啻千百過之！然則繼今而變者，勢當一切包孕，盡羅眾有，始可以益進而再得其新生。明遺之所以勝乾、嘉，正為晚明諸遺老能推衍宋、明而盡其變，乾、嘉則意在蔑棄宋、明而反之古。故乾、嘉之所得，轉不過為宋、明拾遺補闕。至於道、咸以下，乃方拘拘焉又欲蔑棄乾、嘉以復宋、明，更將蔑棄陽明以復考亭，所棄愈多，斯所復愈狹，是豈足以應變而

迎新哉？

今世運之變，又亟於道、咸，一世方激盪旋轉而開生人未有之新局，吾國家民族文化所以綿歷五千年迄今未弊者，又將重回洪鑪，再經煆煉，以重成其為衛國家、福種姓之所賴。夫豈抱殘守缺，蹈常習故者之所能勝其任？且學統猶治統也。譬如諸方分峙，蜀不能并魏、吳，豈足以為魏、吳之統？宋不能并金、夏，豈足以為金、夏之統？夫亦各成其為偏方之暫局而已。今既世界逮通，五洲如同堂，六洲如合宇。他日人類大同，安知治統、學統不有日趨於一之勢？然而劉禪之奉表，趙構之屈膝，則終為天地所恥鄙，不足以語此。吾國家民族獨擅五千年文化優秀傳統，回念諸聖先哲，光明燦爛，豈得不憬然而動，惕然勵，而知所自負荷也乎？吾中央正值抗戰艱險之際，有意合刊宋、元、明、清四朝《學案》簡編，頒之中外，其意可深長思矣。惟《清儒學案》，雖有唐、徐兩家成書，而唐書陋狹，缺於閎通；徐書泛濫，短於裁別，皆不足追蹤黃、全之舊業。穆奉命承乏為《清儒》之役，因重加編訂成若干卷，而敬述其大義於卷首。

例　言

昔江藩子屏著《漢學師承記》、《宋學淵源記》，為記載清代理學之開始。或譏其漢、宋分編之不當，然就實論之，亦復未可厚非。義理、考據，境界固屬互通，分編敘述，轉可各盡其勝。惟

江書僅迄乾、嘉，又詳漢略宋，殊嫌不備。嗣起者為唐鑑鏡海之《學案小識》，其書專重宋學義理，而篇末亦附〈經學〉。「經學」之名復與「漢學」有別，即宋、明諸儒，豈得謂其非經學乎？唐書於黃梨洲、顏習齋諸人，均入〈經學〉，則何以如顧亭林、王船山諸人又獨為〈道學〉？分類之牽強，一望可知。其編〈道學〉，又分傳道、翼道、守道諸門，更屬偏陋無當，魯一同氏評之已詳。唐書盡於道光季年，亦未窮有清一代之原委。最後有徐世昌菊人之《清儒學案》，全書二百八卷，一千一百六十九人，迄於清末，最為詳備。然旨在搜羅，未見別擇，義理、考據，一篇之中，錯見雜出。清儒考據之學，軼出前代遠甚，舉凡天文、曆算、地理、水道、音韻、文字、禮數、名物，凡清儒考訂之所及，徐書均加甄采而均不能窮其閫奧，如是則幾成集錦之類書，於精、於博兩無取矣。昔秦蕙田氏有言：「著書所患，在既不能詳又不能略。」竊謂唐書患在不能詳，徐書患在不能略。本編所錄一以講究心性義理，沿續宋、明以來理學公案者為主，其他經籍考據，概不旁及，庶以附諸黃、全兩家之後，備晚近一千年理學升降之全。此乃著書體例所關，非由抑漢揚宋，別具門戶私見也。

　　梨洲《明儒學案》六十二卷，大略分之，僅得崇仁、白沙、河東、三原、姚江、止修、泰州、甘泉、東林九宗；而於姚江復分浙中、江右、南中、北方、粵閩五宗。其崇仁、白沙，為姚江之源；止修、泰州、甘泉、東林，為姚江之流；不相入者，河東、三原而已。若授受在九宗之外者，

別為〈諸儒學案〉統之。（此采惲子居說。）此乃梨洲一書大綱領，亦即其書宗主所在，論列明儒而專主性理，又於执發性理中專宗陽明。其實陽明亦自為明儒之眉目，明儒學詣亦自當以研究性理為宗極，固非梨洲專為自尊其一己傳統之私而然也。至《宋元學案》，梨洲原本僅以三十五人標案，案中小傳，兼取各派，故免疏隘之病。（此采鄭東甫說。）全謝山修補而成百卷，每卷各為一〈序錄〉，亦復備見全書宗主，故能約而不陋，詳而不蕪。至論清儒，其情勢又與宋、明不同，宋、明學術易尋其脈絡筋節，而清學之脈絡筋節則難尋。清學脈絡筋節之易尋者在漢學考據，而不在宋學義理。唐書傳道、翼道、守道之分，既不可從；徐書仍傚黃、全兩家舊例，於每學案必標舉其師承傳授，以家學、弟子、交游、從游、私淑五類附案；又別出〈諸儒學案〉於其後，謂其師傳莫考，或紹述無人，以別於其他之各案；其實亦大可不必也。姑舉一例論之。如費密，徐書入〈諸儒〉，然費氏之學，先得其父經虞之家教，亦復問學於孫夏峰，則非無師傳；有子錫璜，近代《貫道堂集》雖不傳，然章實齋《文史通義》固曾論列，其議論大體，亦能傳其父緒，亦非無紹述，奈何列為〈諸儒〉？又如劉獻廷，其學真不見師傳所自，亦不見紹述之人，斷當自成一家，依徐氏例，歸之〈諸儒〉允矣，而顧附之萬斯同之下。繼莊之與季野，信為交游，然交游未必可以相統，附劉於萬，於義何取？如此之類，不勝遍摘。故編次《清儒學案》最難者在無統宗綱紀可標，在無派別源流可指。然因其聚則聚之，因其散則散之，正不妨人各一案，轉自肖其真

象。雖異黃、全兩家之面目，實符黃、全兩家之用心。何必亦顰亦趨，乃為師法？本編竊取斯旨，

每人作案，不標家派，不分主屬；至其確有家派、主屬者，則固不在此限也。

清儒理學既無主峰可指，如明儒之有姚江；亦無大脈絡大條理可尋，如宋儒之有程、朱與朱、

陸；然亦並非謂如散沙亂草，各不相繫，無可統宗之謂也。竊謂尋前有清三百年理學大綱，莫如

分為晚明遺老，與順、康、雍諸儒，以及乾、嘉與道、咸、同、光之四部分。其大別已詳於篇首

之總序，其各家異同，則分誌於各卷之小序。讀者由此認入，庶易得有清一代理學之派別與流變

耳。

梨洲《明儒學案・發凡》有言：「每見鈔先儒語錄者，薈撮數條，不知去取之意謂何，其人

一生之精神未嘗透露，如何見其學術？是編皆從全集纂要鈎玄，未嘗襲前人之舊本也。」本編纂

慕斯義，凡所纂錄，亦皆從各家全集鈎貫成之，務求可以透露其精神，發明其宗旨，然此特就大

家巨儒言之。人之為學，深淺廣狹不同，一言一節，時有可取，此編亦加采列。此如一丘一壑，

各有風光，可以欣賞，不必名山大川，始足言遊。或以見一時之風尚，或以備多方之啟悟，義各

有當，不妨兼羅並存也。讀者誠以此意求之，則本編所列諸家，一、二萬言不為多，三、四百字

不為少；要之在讀者之自具慧眼，自有會心也。

昔章實齋有言：「為學不可有門戶，而不可無宗主。」本編取舍權衡，絕不敢存門戶之見，

或漢或宋，一體采摭，異同互見。見仁見智，俟之讀者。惟漢學而專為考據者不錄，朱、陸而各務謾罵者亦不錄。斯道之在斯世，本如日月光明，人所共睹。亦有語自圓正，而落格套近空洞者亦不錄。又如全謝山所譏，「其書雖純乎經，而其人則純乎緯」者亦不錄。亦有其人確乎醇儒，言行無疵累，堪為後世矜式，而本編亦多棄置；此則限於篇幅，與其人人備列，而人人省略，不如詳其一、二，使可為親。此如人之親師取友，豈得遍天下之名師益友之？

凡欲遍謁天下名師，遍交天下益友者，此必不名一師、不擇一友之人也。若讀者以爭論從祀聖廟之意見責備本編，則疏漏之罪，所不敢辭。

亦有其人本非理學名家，其立言陳義，亦若有偏駁，而本編頗加采錄者。誠以斯道之在天地，雖曰終古而如常，亦當與時而俱新，自非聖人復生，誰能語大道之恆常，而得免於蹈襲之嫌？《中庸》曰：「其次致曲，曲能有誠。」語有切己切時，從身世感觸，真心流露者，此皆一曲之誠。能推其一曲，即通乎大方矣。梨洲所謂「有一偏之見，有相反之論，學者於其不同處正宜著眼」是也。

孟子曰：「物之不齊，物之情也。」夫斯道廣矣大矣。學之有深淺，體之有純駁，然苟內能切己，外能切時，致曲有誠，出言自衷，斯亦已矣。守門戶者往往以道統門戶之空論，高自位置，睥睨一切；亦有純藉一己之體會而評騭古今之學術。此亦一是非，彼亦一是非。夫日月有明，容

光必照，由一隙為私窺，孰若與各方為共睹？本編於所錄各家，概不再加批註按語，庶免以指點而限視聽。在己可避專輒之嫌，在人可廣聰明之用，梨洲「風光狼藉」之憾，此編轉可或免也。

謝山《宋元學案》，有〈附錄〉一項。李紱客極稱之，謂其「翦裁尤具苦心，或參互以見其人，或節取以存其概，使純疵不掩，本末咸賅」。徐氏《清儒學案》，亦有〈附錄〉。此編依之。昔亭林淹雅，而二曲誠其鷟外；梨洲閎通，而楊園譏其近名。若二先生之艱苦篤實，庸德庸行，尤足師淹末世，采摭較詳，亦寓風世之微意焉。

本編纂錄，正值國難，覓書匪易，又期日迫促，疏誤必多，斟酌盡善，俟諸異日。

拙著《近三百年學術史》，與本編取材各別，不相踵沓，而義旨互足，讀者幸賜兼觀。

序　錄

夏峰、梨洲、二曲學脈同出陽明，清初稱三大儒；而夏峰之學，流衍尤遠。弟子著者有王餘佑介祺、魏一鼇蓮陸、耿極誠齋、薛鳳祚儀甫、申涵光鳧盟、趙御眾寬夫、湯斌潛庵諸人。其一時交游，刁包、魏裔介、魏象樞、張沐、杜越、許三禮之徒，亦如眾星之拱北斗，群山之仰喬嶽也。稍後顏習齋崛起博野，得交蘇門弟子王五修、王介祺，蓋有聞於夏峰之規模而興者。其為學門徑亦略相似。夏峰誠不媿當時北學之冠冕。《明儒學案》已收之〈諸儒〉下卷。徐氏謂蘇門講學

時入清初，取靖節晉、宋兩傳之例，以弁清儒。茲本其義。述〈夏峰學案〉第一。

梨洲師事劉蕺山，平生以捍衛姚江自任，而於王學末流亦痛斥至嚴，蓋屹然王學之干城也。

然梨洲之學已從性理一轉手，博綜經史，務為廣大。南雷弟子最著者，莫如萬氏兄弟，皆寢寢乎專攻經史，畢精著述，蓋與晚明講堂語錄之為學迥以別矣。梨洲正其繼往開來之人也。述〈梨洲學案〉第二。

楊園踐履，篤實明粹，亦清初之吳康齋也，而身當易世，痛切明夷，其貞晦之操，深潛之節，尤為過之。交游有海鹽何商隱、烏程凌渝安、歸安沈石長，嘉、湖之間稱「四先生」。而楊園深遠矣。平生懲講學標榜之風，務自謙抑，請業奉教者雖不絕，而受贄著籍者寥寥，惟吳江張嘉玲佩葱、姚瑚蟄庵、桐鄉顏鼎受孝嘉、石門姚夏大也數人。晚年與石門呂晚村交好。平湖陸隴其，因晚村而知楊園，讀其遺書而推之。清廷既以隴其從祀孔廟，遂及楊園。後人乃每以清獻、楊園並舉，目為一代儒學正宗，實非楊園之所願也。述〈楊園學案〉第三。

清初學者，多主調和朱、王，折衷宋、明。其著者，北方有夏峰，南方有桴亭。桴亭之論明儒，尤為後人所稱。至其究心六藝，實闢學術之新嚮。顏習齋聞聲想慕，引為同調；而其弟子李恕谷南遊，得讀桴亭書，返告其師，欲以心性存養補師門事物經濟之不逮。此可以見桴亭學術之恢張與平稱焉。同時有陳瑚確菴、盛敬聖傳、江士韶藥園，與桴亭為切劘之友，皆籍太倉，所謂

「婁東之學」是也。梓亭弟子著籍，亦多太倉人，西及江陰、武進，而其傳不著。六藝之學，終不光昌，南北一例，是可慨也。述〈梓亭學案〉第四。

亭林推為清代開國儒宗。其學實事求是，務為經世致用，《日知錄》一書規模尤閎闊。後之學者，各因其一端而申之，皆成專業。惟亭林猶得晚明講學遺緒，故其書亦尚兢兢以世道人心為主，論學論治皆推本焉，不似後人專務博雅考訂，此亭林之所為卓絕也。平生深惡明季招門徒立名譽之習，故其門牆甚峻，著籍者罕，傳學著者僅潘次耕一人。而交游特廣，崑山歸莊玄恭、吳江吳炎赤溟、潘檉章力田、朱鶴齡長孺，皆少日鄉里之游。及其渡江而北，足跡遍天下，遂盡識其賢豪長者，若李顒二曲、張爾岐蒿庵、傅山青主、吳任臣志伊、張弨力臣、王宏撰山史、李因篤天生、馬驌宛斯、路澤農安卿、汪琬苕文、王錫闡曉庵、以及朱彝尊竹垞、楊瑒雪臣、閻若璩潛邱之徒。凡當世知名士，亭林無不奉手納交，通閫論業，曲證旁推，兼集眾長，宜乎其學之益臻於大也。述〈亭林學案〉第五。

船山、梨洲、亭林，於晚清號「明末三大儒」，而船山之學尤為治新學讀西方哲家書者所喜稱，以其探求宇宙本末，分析心理精微，路徑略相似也。船山父修侯，少從游伍學父之門，又聞道於鄒泗山，蓋遠承東廓之傳。故船山之學，長於抉剔心隱，洞人肺腑，其精神血脈，略近江右王門，而於東廓、念菴尤似。再復於此轉手，得北宋橫渠《正蒙》之神契，故亦善言道氣陰陽宇

宙之變。其論心術而會於佛，則旁治八識。其論宇宙而會於道，則兼探圖緯，匯為大觀。惜身後湮沒不彰，直至晚清始顯。述〈船山學案〉第六。

石莊先世累代講義理之學，及其身，以勝國遺貞，窮年誦讀，於書靡所不窺，而韜晦之深，過於船山。遺書垂二百年而始傳，自擬為徐幹《中論》、顏之推《家訓》之流，而論者謂其廣大精微猶過之。清代鄂學稍微，石莊特為一大家。述〈石莊學案〉第七。

清初江西言理學者有程山、髻山、易堂諸子，皆明遺民也。易堂聲氣特盛，「寧都三魏」競爽，叔子為之魁。氣節、文章，志在經世。交游著者有南昌彭士望躬菴、林時益確齋、寧都邱維屏邦士，所謂「易堂九子」是也。而星子宋之盛未有，與其邑人同隱講學，稱「髻山七隱」。其學一以程、朱為歸，微言奧義，頗雜老、佛。程山最醇亦最細，尚不失宋、明矩矱。晚年築尊雒堂，其學以識仁為要，而所得於陽明者實深。其辨「喜怒哀樂未發之中」，可謂窮前人所未窮。江右本王學精神所在，程山實其薪傳矣。程山弟子甚眾，高弟皆在南豐，稱「程山六君子」。述〈程山學案〉第八。

昔北宋橫渠張子，崛起關中，開門授徒，與洛學分庭抗禮，馮少墟《關學編》遂以託始。有明一代關中大儒，若王恕石渠、呂柟涇野、馮從吾少墟，皆恪守程、朱，而渭南南大吉、瑞泉兄弟則純主姚江，師說各有不同。二曲論學雖主陸、王，然亦兼取程、朱，遂為清初關學大師。門

下執贄著籍號以千計。弟子最著者曰鄠縣王心敬爾緝，號豐川，其他如李天生因篤、王山史宏撰，皆為交游，足徵一時關學之盛。述〈二曲學案〉第九。

晚明兵燹，河朔殘破特甚，一時豪傑之士，若容城孫奇逢啟泰、祁州刁包蒙吉，皆習齋書中所謂「忠孝恬退之君子，豪邁英爽之俊傑，是為吾儒一線之真脈」者。此自當時河朔學風之大同，雖習齋制行雖近孫、刁，而立論頗多創闢，其氣益厲，其辭益激，排擊宋、明，別開生面。而其注重六藝、兵、農，則又與同時婺東之學，南北相呼應焉。弟子最著者曰李塨、王源。述〈習齋學案〉第十。

江、浙自晚明夙為人文淵藪，學術久而必變，疑辨之風，漸已萌茁。其著者如乾初之疑《大學》，為當時理學界一絕大公案。乾初亦出蕺山門下，而論學則具隻眼，與同門如楊園、梨洲諸人皆不合。同時有慈谿潘平格用微，不喜《中庸》，於朱、陸皆昌言排擊，梨洲與之辨難尤苦。此皆可見當時理學界轉變之風嚮。稍後有休寧姚際恆立方，疑《古文尚書》，疑《小戴禮》，作《九經通論》，又遍疑古今偽書，而深以未見乾初《大學辨》為憾。其為《恆言錄》，謂周、程、張、朱皆出於禪，則議論與北方顏、李合轍矣。述〈乾初學案〉第十一。

晚明考覈之風，已南北俱盛，惟南士頗多疑辨，而北人則尚綜整。蒿菴隱居績學，為清初山左第一醇儒。而精覈《禮經》，墨守高密，最為亭林所推服。其時亭林方唱「經學即理學」之說，

頗厭心性空談，蒿菴貽書獻難，尤見卓識。蒿菴交游有長山劉孔懷果菴，亦長考覈。述〈蒿菴學案〉第十二。

鼎革之際，浙有隱君子一人焉，曰應潛齋，拔起於明季社事、文學之中，卓然有以自得。論學於陽明多糾繩，而於朱子亦不盡合，蓋其自得者然也。交游有仁和沈昀朗思、徐介狷石，皆貞確潛德隱君子也。述〈潛齋學案〉第十三。

晚明兵燹，蜀中所罹尤慘酷，宜其學者談思所及，常有餘痛，而激宕所至，亦與河北顏、李如合符節。若新繁費氏其著也。燕峰曾從游蘇門，並交李恕谷，序其《大學辨業》。述〈燕峰學案〉第十四。（以上第一編。）

潛菴，夏峰弟子，為政以清節稱，清初數儒臣者必及焉，然與晚明諸遺老志節鏗然者異矣。一時從游有柘城竇克勤敏修、鞏縣姚爾申岳生，而上蔡張沐介逸菴、登封耿介逸菴，皆與夏峰、潛菴交游，亦皆出仕清廷，此清初洛學之大宗也。述〈潛菴學案〉第十五。

清初王學尚盛，夏峰、梨洲，壇坫門牆，南北相望。獨石門呂留良晚村，納交於楊園，闢王尊朱，不遺餘力。其批選四書時文，不脛走天下，而晚村亦抗志不出，並時時寄其種姓文物之感，調紫陽之學自吳、許以下已失傳。稼書聞其說而悅之，獨不能守節勿仕，嘗遺書晚村曰：「吾與

君不同者只止出處耳。」其後晚村既死，猶以湖南曾靜之獄全家遇禍。而稼書之學，遂為清廷所尊，首得從祀孔廟，自是朝官講學，必奉程、朱為準，而稼書粹然稱醇儒。然稼書論學，門戶之見過甚，並時學者已不滿。湯潛菴貽書諍之，稼書亦不能改也。同時大興張烈武承，著《王學質疑》，攻陽明最烈，稼書引為同志，極稱其書。錢塘沈近思闇齋，出孝感熊賜履之門，熊亦朝臣尊朱者，而闇齋尤篤信稼書，輯其遺書，為之傳法焉。述〈稼書學案〉第十六。

西河與張武承同在明史館，憤於武承《王學質疑》之偏激，而為《折容辨學文》，既以申王，力尊古本《大學》，而排詆朱子益甚。章實齋謂其「發明良知之學，頗有所得，而門戶之見，不免攻之太過，雖浙東人亦不甚以為然也」。然後之治考證者深推之，阮文達謂：「西河經說，學者不可不亟讀。」而凌次仲氏則謂：「西河之於經，如藥中大黃，以之攻去積穢固不可少，而誤用之亦中其毒。」顧亦稱其《四書改錯》，為「有功聖學」。說者謂自西河以下，人始不敢以空言說經。其人其學雖未醇，要亦當時一大家也。述〈西河學案〉第十七。

習齋之學，得恕谷而大，亦至恕谷而變。恕谷遨遊南北，問樂於毛西河，問禮於萬季野，雖一遵習齋六藝之旨，而內慕南士博辨之風，不能如習齋之卓立。平生交游甚廣，有武進惲鶴生皋聞、上元程廷祚縣莊，皆因恕谷而信習齋之學，顏學之流衍南方由是始。述〈恕谷學案〉第十八。

圍亭其先亦蜀人，而寓吳，與魏叔子、潘次耕、顧景范、王崑繩、梅文鼎交游。其學頗特出，

亦由往來於數子者之間耳。述〈圃亭學案〉第十九。

繼莊生平講學之友，嚴事者曰梁谿顧昺滋、衡山王而農，而尤心服者曰彭躬菴。昺滋創共學山居，衍高忠憲之遺緒。躬菴則易堂講友，治學宗陽明、念菴，而以致用為歸者也。則繼莊平日之所存亦可知。而復游徐乾學之門，南北宿老，爭趨競赴，又多藏書，繼莊之學遂益恢張無涯畔。然全謝山推其用心是也。述〈繼莊學案〉第二十。

南昞父一菴，初好佛，又喜道家言，年六十餘，始得梁谿高、顧書而潛心焉，號為一宗程、朱。至南昞則《釋毀》《密證》兩錄顯祖姚江矣。至其曾孫尺木，則復由儒而釋�。然彭氏門庭鼎貴，世為三吳望族，其子弟恪守庭訓，不踰規矩，有萬石之遺風，亦其學風之漸被為家風者則然也。述〈南昞學案〉第二十一。

餘姚沈國模求如，明季諸生，嘗與蕺山證人講會。歸而關姚江書院，邑人史孝咸子虛、孝復子復、管宗聖霞標，實共從事。其先即錢緒山講學之故址也。是謂「餘姚四先生」。越後有韓孔當仁父、山陰王朝式金如，皆國模弟子，又合稱「六先生」。又有邵曾可子唯，師事史孝咸。而劉門學者多以沈、史為禪學。姚江之與證人，亦明季浙中講學兩大結合也。念魯，曾可孫，幼時猶及聞國模之講會，長師孔當。毛西河亦主書院講席，念魯列門牆稱弟子焉。念魯於毛氏深推敬，厥後毛氏不為浙人所喜，而章實齋表章《思復堂集》甚至。述〈念魯學案〉第二十二。

餘山自奮隴畝之中，名立而教成，剛毅篤實君子人也。弟子錢塘桑調元弢甫、仁和盧存心玉巖。玉巖之子文弨抱經為經師。私淑有仁和沈廷芳椒園，而弢甫弟子有秀水盛世佐庸三、錢載籜石，風流所被廣矣。述〈餘山學案〉第二十三。

清初中州諸儒多奉夏峰為依歸，至孝先始專宗程、朱，一遵平湖陸氏之說，遂以理學而兼名臣，纂輯宣揚，厥功甚偉。康、雍理學之有張孝先，一猶乾、嘉經學之有阮芸臺也。弟子以漳浦蔡世遠聞之為最著。述〈孝先學案〉第二十四。

凝齋之學出於安溪李光地晉卿。康熙朝號獎儒學，孝感、安谿實左右之，皆號為恪奉程、朱，而光地旁及曆算、樂律、音韻，皆為清帝所契許。又能以慎密固寵。清帝嘗曰：「知光地莫若朕，知朕莫若光地。」其信任如此。出其門下者有中牟冉覲祖永光、湘潭陳鵬年北溟、漳浦蔡世遠之，而凝齋尤闇然躬修，程魚門以之比潛菴、稼書，稱為「國朝三大儒」，異乎光地之經其書而緯其行者矣，又豈止能補師說所未及而已哉！述〈凝齋學案〉第二十五。

自朱、陸有異同之論，而陽明《朱子晚年定論》，遂為理學一大公案。辨之最力者為東莞陳建之《學蔀通辨》。其書極為清儒所稱。自宛平孫承澤有《考正晚年定論》，而柏鄉魏裔介、孝感熊賜履、大興張烈承之。然皆逞意氣，爭門戶。最後有寶應王懋竑白田，為《朱子年譜》，始確然學人之言。較之陳建以下，超出遠矣。止泉與白田同邑交游，而論學不相合。頗與顧昀滋往還，又

親至共學山居，蓋有得於高忠憲之遺旨。所契視白田為深，惟一顯一晦。其《朱子聖學考略》流傳未廣，摘其文集。述〈止泉學案〉第二十六。

康熙中葉，朝野皆尊朱學，有激而樹異幟者，穆堂也。穆堂同時交游有南昌萬承蒼孺廬、鄞縣全祖望謝山，二人者頗能糾穆堂之偏，而謝山他日之成就，蓋亦自穆堂啟之。又有全州謝濟世梅莊，為學不遵程、朱，然亦并斥陸、王，與謝山同時得罪。此又學術風氣將變之徵。述〈穆堂學案〉第二十七。（以上第二編。）

清初東林之學，高忠憲從子世泰彙游實主之。四方學者，相率造廬問業，凡三十餘年。鉅儒如李二曲、陸桴亭、張清恪皆嘗至會，祈州刁蒙吉尤往復論學，有「南梁北祁」之稱。而休寧汪璲默菴、施璜誠齋、歙縣吳曰慎徽仲，及汪學聖、陳二典、胡淵、汪佑、朱弘之徒，先後游世泰門，相次問學。時新安有紫陽、還古兩書院，皆自東林上探朱子。流風不沫，其後遂有婺源江永慎修，與元和惠氏同時並起。治漢學者奉為先河。慎修之學，一傳為休寧戴氏，再傳為金壇段氏、高郵王氏，徽州經學遂較惠氏尤為光大。然其淵源實本紫陽，則不可誣也。雙池與慎修同時同鄉，而生平未嘗相見。其學涵泳六經，博通禮樂，亦恪守朱子家法，與慎修同中有異，乃顯晦迥殊。述〈雙池學案〉其弟子有婺源余元遴藥齋，又洪騰蛟鱗兩稱私淑。藥齋孫龍光黼山，亦能傳其家學。述〈雙池學

案〉第二十八。

雍、乾之際，風氣已變，理學漸衰，經學漸盛。榕門起自偏陬，治學猶循舊轍，居官蒞政，粹然儒者，堪與湯潛菴、張孝先後媲美。述〈榕門學案〉第二十九。

閩學自安溪梁村，皆宗朱子。翠庭受業於梁村，閩嶠後進，多依歸焉。述〈翠庭學案〉第三十。

關學自李二曲同時，有朝邑王建常仲復，閉戶窮經數十年，與二曲東西並峙。而恪守洛、閩，秦士或莫之知也。蘿谷師康百藥，又與王豐川交游，康、王皆二曲門人，而蘿谷獨信好復齋。所撰《開知錄》，三原賀瑞麟角生亟稱之，是可謂關學之中權矣。述〈蘿谷學案〉第三十一。

魯人之學，自萬菴以下，久無嗣響。值三吳、徽歙經學考據之風既盛，乃仍有循舊躅，守故轍，墨守平湖陸氏作尊朱非陸之辨者，公復亦其一人。同時先後山陽有任瑗東澗，昌樂有閻循觀懷庭，皆篤守洛、閩。惟膠州法坤宏鏡野，亦與公復、懷庭游，而為說出入姚江云。述〈公復學案〉第三十二。

章實齋謂：「浙東之學雖出發源，然自三袁之流，多宗江西陸氏。而通經服古，絕不空言德性。」蓋其為學重根柢，尚志節，心性為體，經史為用，自南雷開先，二萬繼之，謝山又繼之，風氣綿延，數百年弗替。而謝山《宋元學案》一書，亦足與梨洲《明儒學案》後先爭美。述〈謝

山學案〉第三十三。

東原為慎修高弟，惟慎修不菲薄紫陽，而東原則盛肆詆呵。治程、朱者多斥陸雜禪，東原則並以雜禪譏程、朱，其立說乃頗與清初河北顏、李及浙人陳乾初、潘用微之說相符合，是亦可謂卓然成一家言者。東原學高天下，而不好為人師，故著弟子籍者不多，能傳學者為金壇段玉裁懋堂、高郵王念孫石臞、曲阜孔廣森巽軒。然皆傳其經學考據，義理之蘊所不談焉。惟歙縣洪榜初堂、生平服膺東原，謂其《孟子字義》一書，功不在禹下也。述〈東原學案〉第三十四。

易疇與東原同學於江慎修，東原自謂說經遜其精密。而《論學小記》所述性命誠敬之學，亦復平實明粹，所指有超東原之上者，惟不能如東原之才氣縱橫耳。述〈易疇學案〉第三十五。

二氏之學，吳人耽之其深，惠氏經學喜涉讖緯，亦其變也。大紳落落，蹊徑獨闢，孤往絕眾。其書調停二氏，進退百家。原本心術，而思以用世，自謂於儒、佛書有一字一句悟之十餘年始通者。又謂：「讀吾《二錄》、《三錄》，當通其可通者，不可強通其不可通者。」其自負如此。此在吳中學者洵為矯矯特出矣。從之游者有常熟程在仁。述〈大紳學案〉第三十六。

尺木世家子，既承其家學，有志建樹，不得意乃一逃於禪，又治金石碑版以自怡。同時瑞金羅有高臺山，不得志於功名，亦逃於禪，與尺木、大紳、在仁諸子相往還。尺木考求文獻，臺山篤志訓詁，在仁精熟史乘，皆非耽溺寂滅，甘心忘世。身當太平盛運，一切蹈常襲故，聰明意氣

無所舒，則暫而湊於此。時尚有薛起鳳家三，亦逃於佛。江沅鐵君從尺木游，其佛學傳之仁和龔

自珍定菴，清季士大夫學佛之風漸盛自是始。述《尺木學案》第三十七。

方惠、戴之學，盛行吳、皖，而嘉定錢大昕竹汀，崛起婁東，其學無所不擅，而尤邃於史，

一門群從互為師友，學術之盛，照映當代。然竹汀持論大體，頗亦鄙薄宋儒，不能出東原之範圍。

東原嘗謂人曰：「當代學者，吾以曉徵為第二人。」蓋東原毅然以第一人自居也。餘姚邵晉涵二

雲繼之，亦以史學名家，而宗仰其鄉先生陽明、念臺、梨洲之遺風，故雖通漢詁而宗主仍在宋學。

然明而未融，不足以開壁壘而張一軍。實齋與二雲交好，有通識能持論，乃始以浙東史學自負。

其於東原，不啻欲為楚、漢之劃鴻溝。嘗謂東原學術實自朱子，其在清代則為亭林浙西之學。「梨

洲出於浙東，雖與顧氏並峙，而上宗劉、王，下開二萬，較之顧氏源遠流長。」又謂：「顧氏宗

朱，黃氏宗陸，浙東貴專家，浙西貴博雅，各因其習而習也。」然實齋持論雖高，乃欲以周公下

掩孔子，尊政事而薄心性，則亦稍異夫浙東之傳統矣。實齋在當時，頗見闃寂，身後數十年，學

者始相翕然。述《實齋學案》第三十八。

當乾、嘉漢學極盛之際，理學既衰歇，而始有以古文為程、朱干城者，曰桐城派。其學託始

於方苞望溪，至姚鼐姬傳，標義理、考據、辭章三者並重為宗旨。一時徒眾稱盛。其弟子方東樹

植之，著《漢學商兌》，漢、宋門戶之爭乃益顯。桐城古文之學又流衍而至陽湖。陽湖治古文者，

推張惠言皋文、惲敬子居，然皆不囿於桐城。皋文長於經，子居精於子。時同郡多秀，如孫星衍淵如、洪亮吉稚存，皆以詞章傑才進臻樸學。而治經鶩古，相尚不涉宋以後書。蓋其趨向近乎惠、錢。皋文經尚專家，亦近惠氏；惟子居鋒鋩，頗能於漢學致譏刺焉。述〈子居學案〉第三十九。

三吳學人多出世家，而徽、歙之間則頗業行賈，吳徽仲、汪默菴、汪雙池皆是也。故其學翔實，旁通於藝，而近禮家。次仲拔起市販之間，禮學專門，亦精樂律，不失其鄉先輩之遺風。能持論，一本東原而推之愈遠，則不免於偏陷。述〈次仲學案〉第四十。

漢學之稱始於三吳惠氏，然其楹帖曰「六經尊服、鄭，百行師程、朱」，是尊漢尚不詆宋。甘泉江藩鄭堂，受學於惠氏弟子元和江聲艮庭、長洲余蕭客仲林，而為《漢學師承記》《宋學淵源記》，亦不於漢、宋分軒輊。東原乃始一義理於經訓，雖本顧亭林氏「經學即理學」之說，然其排詆宋儒，則雖其後學不敢效也。故東原既卒，其弟子段、王傳其小學，巽軒傳其測算，興化任大椿幼植傳其典章制度，而義理之學無傳者。獨凌次仲以私淑而推極東原之意，往往偏至。里堂與鄭堂同邑，一時有「二堂」之目。說經精粹，而言義理亦本東原，然較次仲為深篤矣。後世以「戴、焦」並稱，非無由也。述〈里堂學案〉第四十一。

芸臺、里堂同里同學，然芸臺早躋通顯，揚歷中外，所至提倡經學，為萬流所傾仰。而其所自得者亦精卓，其持論則與次仲伯仲之間，未逮里堂之醇正。其教澤傳衍浙、粵，詁經精舍、學

海堂諸生，皆親受栽成，人才蔚起。而如高郵王引之伯申、歸安姚文田秋農、陽湖張惠言皋文、閩縣陳壽祺恭甫、德清許宗彥積卿，雖係科舉受知，然多相從講學，可以徵一時學術風會之大趨焉。述《芸臺學案》第四十二。（以上第三編。）

經學考據莫盛於乾隆、嘉、道以下，則義理心性之說復張。鏡塘以澹定之姿，生平未嘗著書，燕處京邑，而諸名士帖然出其下。仁和龔自珍定菴，於時少所許可，獨心折先生，至不敢道其字，稱曰姚歸安，可以見矣。述《鏡塘學案》第四十三。

誨叔姿性卓犖，遨遊數萬里，顧獨與鏡塘講為寡過之學而終身焉。或曰：誨叔自交鏡塘，變化氣質，由狂返狷，而平實未逮。或曰：誨叔規模宏遠，足濟鏡塘所不及。其遊京師，上自公卿，下至婦孺，莫不知有潘先生也。述《誨叔學案》第四十四。

湖、湘之間，船山而後，士多潛修。康熙間有善化李文炤恆齋，一時同游，皆恪守程、朱，而名行未顯。鏡海繼起，適當吳、皖經學盛極轉衰，京朝學者翕然歸之。述《鏡海學案》第四十五。

清代之盛，萃於揚州，而其衰象亦至揚州見之。鹽漕之病，吏胥之蠹，莫不於是乎而著。乃有經世之學，起於淮、揚、江、皖之交，涇縣包世臣慎伯、荊溪周濟保緒其著也。四農獨以為「近

世一二魁儒，負匡濟大略，非雜縱橫，即陷功利」。乃闇然為懲忿窒欲之學，立身教世，清明醇粹，蓋能主經世而復返之宋儒之軌轍者。其弟子有清河吳昆田稼軒、孔繼鑅宥函、漢陽葉名澧潤臣。述〈四農學案〉第四十六。

嘉、道以來，學者自漢返宋，遂有鄭君、朱子並尊之論，儆居實導成之。其申戴氏性理諸義，分析透闢，初堂、次仲所未逮也。子以周，從子以恭，孫家岱，俱能傳業，東南稱經師者必首舉黃氏焉。述〈儆居學案〉第四十七。

心伯父巒朗齋，官徽州訓導，居朱子之鄉，已以誦法程、朱為唱。心伯承家學，又自為婺源教諭十八年，當經學考據之盛，兼采漢、宋，而以發明紫陽為幟志，其所獲有足正清瀾、白田之缺失者。一門兄弟，自相師友，心伯長於經，季爕謙甫長於史，仲炯卯生能言政事，而抨擊乾、嘉有過甚者。述〈心伯學案〉第四十八。

乾、嘉之際，平湖有蔣大始，慕其鄉先輩陸清獻之學，謹守程、朱。著《人範》一書，未行於世。生齋繼起，亦一依正學舊矩，於當時江、浙經生博雅考訂之業，悠然若無足動其意。其子寅甫，及冠而卒，亦有志向，並附見焉。述〈生齋學案〉第四十九。

咸、同以來，理學之風日盛。竹如官京朝，與蒙古倭仁艮峰、河南李棠階強齋，稱清代中興儒臣；而竹如篤信恪守，剖辨儒、釋，所得為細。即薛文清、陸桴亭之書，有毫釐必析者。述〈竹

如學案〉第五十。

強齋與竹如同朝，而所學成於堅苦，兼采眾說，自求心得，不分門戶，有足美焉。清代中州鉅儒輩起，強齋為之後勁。述〈強齋學案〉第五十一。

當乾隆期，武進莊存與方耕，於六經皆有撰述，而不漢不宋，自為一派。其猶子述祖葆琛，乃外孫同邑劉逢祿申受、長洲宋翔鳳于庭，推衍穿鑿，益廣益深，所謂「常州之學」是也。龔、魏說經皆本常州，定菴言古史源自實齋，默深言時務經世則發自善化賀長齡耦庚。述〈默深學案〉第五十二。

通甫文字交游，盡一時知名士，而清修篤學，獨重山陽潘四農，誼在師友之間，相契莫逆。曾文正至淮安，數屏驥從，就問天下事。述〈通甫學案〉第五十三。

湘中自唐鏡海講學，學者無不宗紫陽而黜姚江。羅山飢窮刻厲，意氣益奮，以醇儒為名將，一時部曲多出講學生徒，雖事功未竟，亦足彰儒生之實效矣。述〈羅山學案〉第五十四。

粵東自阮文達建學海堂，學者競起，然多從事漢學考訂，九江獨超然門戶之外，有志宋人遺緒，崇氣節，尚躬行，經世並業，志在經世，規模閎闊，足以開一方之風氣焉。弟子著者有順德簡朝亮竹居、南海康有為長素。述〈九江學案〉第五十五。

東塾之學兼宗鄭君、朱子，意在通漢、宋之郵，而於清代尤尊亭林，嘗謂：「政治由於人才，

人才由於學術，吾當專明學術而待效於數十年之後。」故其書醇正篤實，為求速化、期急效者所畏。弟子著者南海桂文燦子白、廖廷相澤群，則皆經學舊轍也。交游有象州鄭獻甫小谷，東塾擬之王符、仲長統之流。述〈東塾學案〉第五十六。

滌生之學，文章宗桐城姚氏，訓詁尊高郵王氏，經學考據師崑山顧氏、金匱秦氏，窮賾撮精，海涵地負。其在京朝，常從唐鏡海、倭艮峰、吳竹如諸人游。然不拘拘為講學家言。嘗自謂：「欲以禹、墨為體，老、莊為用。」雖非從容中道，亦庶幾矣。誠近世間出一偉儒也。述〈滌生學案〉第五十七。

筠仙始宗朱子，治宋學，既乃轉而致力於考據訓詁，於晚清經師中，卓然成一家。而於宋以來士大夫議論虛矯誇張，不求實用，尤嘅乎言之。其為學塗轍，戞戞獨造，如其為人。述〈筠仙學案〉第五十八。

霞仙與滌生、仲嶽交游最密，平昔相與講貫磨礪者甚勤且至。獨於晚年得養晦家居，抽身世外。讀其《思辨錄疑義》，知所得者邃矣。述〈霞仙學案〉第五十九。

融齋性靜情逸，與倭艮峰以操尚相友，而論學兼取朱、陸，不尚門戶。主講上海龍門書院十四年，論者謂其有胡安定之風。述〈融齋學案〉第六十。

傲季少承家學，並尊鄭君、朱子，欲以禮學代理學，即以禮學代經學，以泯漢、宋之爭。《禮

書通故》體大思精，蓋遠承浙東經制遺意，而近縮之於徽、歙之學者。述《徽季學案》第六十一。

清季歐風東漸，政治、學術，皆有新舊交爭之象。香濤以封疆大吏所至興學，教澤之宏，或以上擬阮芸臺，而時會之艱千百過之。其人之功罪是非，雖在身後，未有定評，然「中學為體，西學為用」之說，亦為晚近學界爭論一公案，幾於亭林之「經學即理學」焉，是亦未可存而勿論。述《香濤學案》第六十二。

清季士大夫恫於內憂外患，群知非考據、詞章之學所能挽，乃相率思以經世屬天下。古愚承數百年關學傳統，聞風奮發，本陽明良知之教，通之經術，見之時務，欲使官吏兵農工商，各明其學以捍國。講學數十年，門弟子千數百人，是亦不當僅以關學限者。述《古愚學案》第六十三。

魯人尚樸學者，嘉、道間有棲霞郝懿行蘭皋、安邱王筠貫山，其後繼起則鮮。東甫精研諸經，尤篤於《春秋》三傳，所論猶循乾、嘉遺轍而獨有意於前哲微意大義，使儒術鑿然可施效。惜享年不永，所欲著書多未就。同時交游如榮城孫葆田佩南、膠州柯劭忞鳳孫，皆博究群籍，學有本原，實山左諸儒之後勁也。述《東甫學案》第六十四。（以上第四編。）

此稿刊載於民國三十一年十一月四川省立圖書館《圖書集刊》第三期

三民網路書店 會員

獨享好康 大放送

通關密碼：A1587

憑通關密碼
登入就送100元e-coupon。
(使用方式請參閱三民網路書店之公告)

生日快樂
生日當月送購書禮金200元。
(使用方式請參閱三民網路書店之公告)

好康多多
購書享3%～6%紅利積點。
消費滿350元超商取書免運費。
電子報通知優惠及新書訊息。

三民網路書店
www.sanmin.com.tw
超過百萬種繁、簡體書、原文書5折起

黃帝

本司馬遷《史記》敘述中國古代史，遠始黃帝，惟百家言黃帝，何者可定為真古史，司馬遷亦難判別。然古人言黃帝亦異於神話，蓋為各種傳說之總彙，本書即以此態度寫黃帝，以黃帝為始，彙集許多故事，接言堯、舜、禹、湯、文、武、周公，一脈相傳，透過古史傳說，勾勒其不凡的生命風貌。讀者不必據此為信史，然誠可以此推考中國古史真相，一探古代聖哲之精神。

錢 穆

國家圖書館出版品預行編目資料

中國學術思想史論叢(八)／錢穆著.－－三版一刷.－
－臺北市：東大，2022
　　面；　公分.－－（錢穆作品精萃）

　　ISBN 978-957-19-3286-6　（平裝）
　1.思想史 2.文集 3.中國

112.07　　　　　　　　　　　110010335

中國學術思想史論叢（八）

作　者　者	錢　穆
發 行 人	劉仲傑
出 版 者	東大圖書股份有限公司
地　　址	臺北市復興北路 386 號 (復北門市) 臺北市重慶南路一段 61 號 (重南門市)
電　　話	(02)25006600
網　　址	三民網路書店 https://www.sanmin.com.tw
出版日期	初版一刷 1980 年 3 月 二版一刷 2006 年 8 月 三版一刷 2022 年 1 月
書籍編號	E030420
I S B N	978-957-19-3286-6

著作權所有，侵害必究
※ 本書如有缺頁、破損或裝訂錯誤，請寄回敝局更換。

東大圖書公司